科学家精神丛书

科学家精神
SPIRIT OF SCIENTISTS

奉献篇

科学家精神丛书编写组 ◎ 编

科学技术文献出版社
SCIENTIFIC AND TECHNICAL DOCUMENTATION PRESS

·北京·

图书在版编目（CIP）数据

科学家精神.奉献篇 / 科学家精神丛书编写组编. —北京：科学技术文献出版社，2020.12（2023.5重印）
（科学家精神丛书）
ISBN 978-7-5189-7573-0

Ⅰ.①科… Ⅱ.①科… Ⅲ.①科学家—列传—中国 Ⅳ.① K826.1

中国版本图书馆CIP数据核字（2020）第266170号

科学家精神·奉献篇

策划编辑：丁坤善 李 蕊 责任编辑：张 红 责任校对：张吲哚 责任出版：张志平

出　版　者	科学技术文献出版社
地　　　址	北京市复兴路15号　　邮编　100038
编　务　部	（010）58882938，58882087（传真）
发　行　部	（010）58882868，58882870（传真）
邮　购　部	（010）58882873
官方网址	www.stdp.com.cn
发　行　者	科学技术文献出版社发行　全国各地新华书店经销
印　刷　者	北京时尚印佳彩色印刷有限公司
版　　　次	2020年12月第1版　2023年5月第2次印刷
开　　　本	710×1000　1/16
字　　　数	222千
印　　　张	18.25
书　　　号	ISBN 978-7-5189-7573-0
定　　　价	86.00元

版权所有　违法必究

购买本社图书，凡字迹不清、缺页、倒页、脱页者，本社发行部负责调换

编审委员会名单

主　任：王志刚
副主任：李　萌
委　员：戴国庆　李桂华　苗　鸿　高　翔
　　　　　戴国强　赵志耘　李　普　许志龙

序 言
PREFACE

  我国科学家是充满理想和献身精神、具有优良传统的群体。长期以来,一代又一代科学家怀着深厚的爱国主义情怀,以忠诚和担当、智慧和才能、奉献和牺牲,为祖国和人民作出了彪炳史册的重大贡献,铸就了"两弹一星""载人航天"等光照千秋的精神丰碑,展现了高尚人格风范和优良作风学风。

  进入新时代,世界正经历百年未有之大变局,我国正处于实现中华民族伟大复兴的关键时期,以习近平同志为核心的党中央审时度势、高瞻远瞩,提出创新是引领发展的第一动力,把科技创新放在国家发展的核心位置,开启了建设世界科技强国的伟大征程。伟大的事业需要伟大的精神。面对新形势、新挑战,党中央、国务院及时决策部署,中办国办印发《关于进一步弘扬科学家精神加强作风和学风建设的意见》,在继承发扬我国科技界优秀传统和进一步凝练升华宝贵精神基础上,以爱国、创新、求实、奉献、协同、育人为核心,系统概括阐释新时代科学家精神,全面提出加强作风和学风建设的工作部署,对筑牢科技界共同的价值观念和思想基础,激励和引导广大科技工作者接力精神火炬,奋进新的长征具有重要意义。

科学家精神 奉献篇
SPIRIT OF SCIENTISTS

弘扬科学家精神，要坚持党的领导。要深入学习贯彻习近平新时代中国特色社会主义思想，特别是关于科技创新的重要论述、关于学风建设的重要批示指示，引导广大科技工作者提高政治站位，牢固树立"四个意识"，坚定"四个自信"，做到"两个维护"，把党的领导贯穿到科技工作全过程，确保沿着正确方向砥砺前行。

弘扬科学家精神，要深刻理解和准确把握其内涵实质。新时代科学家精神内涵丰富，汲取了世界科技文明的精髓，吸收了中华优秀传统文化的精华和社会主义核心价值观的要义，把胸怀祖国、服务人民的爱国精神，勇攀高峰、敢为人先的创新精神，追求真理、严谨治学的求实精神，淡泊名利、潜心研究的奉献精神，集智攻关、团结协作的协同精神，甘为人梯、奖掖后学的育人精神融为一体，既传承精神血脉，又蕴涵时代特点，构成了中国科学家独特的精神内核。发之于中，必行于外。科学家精神是我国科学家创新进取的内在动力，优良的科研作风学风是率先垂范的外在表现。要把弘扬科学家精神与作风学风建设有机结合起来，统筹推进。

弘扬科学家精神，要突出价值引领。要大力宣传科学家榜样典范，把握主基调，唱响主旋律，倡导科技报国，倡导严谨求实，倡导潜心钻研，倡导理性质疑，倡导学术民主，发挥示范带动作用，激励和引导广大科研人员争做"重大科研成果的创造者、建设科技强国的奉献者、崇高思想品格的践行者、良好社会风尚的引领者"，引领全社会尊重科学、投身科学，凝聚起建设世界科技强国的强大动力。

弘扬科学家精神，要坚持久久为功。要进一步深化科技体制机制改革，突破不符合科技创新规律和人才成长规律的制度藩篱，正确发挥评价引导作用，为科技工作者潜心科研、拼搏创新提供良好政策保障。要坚守诚信底线，严守科研伦理规范，反对浮夸浮躁、投机取巧和"圈子"文化，营造风清气正的科研环境。要加大科学家精神宣传力度，创新宣传方式，讲好科技工作者科学报国故事，让科学家成为年青一代的偶像，在全社会形成热爱科学、尊崇创新的氛围。

为大力弘扬科学家精神，推动科技界树立优良作风学风，做好《关于进一步弘扬科学家精神加强作风和学风建设的意见》的贯彻落实工作，科技部组织编辑出版了《科学家精神》丛书，从爱国、创新、求实、奉献、协同、育人等方面，讲述新中国成立70年来为国家富强、民族振兴、人民幸福作出突出贡献的优秀科学家先进事迹，生动展示他们科学报国、甘于奉献、勇于创新的崇高精神和优良作风学风。希望这套丛书能够帮助广大科技工作者、社会公众、青少年进一步理解新时代科学家精神深刻内涵，激励大家以这些科学家为楷模，为建设世界科技强国、实现中华民族伟大复兴作出更大贡献。

科技部党组书记、部长

2020年4月

前 言
FOREWORD

创新是引领发展的第一动力，人才是我国经济社会发展的第一资源。党的十八大以来，以习近平同志为核心的党中央高度重视科技事业，对广大科学家群体寄予深切厚望。2019年6月，中共中央办公厅、国务院办公厅印发《关于进一步弘扬科学家精神加强作风和学风建设的意见》，明确提出"以塑形铸魂科学家精神为抓手，切实加强作风和学风建设，积极营造良好科研生态和舆论氛围"。2020年9月11日，习近平总书记在科学家座谈会上特别强调要大力弘扬科学家精神，为我们弘扬科学家精神树立优良学风作风提供了根本遵循。党的十九届五中全会提出，坚持创新在我国现代化建设全局中的核心地位，把科技自立自强作为国家发展的战略支撑，明确提出要弘扬科学精神，营造崇尚创新的社会氛围。

为贯彻习近平总书记重要指示精神和党中央国务院决策部署，科技部决定组织编辑出版宣传新时代科学家精神、倡导优良作风学风的《科学家精神》丛书。丛书结合当前科研作风学风建设实际，面向广大科技工作者、社会公众、青少年等读者对象，在《人民日报》《光明日报》《科技日报》等权威媒体科学家事迹相关宣传报道的基础上，以新中国成立70年来不同时期受到表彰宣传的科学家为主，通过一系列科学家的故事，力求深刻诠释、生动展示科学家精神的实质和内涵，以期在全社会深入弘扬新时代科学家精神，持续加强科研作风和学风建设，助力创新驱动发展战略深入实施，为加快推进世界科技强国建设提供支撑。

新时代科学家精神是胸怀祖国、服务人民的爱国精神，是勇攀高峰、敢为人先的创新精神，是追求真理、严谨治学的求实精神，是淡泊名利、潜心研究的奉献精神，是集智攻关、团结协作的协同精神，是甘为人梯、奖掖后学的育人精神。这些精神特质，既有在科学技术发展过程中积淀的品格、方法和规训，又强调社会责任、价值观念等伦理维度，是仰望星空对真理的追求和脚踏实地创新探索的统一。

本丛书以此为依据，分为爱国篇、创新篇、求实篇、奉献篇、协同篇、育人篇共6册。每册围绕主题，以科学家出生年月、重大科技工程立项或实施时间为序，精选若干科学家和科学家群体的相应事迹。同时，每篇文章还设有科学家、科学家团队或重大科技工程简介，以便读者更好地了解科学家在相关领域取得的成就。《科学家精神·爱国篇》《科学家精神·创新篇》已分别于2020年5月和9月出版。

我们在《科学家精神·奉献篇》编写过程中，围绕"大力弘扬淡泊名利、潜心研究的奉献精神"主题，在中国科技史学会、"老科学家学术成长资料采集工程"项目办公室和科学家所在单位、传记作者、身边工作人员等帮助下，突出科学家事迹专业深度的挖掘，努力增强科学性，记述了34位科学家献身科学的生动故事。他们面向世界科技前沿、面向经济主战场、面向国家重大需求、面向人民生命健康，有的默默"干惊天动地事，做隐姓埋名人"；有的扎根山区，用科技助力脱贫攻坚；有的情系高原，潜心作物种子研究，用智慧、汗水、青春甚至生命谱写了一曲曲奉献之歌。本册力图通过科学家们无私奉献的感人事迹，激励广大科技工作者静心笃志、力戒浮躁，甘坐"冷板凳"，肯下"数十年磨一剑"苦功夫，

前言

反对盲目追逐热点，坚定研究方向，坚决摒弃拜金主义，瞄准世界一流，为实现科技自立自强和中华民族伟大复兴的中国梦作出更大贡献。

科技部领导高度重视丛书编辑出版工作，王志刚部长亲自为丛书作序，并和李萌副部长指导确定编写原则和编辑出版方案。科技部科技监督与诚信建设司会同办公厅、中国科学技术信息研究所、科技日报社、科学技术文献出版社等单位具体组织了丛书编辑出版工作，资源配置与管理司给予了大力支持。戴国庆、冯楚建、吕静、陈如标、汤孝军、刘琦岩等同志带领团队研究确定丛书定位、框架提纲、实施进度等整体方案，对丛书内容进行审核把关。赵为、冷文生、王中阳、王小龙等同志做了大量协调工作。科学技术文献出版社胡红亮、丁坤善、李蕊、丁芳宇、郝迎聪、崔静、刘伶、崔灵菲、赵斌、魏宗梅、张闫、刘英等同志组成工作专班，收集筛选大量资料，围绕本册主题遴选具有代表性的科学家事迹，整理改编相关内容，组织专家团队开展编写工作。特别是部分科学家所在单位对本书编写给予了大力支持。书稿形成后，我们邀请相关领域专家进行了审稿。

因时间紧迫、能力和水平有限，书中错误和不足在所难免，敬请批评指正。

编写组

2020 年 12 月

目　录
CONTENTS

（按科学家出生年月排序）

1	**张孝骞**	以身示范　仁心仁术
10	**林巧稚**	一生践行医者仁心
18	**贝时璋**	身体力行做"真实科学家"
26	**侯祥麟**	事业为重　国事为大
33	**张光斗**	把一生献给祖国的江河
43	**王承书**	隐于时代背后的科学家
51	**吴阶平**	大医精诚　止于至善
59	**李桓英**	为了一个没有麻风病的世界
67	**吴良镛**	人民得安居　毕生情所系
79	**梁思礼**	鞠躬尽瘁奠基航天伟业
88	**郑哲敏**	为国家做点实实在在的事
95	**彭加木**	心系边疆科考　勇闯生命禁区
101	**王忠诚**	执着坚守神经外科生命禁区
110	**于　敏**	用沉默人生铸就惊天事业
119	**陈　篪**	科技战线上的钢铁战士
127	**刘光鼎**	精心测绘中国海　竭力为国探石油
135	**宋文骢**	栉风沐雨二十载　穿云破雾啸苍穹
142	**卢永根**	用无言行动诠释大爱人生
149	**李振声**	执着小麦育种　耕耘天地之间

科学家精神 奉献篇

157	**胡仁宇**	潜心核物理研究的"拼命三郎"
165	**罗健夫**	激流中奋进　逆境中攀高
173	**钱七虎**	孜孜不倦六十载　为国铸盾永冲锋
180	**林俊德**	生命最后一刻还在工作
188	**蒋筑英**	用奉献照亮追光之路
193	**郑守仁**	殚精竭虑为长江　一生丹心铸三峡
202	**南仁东**	匠心筑梦　为"天眼"奉献一生
209	**朱有勇**	把论文写在大地上
216	**李保国**	太行山上新愚公
224	**罗　阳**	忠魂永驻海天间
235	**王逸平**	舍身忘我　研发"首选新药"
244	**钟　扬**	扎根大地的人民科学家
252	**邢　继**	创新为舵　坚守为桨　铸就自主先进核电
261	**孙永才**	为"复兴号"飞驰在新时代
269	**尼玛扎西**	用生命播种青稞

张孝骞
以身示范　仁心仁术

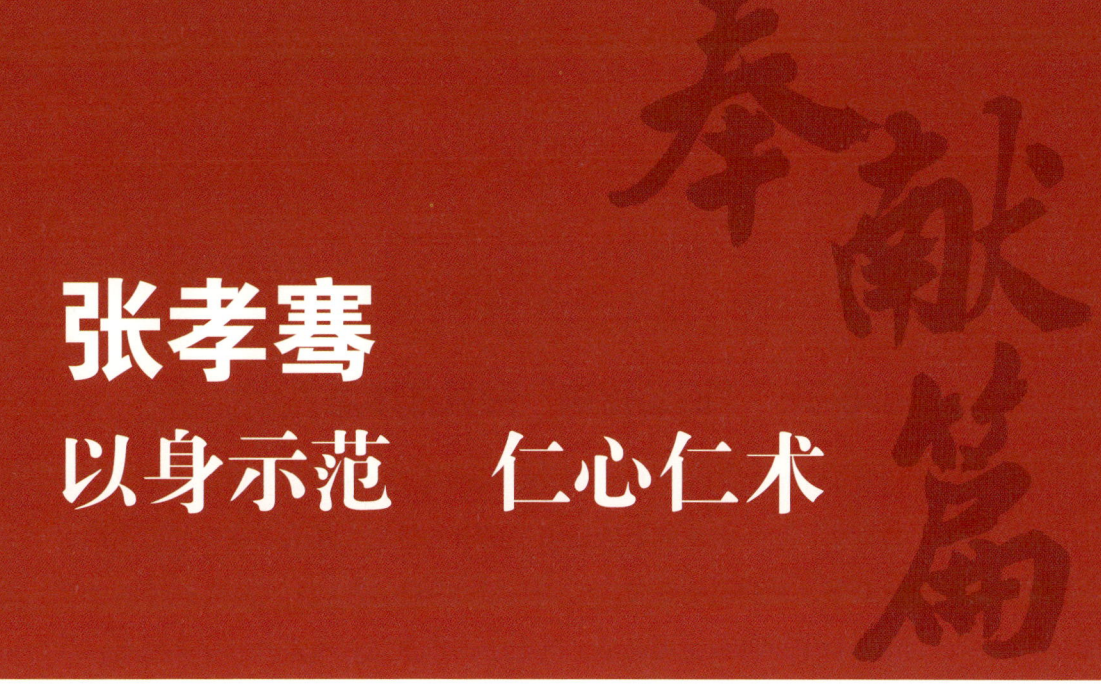

张孝骞（1897年12月—1987年8月），临床医学家、医学科学家和医学教育家，中国现代胃肠病学创始人，中国科学院学部委员。20世纪30年代，他创建了我国第一个消化专业组，对胃的分泌功能进行了多方面研究，有的论文至今仍被国际学界引用；50年代，他在北京协和医院建立了我国第一个消化专科，对内科学系建设、人才培养、医学教育和临床实践倾注了全部心血。2019年荣获"最美奋斗者"称号。

一摞小本子、一根拐棍、一个听诊器，这是张孝骞的三样遗物。

很多协和医生都满怀敬畏地提起它们，似乎这几个普通物件背后藏着道不尽的秘密。

如今，知道张孝骞这个名字的人不多了，他已经离世30余年。生前，他职位不算高，连一本书都没出过，也没有给子孙攒下多少财富，却留给后世一笔巨大的精神遗产。

医生们景仰他，将他视为一个时代的高峰。

患者们怀念他，说让他看病是一生的幸运。

小本子："医道秘诀"究竟在哪里？

巴掌大小的笔记本，几十册，整齐地码在协和医院院史馆一张老木桌上。打开来，里头密密麻麻地记满了患者的姓名、年龄、病案号、病情、初步诊断等，纸张已然泛黄。

作为新中国首批学部委员（院士），张孝骞有着崇高的学术地位，却终生没有一部独立著作。在今天看来，这着实有些不可思议。除了一些单篇文章外，他留下的就是这些小本子。

现任北京协和医院内科学系主任张奉春说："他绝不是随随便便记的，那简直就是一个资料库。"

"85后"内科医生夏鹏刚来协和就听人讲过，当年查房，张孝骞总拿着小本子，遇到一些特殊病例，随口就说，你去参考某书的某页，就摆在图书馆哪个书架的什么位置；或者说，这类病哪种杂志报道过，截至哪年，总共有多少例。年轻医生跑去一查，果然丝毫不差。起初，夏鹏还以为这只是传说，后来偶然翻阅20世纪60年代的旧病历，才发现这样的情况竟不止一次被记录在案。

曾有不少人想整理张孝骞的小本子，从中探求医道秘诀，却都迷惘而归，无人能够还原那些只言片语背后的幽深思考。

1977年10月，医生们对一名习惯性骨折的患者束手无策，请张孝骞来会诊。只见他那双布满老年斑的手一遍又一遍地在患者身上摸索着，忽然，在右侧腹股沟停了下来，那里有个谁都没在意的小肿块。他想了想说："这大概就是病根。"

张孝骞　以身示范　仁心仁术

医生们一头雾水：肿块究竟是什么性质？与患者的症状有什么关系？张孝骞建议，把肿块切除。大家惊奇地发现，术后，患者的病情很快好转了。

而更大的惊奇还在后面——病理诊断证实，肿块为功能性间叶瘤。这是一个极为罕见的病例，在此前的世界医学文献中，总共只报道过7例。

"张老的判断力太惊人了。"张孝骞"重徒孙"辈的消化内科医生吴东说，"在那个信息匮乏的年代，要不是极热爱医学，不可能掌握这么渊博的学识。"

1981年，在一次全国性的学术会议上，会议组织者提出了一个极为困难的临床病例，作为"擂台赛"题目。来自各地的专家们纷纷作出诊断，但分歧很大。最后，所有目光都聚焦到了张孝骞身上。他精辟分析，得出了与众不同的结论。而病理诊断结果证实，他的论断完全正确，全场无不叹服。

张孝骞总能见人所未见，思人所未思，洞察力之强，有时甚至超过机器。张奉春回忆，有一次会诊一个胃肠患者，超声检查没有发现异常。"张老亲自给患者查体，手法很复杂，哪里深，哪里浅，位置、角度都有考虑，过一会儿说：'这儿有个肿块。'大家又去摸，都摸不出来。既然张老说有，那就重新做超声，调换角度，左转位，右转位，终于——看出来了。"

一次又一次"奇迹"积累起了张孝骞传奇般的声望。人们说，他为中国医学写下了一部"无形的巨著"。年事已高时，他每次都由人搀扶着，颤颤巍巍地去查房。年轻医生们前簇后拥，毕恭毕敬，如众星捧月。

然而，他常挂在嘴边的两句话是，"如履薄冰，如临深渊"。他不止一次谈起自己的失误：20世纪50年代，由于他没能及时发现一位患者的静脉炎病史，间接导致其出院后因肺动脉栓塞死亡。

"当医生的时间越长，信心反而越小。"他在文章中写道，"我看了一辈子病，我总觉得，一个医生不管他的本领多么高，他对患者病情的了解，是无限度的，是无止境的。"

张孝骞参加会诊的协和老楼10号楼223大教室迄今保持着原貌，一些上了年纪的医生还记得当年的情景：他总是歪着头，眼睛凑近小本子，仔细地记录。晚年的他右眼几近失明，左眼一米以外就看不清人，每天要靠扩瞳药物维持视力，但仍坚持做笔记。他小心吃力地记着，字还是不知不觉写串了行……宁静的灯光照着他的白大褂，照着他衰老的秃顶和驼背，照出的不像一位被尊为"医圣"的大权威，反倒像个认真听课的小学生。

真正的秘诀，也许并不在那字里行间。"我们最应该继承的，就是张老真诚对待医学的态度。"张奉春说，"无论何时，踏实行医、虔诚治

张孝骞的临诊"小本本"

学的心不能变。"

张孝骞从20世纪50年代起就有了临诊"小本本",记录着他看过的患者的情况,姓名、病历号、诊断等。"文化大革命"中五六十个小本本因抄家而丢失,他又重新记录了56个,是流传至今的珍贵医疗资料。

拐棍:"医生能离开患者吗?"

那根竹拐棍,是张孝骞晚年另一个"标配"。他去哪儿都拄着,用得太久,手柄都磨掉了漆。直到89岁,他还拄着拐棍去诊治患者。

1986年7月,呼吸内科医生陆慰萱想请张老帮忙看一个疑难患者,又很犹豫。那时张孝骞已确诊了肺癌,一直痰中带血。后来,张孝骞还是听说了,拄起拐棍就出了门。

正是酷暑,烈日当头。从门诊楼到老楼的8楼2病房,要走500多步,爬42级楼梯。有电梯,但按规定只能用于转运患者,张孝骞严守规定,步履蹒跚地去爬楼梯。不难想象,对这个生命只剩最后一年的老人来说,那段路是多么沉重的负担!

当他气喘吁吁地出现在病房门口时,陆慰萱和患者都感动得呆住了。那天,张孝骞为这个患者忙了两个多小时。这是他一生中看的最后一个患者。

拐棍不离开老人,张孝骞离不开患者。直至85岁高龄,他早已辞去内科主任职务,还坚持一周2次门诊、4次查房的惯例。

查房时,他常会指出,以前哪年、在哪个病房、哪位医师主管过类似患者。有时连主管医生本人都忘了,他却记得很清楚,让众人目瞪口呆。甚至二三十年前看过的患者,他都能说出姓名、病历号,仿佛一直陪伴在患者身旁。

在现实生活中,张孝骞生就一副耿直、执拗的性格,不懂得、不了解的东西，绝不随声附和。对不勤奋的学生，他会暴跳如雷；对不负责任的医生，他会当面训斥，甚至把写得不合格的病历摔在地上，绝不顾及什么面子。连子女们都怕他。他的次子张友会说："只要父亲在，家里就静悄悄的。"

但是，从来没人见过张孝骞对患者发脾气。"很多患者找到家里请父亲看病，他从不拒绝，而且不厌其烦。"张友会说，"有时候我们都有点烦了，他还一遍遍地讲解，生怕患者听不懂、记不住。"

1981年年初，北京郊区某医院一位医生来找张孝骞，请他为一个年轻农民作书面会诊。看了病历，他感到单凭现有材料还不能下结论，就叮嘱那位医生，再给患者完善两项检查。

两天过去了，一直没有回话，张孝骞越等越焦急。让助手打电话一问，检查只做了一项。他脸上掠过一道阴影，从座位上站了起来，在办公室内转了几圈，然后说："不能等了。走，马上去看患者！"说着，拉上助手就向郊区出发了。当然，又拄上了他的拐棍。

那么冷的天，那么大的专家，那么大的年纪，却亲自跑来，那个从未见过张孝骞的农民患者和他的医生们几乎不敢相信自己的眼睛……

作为一代名医，张孝骞什么身份的患者都见过，却从不以衣着华朴、地位高低、关系亲疏来决定医疗态度，从来都一视同仁。

不论什么人写信求医，他都亲笔回复。协和档案中，至今保存着他与各地老百姓的很多通信。如果来信人是北京的，他还会随信附去一张门诊预约条，客气地写上："你要是方便的话，来医院我再给你看看。"

后来他年纪大了，回信越来越吃力。学生想代写，却被他婉拒："患者啊，因为尊敬我才给我写这封信，如果我马马虎虎让别人回答一下，对患者很不礼貌的。"再后来，他实在写不动了，为此深感自责。

1986年1月4日，89岁的张孝骞在日记中写道："复几封人民来信，占去不少时间，有些字的写法记不清了，必须查字典！衰老之象，奈何。"

这几行字，不知让多少后辈唏嘘慨叹。

张孝骞告诫年轻医生："我们使用实验室诊断，应该有目的性、有针对性，不能像撒网一样做。"

听诊器：不仅仅是一个工具

张奉春注意到一个细节：张孝骞晚年总是用一个特殊的听诊器——管子比通常的听诊器短半截。所以，他总是弯着腰听，几乎要趴在患者身上。

当时，张奉春看他吃力，就说："您换我这个吧。"张孝骞笑笑："我耳朵不好了，短点才能听得清楚些。"

原来，他是自己剪短的，就为了不失去最直观的临床感受。他一向不习惯靠下级医生的汇报来诊断病情，而是要亲自查看。

有人说，张孝骞对临床的坚持几乎到了偏执的程度。不管现代化检查手段多么丰富，他都认为不可以取代临床直接观察。并且，他最反对一上来就开一大堆检查单，增加患者经济负担。

"这不仅是医疗方法问题，背后是深沉的悲悯之心和浓浓的家国情怀。"曾仔细研读过张孝骞生平的吴东说。

年少时，张孝骞家境贫寒，上中学时连做校服的钱都交不起。因此，他曾以实业救国为理想。可祖父说："其实，中国又何止贫穷呢？疾病也是一种灾祸啊。所谓贫病交加，生灵涂炭，才真是百姓的绝境。"这一席话，让他选择了从医。

"七七事变"仅一周，张孝骞就出人意料地辞去协和医院的优厚职位，举家南下，宁肯去做一名普通教师，也不愿待在沦陷区给日本伤兵看病，不愿充当侵略者的工具。

早年他曾两次游学美国，不仅亲身体验了西方优越的科研条件，还作出了引起全美医学界关注的成果，却都婉拒了"留下来"的邀请。

他有一句名言:"生命的泉,即使拌和着血和泪,也要在自己的国土上流淌。"

只因心怀抱国之志,张孝骞觉得,戴上听诊器解除百姓疾苦,是一件神圣的事,容不得半点玷污。

1964年,学医的张友会从外地调来北京工作,有关领导找张孝骞征求意见,问是否可以安排到协和医院。张孝骞生硬地回答:"如何安排,是组织上考虑的事。如果征求我的意见,我不同意将他安排到协和。"结果,张友会只好去了其他单位。

1979年夏天,张孝骞突然说:"我准备到上海去休息一段时间。"奇怪,张主任几十年来从没主动提出过休息的要求啊!同事们劝他:"您要休息,也不能这种热天往上海跑啊。"

张孝骞很坚决:"我现在必须离开北京。"

为什么?

他迟疑了一下,终于道出实情:"在今年报考医院内科的研究生中,有一个叫张振新的学生,是我的孙子。我留在这里,出题、阅卷、录取均不方便,必须回避。"

大家只得同意他去上海。这次考试,张振新因成绩不佳而落选。

"我这是自私吗?是对孩子不负责吗?"事后,张孝骞也曾这样自问,但他对当年一位采访者说:"有一点是可以自慰的,在我的一生中,从来没有因个人私利而侵犯过社会的道义。"

他去世后,家人把他用了几十年的一个听诊器送给罗慰慈留作纪念。罗慰慈是张孝骞人生最后阶段住的呼吸组病房里的主管医生,他把那个听诊器又用了几十年,拿给记者看时,仍崭新如初,足见保管之精心。

如今,罗慰慈也早已是耄耋之年,却还清晰记得张孝骞的座右铭——"戒、慎、恐、惧"。"张老常说,患者把身家性命都交给了我们啊!

我们怎能不感到恐惧呢？"

不熄的光彩

1985年8月19日，张孝骞的痰中发现了癌细胞，X光显示他左上肺有个三角形的阴影。可是，他仍旧挂起拐棍，照例去参加查房，助手怎么拦也拦不住。随后，他又戴起助听器大声地为大家分析病例，脸都红了，像个兴奋的孩子。

他一生没有什么嗜好，最大也几乎唯一的乐趣就是看病。"当患者终于康复时，我就会有一种爱情爆发般的幸福感，会觉得天是蓝的，树是绿的，迎面吹来的风都是甜的。"他曾这样说。

他还说过："我准备看病看到90岁，到那时我就退休。"当他倒下时，已行医65个年头。

1987年3月，他已卧床不起。一天夜里，他刚从病痛中得到片刻解脱，一睁眼，就要求找内科副主任朱元珏："我有要事商量。"

朱元珏从家里匆匆赶来。张孝骞问："医院这么大，患者这么多，夜里有事找得到医生吗？"朱元珏凑近他耳边轻声做了解释。

"哦——"他满意地应了一声，放心地睡去。

那时，距他去世只有几个月了。在神智迷茫之际，他魂牵梦绕的依然是他的患者。当他痛苦呻吟时，只要谁讲起患者，他就陡然有了精神，脸颊因兴奋而微微发红，眼睛里会立即闪出光彩。

那光彩，仿佛从来不曾熄灭，至今，仍闪现在人们眼前。

（供稿：中国医学科学院北京协和医院；撰稿：新华社记者　李柯勇）

林巧稚
一生践行医者仁心

林巧稚（1901年12月—1983年4月），医学家，新中国第一位中国科学院女学部委员，中国现代妇产科学的奠基者和开拓者。20世纪30年代，研究胎儿宫内呼吸窘迫、女性生殖道结核；40年代，研究滋养细胞肿瘤和其他妇科肿瘤；50年代，提出和组织北京地区大规模的宫颈癌普查普治，成功诊治新生儿溶血症；80年代，主持编纂《妇科肿瘤》一书。她亲手接生了5万多个孩子，筹建了北京妇产医院，为我国妇产科学界培养了一代又一代的优秀接班人。2009年被评为"100位新中国成立以来感动中国人物"，2019年荣获"最美奋斗者"称号。

我们每年都要开会纪念林巧稚医生。也许，现今大多数医生并没有见过林医生，但大家都会感觉到她的存在。这使我想起一位城市市长的墓碑上写道：如果你想寻找他的纪念碑，就请看看你的周围。林医生永远在我们周围，林医生永远在我们心中。

这是我于1981年给林医生八十寿辰的献诗：

从鼓浪屿日光岩的小路，
到协和汉白玉的台阶，
您的脚步总是那样轻盈、快捷；

从曼彻斯特医学院的校园，
到芝加哥大学的讲堂，
您还是那一成不变的中国旗袍
和梳理不乱的发髻。

从说"男同学能得一百分，
我要得一百一十分！"的
好胜、倔强的小姑娘，
到为妇女的解放和健康
奔走操劳的不屈战士，
您清瘦的身体里蕴藏着怎样
深刻的睿智和
铁打的刚强！

从"不为良相，当为良医"的志愿，
到为祖国、为同胞
抽丝到老的春蚕，
您从不停歇、从不停歇啊，
甘于奉献。

科学家精神 奉献篇

您亲手接生的孩子千千万万，
她们又有了孩子万万千千。
谁能说您总孑然一身？
您是真正的母亲啊，
孩子无数，仁爱无限。

您悉心培养的学生桃李满天下，
她们又有了学生，天下满桃李。
这到处结实的硕果，浓郁的芳菲，
不正是您用毕生的心血
撰写的巨著鸿篇。

今天，我们为您
点燃八十只红烛啊，
您却早已在亿万人心中
点亮起生命的绿灯——
照耀到永远！

无论是白发苍苍的前辈，还是风华正茂的中青年，大家都在谈论林巧稚——她是协和的象征，她是协和的光荣！

人们始终在怀念这位卓越的医学家。半个世纪以来，林巧稚的名字家喻户晓，她的事迹有口皆碑。一个医生享有这样的尊崇和殊荣是颇为少见的，诚然，她当之无愧。

我们都清楚地记得：林巧稚正是1921年进入协和医学殿堂的，她的从医活动恰与协和医院同龄。1990年10月，邮电部发行了林医生的纪念邮票。2001年12月23日，人民大会堂举行隆重大会，纪念林巧稚医生

100周年诞辰，卫生部再一次通告成立林巧稚妇产科研究中心，林医生的事业不断延续发展。

我们永远纪念林医生，永远学习林医生伟大的医学思想。

追求真理，魂系中华

林巧稚医生是位旧知识分子，青少年时代受基督教的影响很深，她曾以"仁慈博爱、乐善好施"为信条，"不为良相、当为良医"为志愿。

林医生的信奉也许并不为错，但是黑暗与苦难、战争与动乱的年代，一个医生之所为实在微不足道，她所施行的仁术也被限制在一个狭小的范围。

在一个划时代的变革中，林医生看到了祖国和事业的希望，以满腔的热忱和勤奋的劳动投入了国家的建设。1955年，她成为中国科学院第一批也是唯一的女学部委员；1959年，她被任命为中国医学科学院副院长、北京妇产医院院长；她还是人大代表、人大常委、全国妇联副主席等。

她能为国家参政议事，为制定《婚姻法》《妇女劳动保护法规》等筹划陈言，能组织大规模的宫颈癌防治普查。理想变成了现实，弱者变成了强者。一个女医生所追求的真理，所走过的道路告诉人们：只有把自己的志愿与国家、民族的命运结合在一起，才能有出路。林巧稚说得好：个人奋斗的

力量是渺小的，党、祖国和人民才是巨大力量的源泉。

林巧稚医生较早接受西方文化的影响。她考入协和后，可以说受的是美式教育，1929年毕业，拿的是纽约州立大学的文凭。1932年林医生到英国伦敦和曼彻斯特进修，1933年去奥地利维也纳进行医学考察，1939年去美国芝加哥大学医学院学习。但她多次辞退居留海外的重金约聘，坚持回到祖国母亲的怀抱。1949年，又有人送来了飞往美国的机票，她莞尔一笑地谢绝了。她的思想也许很质朴，只是想为自己的姐妹同胞效力，为祖国与民族尽责。她曾这样深情地回答："这大概是我的一种责任感，一种难以割舍的眷恋……"

而当她代表中国出访的时候，那种自豪与骄傲却是从未有过的。1953年林巧稚赴维也纳参加世界卫生大会，访问苏联、捷克斯洛伐克。1972年出访美国、加拿大。1978年去西欧四国。"从前，我搭乘邮船，一叶孤舟漂洋过海，不胜凄凉。而今，前面有红旗引路，后面有亿万人民相依！"这是她当时激动的心声。

从1973年到1977年，林医生被世界卫生组织研究顾问委员会（世界范围的最高级卫生顾问团）聘为顾问，出席此间一年一度的会议。她坚持医学发展和援助的正确方向，维护国家与民族的尊严和利益，表明了她伟大的爱国主义精神。她的教育背景很"洋化"：流利的英语、某些生活习惯；她的行为很"中式"：始终留发髻、着旗袍、穿布鞋。在外国人眼里，她是一位彬彬有礼却又令人有些敬畏的中国老太太。

预防为主，实践第一

林巧稚医生的医学思想很值得研究和学习，其哲学内涵已不仅仅在于医学本身。

林医生非常重视预防。她常说，妇产科，特别是产科的根本是预防，是医疗保健。"妊娠不是病，妊娠要防病"是她的一句名言，是她对妊娠保健的深刻见解，也是近年来发展较快的围产保健医学的认知基础。

20世纪70年代，有一度产前初诊（孕妇的第一次全面检查）拖到妊娠7个月才开始，有的地方产前定期检查做得也不好。林医生得知后，非常生气。她认为，让一个孕妇有了问题才来找医生，这是产科医生的耻辱！她告诫我们，一个只会处理难产，而不会去预防难产的产科医生，其责任已经丢掉了一大半。所以，她强调产前检查应该提前，最好从妊娠一开始便接受保护，定期检查，严密监护，确保母婴安全。

普及医学科学知识是贯彻"预防为主"方针的重要组成部分，林医生十分重视科普工作。她著文、演讲、接见妇女和青少年；到门诊、病房，做面对面的宣传。1965年，她参加中国医学科学院赴湖南医疗队，在湘阴县巡回医疗4个月，去到田间地头为农民看病治病，并培训当地的"赤脚医生"。根据农村基层的实际情况，她编写了《农村妇幼卫生常识问答》——一位最高权威专家亲手编写最通俗的科普读物，用心何其良苦！此后，她又主编了《家庭卫生顾问》《家庭育儿百科大全》，都是深受广大人民群众喜爱的畅销书。无论林医生走到哪里，都会有人认出这位满头白发、慈祥可亲的老人，向她咨询问题，她都会耐心地回答和解释。每天都会收到不少来信，林医生都认真阅读、认真回复，她与姐妹同胞心心相通。

临床医学有着应用科学的显著特点，林巧稚强调的另一个观念就是"实践第一"。她认为，一个临床医生绝不要离开患者。要临床，不要离床，离床医生不是好医生！林医生经常说，医生的工作对象是活生生的人，她们有思想、感情、意愿、要求，有家庭与社会等各种因素的影响。看病不是修理机器，医生不能做纯技术专家，不要只凭数字报告下诊断、开处方，要到患者床边做面对面的工作，悉心观察、关心照顾患者。这是何等重要的真知灼见和医生的行为准则，在今天，更是熠熠闪光。

科学家精神 奉献篇
SPIRIT OF SCIENTISTS

一生辛劳，无私奉献

也许很少有人像林巧稚医生这样辛苦：她勤勤恳恳地工作了几十年，直到80岁高龄，在病中、在梦中，还在想着接生，想着妇女和儿童……

她没有结婚成家，医院和病房就是她的家。她的办公室就在产房对面，产妇一声不寻常的呻吟，她便会敏感地听出来。外出开会回来，她首先去看的是患者。她还有个家，在东单的一个小楼上，离医院不过百米之遥。与其说这是家，毋宁说是她暂时逗留歇息的地方。就是在这个家里，一部电话也始终连着妇产科。几十年来，电话一直牵动着林医生的心。我们都知道林医生的脾气，她喜欢别人向她请示商讨问题，反对自以为是。电话打过去，她从不厌烦，从不敷衍，总是仔细询问，给予具体指教。有时觉得情况不够清楚，便撂下电话，赶到医院来，无论盛暑严冬、刮风下雨或是深更半夜。她还喜欢同事把处理的结果告诉她，否则她会一夜惦记着，睡不好。

我们都会有值班或者休息的时候，可林医生却是"一辈子的值班医生"。

这就是我们的林医生！人们信赖她，崇敬她，因为她有丰富的经验、高超的技术，还因为她对患者无限的关切和爱护，极端的热忱和负责。当实习医生的时候，她就愿意为产妇擦擦汗、拉拉手，这是一种不可低估的力量；个人开业时，她将钱偷偷放在贫苦产妇的枕下；成为著名专家后，她还是愿意摸摸患者的头，掖掖患者的被角……她的一启齿、一举手、一投足都体现了对患者深切的爱，这种理解和同情就是一种仁慈的爱，一种奇特的情，一颗真正母亲的心！

林医生的塑像坐落在北京协和医院门前，慈爱、沉静，面对每一个走过的人。人们也会驻足伫立，敬仰、缅怀这位平凡而伟大的人。她的一幅油画悬挂在妇产科学系的教室里——她永远是我们的导师。

林医生逝世以后，遵照她的遗嘱：一部分资金给了幼儿园的孩子，一部分留作奖掖有作为的青年医生基金。她的遗体供医学解剖，骨灰撒向大海。一个完全无私的人！

她于2009年被评为"100位新中国成立以来感动中国人物"之一，2019年被评为"最美奋斗者"，被誉为"世纪智者"。我们和许许多多被她教育、被她救治、被她感动的人们一样，永远谨记她留给我们最好的礼物：对知识和技术的渴望，对真理的追求和理解，对人的善良、同情和关爱，以及用毕生力量改善人与社会健康的智慧。

她留给我们的是伟大的精神。

一位妇女的保护神——永远激励着我们，永远保护着我们！

（撰稿：中国医学科学院北京协和医院 郎景和院士）

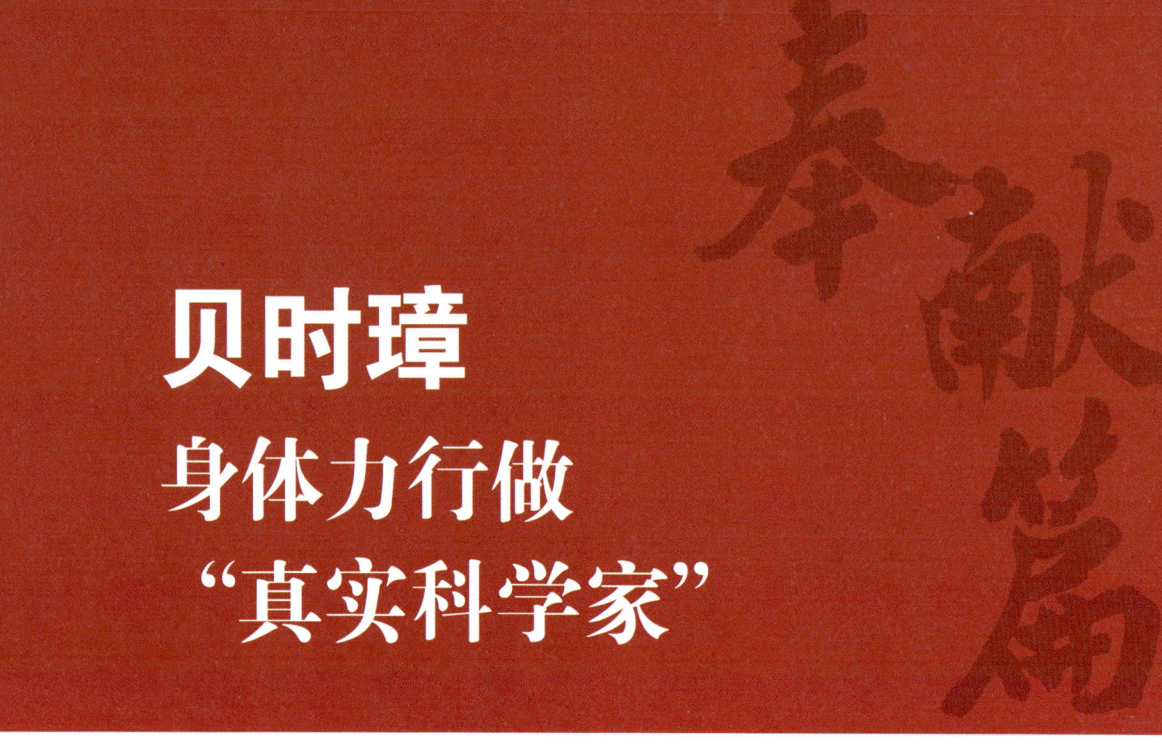

贝时璋
身体力行做"真实科学家"

贝时璋（1903年10月—2009年10月），实验生物学家、细胞生物学家、教育家，中国科学院院士。我国细胞学、胚胎学的创始人之一，我国生物物理学的奠基人。一直从事实验生物学研究工作，对生物的细胞常数、再生、性转变及细胞的结构和分裂等做了研究，发表了一系列论著。20世纪30年代初期，在丰年虫中间性的性转变过程中观察到细胞重建现象。70年代后，相继在丰年虫、鸡胚早期发育、小鼠造血系统（骨髓）、根瘤菌和沙眼衣原体等方面进行了细胞重建的研究，首次发现细胞的繁殖增生除细胞分裂之外，还存在着另外一条途径——细胞重建，创立了"细胞重建学说"。

潜心研究，献身科学

1921年9月，18岁的贝时璋从同济医工专门学校毕业，在求学的道路上，他"一路小跑"，连连跳级，以4年小学、4年半中学和2年预科共 10 年半时间，拿到了大学预科文凭。此后，他又胸怀着自己的理想，开始了自费留学德国之路。

德国弗赖堡大学承认同济医工专门学校医预科学历，可以进入弗赖堡大学医科就读，但贝时璋却"弃医从理"进入了动物学系，此后又转学至图宾根大学，在动物学系主任、德国著名教授哈姆斯教授指导下对醋虫进行研究，完成了两篇论文。第一篇论文题目为《醋虫的生活周期》，于 1927 年发表。第二篇是贝时璋的博士论文，题目为《醋虫生活周期的各阶段及其受实验形态的影响》，于 1928 年发表，是当时关于动物胚胎发育和细胞分化研究领域中系统研究线虫生活周期的一篇重要论文。1929 年德国动物学家施莱普和 1936 年德国动物学家考舍特在他们的学术著作中，均引用了贝时璋学位论文的研究结果。

实验动物的培养和实验方法在研究工作中十分重要，为了测定醋虫出生后的生长速度，贝时璋每天都要测量雌虫和雄虫各 20 条，连续测量 20 天的时间，但是虫体在不断扭动，不能准确测量，更不必说观察和画图了。贝时璋逐渐摸索出测量时使醋虫静止不动又能确保醋虫存活的操作方法，以便不间断测量虫体的长度和宽度。在那个时代，还没有显微照相设备，贝时璋在博士学位论文的研究工作中用的只是一般的光学显微镜，他在共 51 页的博士论文中给出的 80 张在实验中观察到的显微图，都是他借助于绘图工具亲手精心绘制的。这些显微图既是精准的科学图像，也堪称艺术之作。

1928 年 3 月 1 日，贝时璋的重要研究成果受到赞誉，顺利通过论文答辩，获得了图宾根大学的自然科学博士学位。贝时璋的成绩令他的导师哈姆斯教授引以为傲，从 1921 年秋天进入弗赖堡大学到获得博士学位，贝时璋用了 6 年半时间，便完成了大学本科、硕士和博士研究生的学业，在学识上收获了丰硕成果。通过系统的科研训练，他获得了知识、研究方法和实验技术，掌握了学术思想，具备了研究工作的经验，同时也形成了自己谦虚谨慎、治学严谨、操作细致、条理清楚、秩序井然的工作作风。

从此以后,贝时璋长期工作在科研第一线,取得了多项卓越成果,对科学作出了重大贡献。为此,图宾根大学又先后于1978年、1988年、2003年和2008年4次授予他博士学位荣誉证书,于是就有了一个人拥有5张博士学位证书的传奇故事。

学科奠基,无私育人

贝时璋不仅自身是一位成就卓越的科学家,更是生命科学交叉研究的引路人。1958年9月26日,生物物理研究所得到了国务院的正式批准,贝时璋任所长,从此生物物理学作为一门独立的学科在中国确立。生物科学的大发展需要与物理学、化学、数学、工程技术等学科相互结合,在交叉融合中彼此促进,这种思想在今天已被科学界广泛接受,但在贝时璋创建生物物理研究所的时候,对于学科交叉的可能与必要及生物物理学能否作为一门独立的学科,在国内外还都是一个争论得十分激烈的问题。

早在德国图宾根大学动物学系留学期间,贝时璋就在学习生物学课程之外,辅修了物理学、化学、古生物和地质学等课程,并经常与物理系同学开展学术交流,思想上渐渐地有了学科交叉融合概念的萌芽。贝时璋在多年的科学生涯中,逐渐洞察到物理学和生物学相互交叉融合的大趋势,为适应科学发展的需要,他一

直关注与促进着学科交叉。经过多年的积累和思考，贝时璋推动学科交叉的思想愈加成熟，他深刻地意识到只有深入开展生物物理学和生物化学的研究，才能使生物学获得更高的发展。经过精心准备，贝时璋以战略科学家的高瞻远瞩和过人胆识，承担起了建立生物物理研究所的重担。贝时璋在思想上对学科交叉的意义早已深思熟虑，他充分估计到了开创新的交叉学科必然会遇到激烈反对的意见，做好了持之以恒的准备去发展生物物理学。

在人才培养方面，贝时璋提前做好了战略部署。他招收了生物学、物理学、化学、医学、电子学、计算机、工程技术等不同专业的大学毕业生，在所内进行多科培训，"从头培植"生物物理学新生力量，共同建设这个新兴的学科。他亲自指导研究工作，学术民主和严谨务实的工作作风给年轻科研人员留下了深刻印象，他总是循循善诱，从工作理论到方法都会进行具体指导，鼓励大家畅所欲言发表意见。有一次因为一张细胞的电子显微镜照片不能完全显示细胞核膜的结构，当时已经80岁高龄的贝时璋竟然连续看了3个小时的电子显微镜，对实验结果进行确认。在论文撰写方面，他也是严格把关、认真修改，不仅注意文章的整体内容，而且在遣词造句上都细心修改。在许多年轻人的心中，贝时璋既是一位严谨治学、富有创造性的科学家，又是一位和蔼可亲、平易近人的长者，他们觉得与贝时璋谈话没有拘束，即使说出错误的观点，贝时璋也会耐心听取并给予开导，从来不会遭到训斥。

在贝时璋的直接指导下，生物物理研究所遵循"学科交叉、理论联系实际；科学研究要为国家建设服务；赶超世界先进水平"的建所方针，取得了多项重要成果：在我国从1964年第一次核试验开始的6次核试验的核爆炸现场进行了动物实验，并对实验动物及其后代进行了长达20年的跟踪研究，圆满地完成了"我国核试验对动物远后期效应的研究"的国家科研项目；对猕猴进行了我国唯一一项长达15年的小剂量长期慢性照射研究，为制定我国辐射安全标准和深入了解辐射生物效应及其危险性提供了珍贵数据；在全国建立了 18 个观测站，开展了全国放射性本底调查，监测核试验落下灰对我国国土污染的涨落情况，以及高本底地区和铀矿矿区的天然放射性本底，为评估核试验对环境的污染和铀矿矿区的环境保护提供了依据；在辐射剂量技术与仪器研究方面，研制的低浓度 β 放射性污水连续监测仪和 α 放射性气溶胶连续监测仪等，填补了国内空白；此外，在辐射的原初反应、放射病的早期诊断、辐射防护与药物筛选、内照射的危险及其排除方法等基础研究方面，也做出了大量工作，取得了很好的成绩。

贝时璋认为，要发展生物物理学这个学科，只有生物物理研究所一枝独秀还不行，必须要"万紫千红"。1979 年，中国生物物理学会正式批准成立，开创了这个学科在国内发展的新时期，贝时璋当选中国生物物理学会第一届理事会理事长。后来即使他年事已高，不便远行参加中国生物物理学会的学术会议，他也会积极提出意见和建议，甚至提交书面大会报告，参与交流。

从 1958 年至 1983 年，贝时璋担任生物物理研究所所长达 25 年之久，他凭借自身的广博学识和无私奉献，培育开创了中国的生物物理研究领域，奠定了这一学科发展的坚实基础。

勇挑重担，顾全大局

贝时璋学识渊博，在教育和科学问题上多远见卓识，他参与或主持了多方面的重要科研组织活动，把促进整个国家的科学发展作为自己的神圣职责。

1954 年 1 月，中国科学院成立学术秘书处，作为院务会议在学术领导方面的助手，贝时璋被调往科学院学术秘书处任学术秘书。学术秘书处

贝时璋　身体力行做"真实科学家"

秘书长为钱三强，副秘书长为武衡，学术秘书共8人，除1人做党政工作外，贝时璋和其余6人都是各个学科的著名科学家。学术秘书处工作繁重，当时最主要的任务是筹建4个学部：数理化学部、生物学地学部、技术科学部及哲学社会科学部。贝时璋一直工作至1955年学部成立，顺利完成了学部的组建工作。学部成立后，贝时璋又参加制定国务院《1956—1967年科学技术发展远景规划》的重点任务和学科规划，一直工作了八九个月时间，之后又参加了其他专业性规划，如生物物理学、放射生物学、宇宙生物学等规划的制定等一系列工作。

1957年10—12月，国家派出中国科学技术代表团赴莫斯科与苏方会谈中苏科学技术合作事宜。贝时璋作为代表团顾问团成员，参加了生物学组的会谈，先参观苏联生物学方面的相关研究机构，而后进行会谈。会谈的内容涉及人体及动物生理学、生物化学、生物物理学等12个学科，以及蛋白质的结构功能与合成等4个中心问题。10月24日至11月13日，生物学组进行了中苏具体合作项目的会谈，确定了有利于我国科学发展的合作项目。

1978年，中央召开全国科学大会，国内迎来了科学的春天，停顿多年的学部活动正式恢复，最首要的工作是重建学部领导机构和增补学部委员。中国科学院领导希望贝时璋代理生物学部主任，参与这项工作。这次学部委员增补，是学部有史以来第一次采用直接选举的办法执行增补工作，不但工作量很大，执行的难度更大。贝时璋明知任务艰巨，却欣然挑起了重担，他秉公办事，善于听取群众意见，最终依靠全体学部委员严格、客观、公正地从300多名候选人中选出53名新的生物学部委员，并主持选举产生了生物学部新的领导机构——常务委员会，圆满地完成了任务。

贝时璋在工作中顾全大局，急工作之所急，尽其所能，无私奉献，1978年12月加入中国共产党后，更是事事、处处以共产党员的高标准要求自己，有了更高的奋斗目标。他在《中国共产党党员登记表》中写下了这样的感悟："我国科学技术与发达国家相比，还有很大的差距。只有坚决地、有效地进行改革，才能推动科学技术的迅速发展。我们科研机构也是一样，只有奋勇直前、不怕艰难险阻、坚持不懈地努力，才能不断出好成果、出好人才，不断创造新的生产力，不断兴起技术革新，促使我国科学技术进入世界的前列。我虽年迈力衰，但身体尚可，愿在有生之年，同大家一起，对出成果、出人才，尽我最大的努力；同时，要按照《党章》第二、三、三十五条的规定，争取做一个合格的中共党员。"

砥志研思，毕生奉献

1932年春，贝时璋在收集实验动物时，发现了形态异常的南京丰年虫，于是他带回实验室进行深入观察与研究。贝时璋发现，这些异常的南京丰年虫是一种中间性，它们在生活周期的某一时期会进行性的转变，不仅外形改变，生殖细胞也同时发生性的转变，他认为生殖细胞的转变是通过老细胞的解体和新细胞的形成而实现的，并将这种现象称为"细胞重建"。

经过多年对丰年虫性转变、鸡胚早期发育和小鼠造血系统（骨髓）中细胞重建的深入研究，贝时璋提出了"细胞重建学说"。他指出：细胞重建是不同于细胞分裂的另外一种细胞繁殖过程，是在具有组成细胞的物质基础和条件下，从没有细胞结构到有细胞结构一步一步地从头开始、从无到有重新组织起来的过程。贝时璋还从生命起源的角度来阐述自己的观点，他指出："在地球上生命发展的过程中，总会有那么一个时期，生命由比较原始的非细胞形态进化为细胞形态，绝不会是一有生命就出现细胞那样复杂的形态，细胞不可能没有历史。生命在大自然中的这一段历史，科学界称它为细胞起源。细胞重建现象可能是以前地球上细胞起源过程的缩影。这样的提法是否恰当，尚待商讨。但是，如果认为细胞分裂是细胞繁殖增生的唯一途径，就不能了解细胞在地球上是如何起源和进化的。

相反，通过对细胞重建的深入研究，弄清楚细胞一步一步地自组织的过程，就能对地球上细胞怎样起源、怎样发展等问题有所理解，进而对它进行模拟。"

  贝时璋享年107岁，他的人生跨越了整整一个世纪，经历了几个时代。他一生奉献于科学研究、学科发展，乃至于新中国的科学事业，实现了精彩的科学人生。贝时璋视科学为生命，身体力行做坚定的"真实的科学家"。他说："一个真实的科学家，是忠于科学、热爱科学的。我热爱科学，不是为名为利，而是求知识、爱真理，为国家做贡献，为人民谋福利。"

（撰稿：中国科学院生物物理研究所）

参考文献

[1] 王谷岩. 贝时璋传[M]. 北京：科学出版社，2010.

侯祥麟
事业为重　国事为大

侯祥麟（1912年4月—2008年12月），化学工程学家，中国科学院院士，中国工程院院士。我国石油化工技术的开拓者之一。长期负责我国石油科研机构和队伍的组建及科研计划的管理，参与历次国家和部门科技发展规划的制定、协调和实施，组织领导铂重整、流化催化裂化催化剂及其工艺等若干重大炼油技术的科研攻关并实现了工业化，使中国炼油工业技术水平大幅提高，研究解决了中国喷气燃料腐蚀燃烧室的特殊技术问题，领导研制并供应尖端工业急需的多种新型润滑材料等。曾获何梁何利基金科学与技术成就奖、国家发明奖一等奖、国家科学技术进步奖特等奖等奖项。

侯祥麟 事业为重 国事为大

平凡的工作，不平凡的奇迹

说起"五朵金花"，大多数人的印象还停留在电影中那5位人美歌甜的少数民族姑娘那儿。而在石油界，他们的"五朵金花"则是5种和炼油有关的工艺技术，分别是流化催化裂化、催化重整、延迟焦化、尿素脱蜡，以及有关的催化剂和添加剂。据侯祥麟回忆，当年电影《五朵金花》中5位美丽的白族姑娘给他们留下了深刻的印象。于是，就将正要攻关的这5项新技术笑称为"五朵金花"，从此流传至今。在20世纪60年代，这"五朵金花"却也是当之无愧，是中国炼油事业的标志性成就。可这成就的背后，离不开一个人的付出，这个人就是侯祥麟。

"五朵金花"的研究开发大都在石油科学院进行，担任研究院副院长的侯祥麟，把主要精力都放在这项工作上，大到科研方向、试验方案的制定，小到试验的每个环节，他都亲自抓，亲自过问。当年在攻关中负责催化剂研制的闵恩泽院士回忆当年的情景说："那些日子，侯院长在研究院、在实验室、在炼油厂之间奔波，千方百计让这些炼油新工艺早点开花结果。" 功夫不负有心人，到1965年年底，"五朵金花"先后绽放，并成功实现了工业化生产。侯祥麟也为此自豪："'五朵金花'使我国的炼油工业技术一下子从落后跃到世界先进水平。中国可以自己生产所需的全部油品了！"

侯祥麟认为：一个真正的科学家的快乐，是创新和奉献。创新，是科学发展的本质和灵魂；而奉献，是我们科学研究的目的。科学的创新没有止境，侯祥麟的探索也不断延伸。像"五朵金花"这样对产业发展有重大影响的创新项目，他陆续主持、参与过很多。特别是改革开放之后，先进国家的科学技术和工业产品与我国的竞争日趋激烈，侯祥麟深感推进科研创新和工业技术进步是我国石化工业生存和发展至关重要的问题。为此，他殚精竭虑。

科学家精神 奉献篇

蒸汽裂解制取乙烯是世界上一直没有被突破的一项传统生产工艺。侯祥麟看到我国重油资源日趋增多,而蒸汽裂解生产乙烯所需的轻质油品日趋紧俏,于是他于1986年提出了用催化方法裂解重质原料油生产烯烃的意见,还亲自为这项技术取名"催化裂解"。在石油化工科学研究院等单位的联合攻关下,催化裂解于1990年成功进行了工业化试验,一些颇具权威的国际石油化学家预言,催化裂解工艺将为世界石化工业开辟一条新路。

"中国可持续发展油气资源战略研究",这个集中了31名院士、160多名专家参与的重大课题,经过一年多认真细致的工作后已经基本完成。参与这项课题的中国工程院院士胡见义简要描述了由1个主报告和7个子课题构成的这个大型研究项目的内容:"科学地分析了我国和世界油气资源的现状和供需发展趋势;提出了我国油气资源可持续发展的总体战略、指导思想、战略措施和政策建议。"

时任国务院总理温家宝先后3次与有关部门负责人一起听取了这项研究课题的汇报,给予很高评价。这项战略研究,成为我国"十一五"发展规划和我国实现小康社会发展决策的一项重要依据。作为这项研究课题的灵魂人物,课题组组长侯祥麟,却并没有就此满足。在这位老人93岁高龄之际,又开始带领课题组对这一项目进行延伸研究,他们把目光投向了50年后……正是如此,大家亲切地称晚年的侯祥麟为"社会活动家",可他不大习惯这个称呼,觉得还是"社会服务家"来得好。在侯祥麟看来,能够为他人服务，实在是一种快乐。

"我是一个平凡的人"，这是侯祥麟出席"侯祥麟同志先进事迹宣传采访会"的开场白。在会上侯祥麟平和地说出了自己的看法："我一生所做的事情都很平凡，没有什么突出的事迹，没有传奇的色彩，我是在尽一个共产党员的责任，我没有什么可以宣传的。但说这是任务，那我就要配合大家完成这个任务。"据介绍，当侯祥麟得知要宣传他的事迹后，曾打电话给中国工程院领导，诚恳地说："作为共产党员、科学工作者，我只是做了自己应该做的事，还是不要宣传我了。"在他看来，这仅仅是任务、是工作、是使命，更是责任。

战略的高度和前瞻的意识，不仅仅来自能力和素养，更需要"风声雨声读书声声声入耳，家事国事天下事事事关心"的使命感和责任感。自认为90多岁还不算长寿的侯祥麟，以他70年的科技生涯告诉了我们，他的生命将"如蜡烛一样，从顶燃到底，一直都是光明的"。

国家的事大，个人的事小

在中国石油天然气集团公司工作的日子里，每天早上九点钟，人们都会在办公大楼里看到侯祥麟的身影。有人劝他说："侯老，90多岁了，歇歇吧。"侯祥麟觉得他工作了几十年已经成为习惯了，而且现在的效率大不如前了，总觉得时间不够，他希望自己的努力能让我国未来的石油道路少一些坎坷。

在外人看来，侯祥麟精神矍铄、思路清晰，有一个令人羡慕的健康身体。但是却很少有人知道，由于长期从事石化试验，他早已患眼底病变、神经性皮炎等严重的疾病。1961年，侯祥麟因为研制航空煤油的劳碌患上了肝炎，正当他住院期间，为航空航天研制急需的润滑油的艰巨任务下来了。研制润滑油要用到氟化氢，而氟是有剧毒的，毒气的侵袭造成

科学家精神 奉献篇

了侯祥麟的白细胞减少，牙齿松动，皮肤溃烂。就在这样的环境下，多种特殊润滑油于1962年研制成功，满足了研制"两弹一星"的国家需求。

2004年6月25日，对侯祥麟来讲，这是一个特殊的日子，一个刻骨铭心、终生难忘的日子：这一天，侯祥麟带着精心准备的"中国可持续发展油气资源战略研究"汇报走进了中南海，温家宝总理听取了他的汇报，他字斟句酌，条分缕析，从前瞻性、战略性的高度，分析了我国油气可持续发展的历史、现状和未来，赢得一片赞赏。但是他不知道，妻子李秀珍已走近生命的尽头。当侯祥麟结束汇报、赶到病床边时，与他相濡以沫半个世纪的老伴再也没能睁开眼看一看他，和他说上一句话。他紧紧地握住妻子的手，告诉妻子今天给总理的汇报很成功，可心中充满了从未有过的痛楚。两个小时后，老伴永远离开了他。此时此刻，侯祥麟才明白老伴一直瞒着病情，其实就是为了让他能够安心地做好这件事情。

当时，人们都担心侯祥麟受不了这样沉重的打击，毕竟90多岁的人了。但就在这时，侯祥麟的领导和亲朋好友都收到了一封来自他的致谢信。

尊敬的各位领导，亲朋好友：

在我的亡妻李秀珍因病治疗和后事处理期间，承蒙悉心关照，热情帮助，我和孩子们表示最诚挚的感谢。

我会遵从各位的嘱托保重身体，继续为党和国家的事业尽自己的绵薄之力，也以告慰秀珍在天之灵。

再次衷心感谢你们！

侯祥麟

2004年7月4日

这封信是在侯祥麟的老伴去世后不到10天的时候发出的。人们又惊讶，但又觉得这符合侯祥麟的性格。经过磨炼，走过风霜，说的是国家，

侯祥麟　事业为重　国事为大

是石油，也是一个人，这个人的一生，就像炼油历程和命运一样，永不厌倦地前进。这个人为了中国人的民族尊严，甘愿投入一个世纪的宝贵光阴，换取国富民强。这个人就是侯祥麟。在他看来，"国"字最大、最重，国家的事最大，国家的事始终高于个人的事，这封信就是最好的证明。

为国一掷千金，对己锱铢必较

半个多世纪以来，侯祥麟把自己的满腔忠诚和聪明才智，毫无保留地献给了祖国，为中国石油石化的科技事业作出了开拓性贡献。他自己则是操守廉洁，克己奉公，多次捐出所获奖金和家产财物，支援国家教育事业和石化高科技人才的培养。

早在1950年，侯祥麟准备回国时，从国外带了13箱科技书刊回国，并悉数捐给了石油科学研究院图书馆，这些图书资料对我国炼油科技研究事业的开展发挥了很大作用。1955年，侯祥麟任中国科学院学部委员时，每个月有百元的交通补助，他坚持不领取，被催促得多了才来领，最后攒了8000元都交了党费。1986年7月8日，侯祥麟获意大利马太依国际奖，他是第一位获此殊荣的中国科学家。回国之后，2.5万美元奖金全部捐给了国家，作为用来购买国外科技图书的专用资金。就连家族房产也捐了用于办学校，想要为教育事业出把力，侯祥麟真的把自己的一切都奉献给了祖国。

1996年10月17日，侯祥麟荣获何梁何利基金科学与技术成就奖。奖金领到后，他首先想到的是要为培养石化高层次后续人才出把力。他捐出50万元，在中国石化总公司、中国石油天然气总公司和石油化工科学研究院协助下，设立了"侯祥麟基金"，用来奖励取得创造性成果的年轻人才。如今，基金在高校和科研单位的影响越来越大，为石油加工领域高素质人才的培养发挥了很大作用。"只要是对党和国家、对人民有利的事情，我都乐意去做。"这就是侯祥麟。

可是与侯祥麟对国家、对教育的慷慨形成强烈反差的是，他对自己的锱铢必较。20 世纪 90 年代以后，他的两个女儿不在身边，年老的保姆也走了。因工作原因，他和夫人、司机常到外边小饭馆吃饭。每次只点简单的饭菜，剩菜侯祥麟也定要打包。如果剩的量少，不值得打包，他必然要全部吃净。不知底细的人，或许会讥笑这老爷子小气，可哪里知道，这是共和国的副部长，是把成千上万的钱捐给国家的大科学家。

侯祥麟这一生，有近百年的风云际会，有跌宕起伏的艰苦征程；有坚定的信仰，有不懈的追求；有筚路蓝缕、负重前行的甘苦艰辛，也有建功立业、报效祖国的荣耀和辉煌。一路走来，他所有的光荣与梦想，都献给了民族复兴、强国富民的伟业；而他所有的痛苦、哀伤和遗憾，却留给了自己和家人。

（撰稿：鲁雪）

参考文献

[1] 曲志红. 科学如炬：两院院士侯祥麟"没有故事"的科技生涯 [J]. 石油政工研究，2005（5）：7-8.

[2] 曲志红. 大爱无形：耄耋老人侯祥麟"没有遗憾"的悲喜人生 [J]. 石油政工研究，2005（5）：9-10.

[3] 中共中央宣传部宣传教育局. 科技界的榜样：侯祥麟 [M]. 北京：中国石化出版社，2005.

[4] 侯祥麟. 我与石油有缘 [M]. 北京：石油工业出版社，2006.

[5] 一位党员科学家的无私奉献：记两院资深院士侯祥麟 [EB/OL].（2005-09-08）[2020-06-30]. http://www.cctv.com/news/xwlb/20050908/102303.shtml.

张光斗
把一生献给祖国的江河

张光斗（1912年5月—2013年6月），水利水电工程专家、教育家，中国科学院院士，中国工程院院士，中国水利水电事业的主要开拓者之一。长期从事水利水电工程科研工作。在国内创建水工和水电学科，负责设计人民胜利渠进水闸、密云水库、渔子溪水电站等。参加黄河和长江水利工程的规划设计工作，如葛洲坝、三门峡、丹江口、小浪底、二滩、三峡等工程，以及龙滩、溪落渡、小湾等水电站，解决了关键技术问题。参加中国可持续发展水资源战略研究，并提出综合报告。曾获国家科学技术进步奖二等奖、何梁何利基金科学与技术进步奖等奖项。

曾有一位耄耋老人，背像弓一样曲驼，目光也不再清亮，但他的思维异常敏锐深邃，谈起自己为之殚精竭虑奋斗一生的水利水电事业，仍是满怀眷恋，心存忧虑。

他佝偻着身子，拿着一柄放大镜，颤抖着手在电脑上用超大字体一字一句地敲击着。他每天要阅读大量资料，他关注水利水电建设，关注水资源和环境保护，关注人民生活，关注高等教育和科技创新。他的血脉中跳动着一颗赤子之心，仿佛长江黄河鼓荡着春潮，汹涌澎湃，奔流不息……

他就是我国著名水利水电工程专家、教育家，清华大学水利工程系教授张光斗先生。多少年来，他承载着一颗智慧的心灵走遍了祖国的山山水水。

国家为重，情系人民

1937年秋，一艘法国白轮载着风尘仆仆的归国青年张光斗从汉口沿长江逆流而上。那一年，他25岁。

船行至三峡时，他不禁为大自然鬼斧神工造就的壮美山川发出赞叹："好一个优越的水利水电地址！"他想起孙中山先生兴建三峡工程的宏愿，更忘不了日寇侵华的紧张时局，梦与痛一起涌上心头。而他此行的目的，则是要去四川龙溪河为抗战兵工厂开发水电资源，为中国建造第一批完全依靠自己力量设计、施工的水电站。

山河破碎风飘絮，祖国的内忧外患让年轻的张光斗笃定科技报国、江河安澜、为民造福的人生追求。"我选择水利事业的原因只有一个，就是国家和人民的需要。"在张光斗的自传《我的人生之路》中，胸怀祖国、热爱人民的情怀清晰可辨："我的童年梦想，就是看到中国强大起来，不再受人欺负。选择水利专业，是认为它可以为民造福。"

1934年秋，张光斗从上海交通大学毕业后考取了清华大学水利专业留美公费生。出国前，他到国内各水利机构和工地考察、实习，看到各地洪涝灾害频繁，水利事业不兴，人民生活艰苦，更加激发了他奋发求学、以水利事业为民造福的决心。

在美国获得两个硕士学位后，张光斗又获得了哈佛大学攻读博士学位的全额奖学金。此时，抗日战争爆发了。爱国心切的他毅然谢绝了导师的再三挽留，辗转多日，回到了战乱中的祖国。他说："'国家兴亡，匹夫有责'，我留在美国，心有不安。"对张光斗来说，优厚的物质利益怎能敌得过对祖国江河的拳拳爱恋！

从 1937 年到 1942 年，张光斗与工程技术人员和工人们一起艰苦奋战，在四川建成了一批小型水电站，为当时的军工生产提供了电力，支援了抗日战争。抗战胜利后，张光斗在工作中积累、保存了大量有关我国水资源蕴藏量和水文勘测的宝贵资料。1948 年，国民党政府的资源委员会要求张光斗把所有重要的技术档案和资料图纸都装箱转运台湾。在中共地下党的安排和协助下，张光斗冒着生命危险将这批档案和资料保存了下来，成为国家"一五"期间水电建设的重要依据。新中国成立前夕，在华工作的美国水电工程师力邀张光斗赴美工作，他也谢绝了。他说："我是中国人，是中国人民养育、培养了我，我有责任为祖国的建设服务，为养育我的老百姓效力。"

从此，他把自己的一生毫无保留地奉献给了祖国，奉献给了人民，奉献给了水利水电事业。

踏遍江河，丹心未老

一圈圈年轮述说着树木的沧桑，一座座水坝则勾绘出张光斗的人生。

从张光斗参与设计、指导的一系列水利工程中，可以清晰地勾勒出他在神州版图上跋涉过的足迹。正如人们评价的那样：在中国，从黄河上游的龙羊峡、拉西瓦到长江中下游的葛洲坝、三峡，从雅砻江的二滩到红水河的龙滩，没有哪一座重要的水坝在遇到重大技术难题时，没有得到过张光斗的指导；而直接聆听过张光斗教诲，得以在工程建设中攻克难关的中国水利工程师，更是难以计数。

俗话说，有人走过的桥比别人走过的路还多。张光斗就是佐证。他看过并且亲身触摸过太多的大山大水、穷山恶水、青山秀水。70年来，除了在清华园传道授业，他的大部分时间都是在崇山峻岭、急流险滩间度过的。对工程现场，他有一种近乎执着的热情和投入，艰难困苦甚至死亡都被他置之度外。

为了查勘到第一手资料，张光斗经常像壁虎一样匍匐爬行于悬崖峭壁，有时甚至露宿荒郊。头戴安全帽，脚蹬没膝高的黑色胶靴，和工人们一道下基坑，爬脚手架，这就是张光斗在工地时常见的形象。

中国的水力资源蕴含量居世界第一位，但由于河流洪水流量大、泥沙含量多等特点，开发困难较大。自20世纪50年代以来，张光斗曾先后为官厅、三门峡、荆江分洪、新安江、丹江口、葛洲坝、二滩、小浪底、三峡等数十座大中型水利水电工程提供技术咨询，对中国水利水电事业的发展提出了许多指导性建议。

他曾负责设计了我国华北地区库容最大的密云水库。整个枢纽包括2座主坝、5座副坝、3座开敞式溢洪道等共19座建筑物，总库容44亿立方米，为潮白河下游防洪、灌溉和缓解首都北京供水紧张起到了极为重要的作用。他在设计中大胆创新，采用了大面积深覆盖层中的混凝土防渗墙、高土坝薄黏性土斜墙、土坝坝下廊道导流等革新技术，这些技术措施在当时的国内均属首创。一年拦洪，两年建成，这在世界水利工程史上也是不多见的。周恩来总理高兴地赞誉密云水库是"放在首都人民头上的一盆清水"。

张光斗　把一生献给祖国的江河

对葛洲坝工程，他提出炸掉原处于江中的葛洲坝岛，以增大二江泄洪闸和大江电站布置的空间。这一建议对改进枢纽水流河势、保证大江截流和扩大电站装机，具有战略性的意义。

对二滩拱坝枢纽布置，他坚决主张坝内、坝外多种方式结合的泄洪方案，并形象地将此方案比喻为"不能把所有鸡蛋都放在一个篮子里"，这个比喻一直被同行专家们传为佳话。

对于三峡水利枢纽工程，三期施工导流底孔方案是他提出来的。这一方案的实施对保证三峡工程施工期黄金水道的顺利通航和整个工程的按期完成发挥了重要作用。他对三峡工程一直魂萦梦牵，情有独钟。他是三峡工程规划、设计、研究、论证、争论，以及开工建设全过程的见证人，倾注了满腔热情和艰辛努力。

他长年奔走于长江、黄河，奔走于江河湖海工程一线，为祖国的水利水电建设栉风沐雨。

岩土工程专家、水利系退休教师濮家骝教授至今记得一次难忘的旅程。那是1975年8月，濮家骝陪张光斗到宜昌进行葛洲坝复建的设计审查和指导。当时洪水肆虐、京汉铁路中断，交通瘫痪，好不容易等到了第一列从北京经襄樊开往汉口的临时列车。没有确定的到站时间，没有饭食，甚至也没有水，63岁的张光斗还是毫不犹豫地坐上了硬座。在长达40小时的旅程中，张光斗的情绪始终非常饱满。到了宜昌，他也不用长委设计院派出的车，就凭一双脚，走遍、看遍。

到了晚年，很多高空、高海拔、深水等危险地带大家都不让他去，但他常常不管不顾，拦都拦不住。"工人能去，我为什么不能去？""你们是不是想捣鬼，不敢让我看啊？"这都是他冲破"阻挠"的口头禅。

1995年10月18日上午，83岁的张光斗神采奕奕地抵达黄河小浪底工地，下午就马不停蹄赶到大坝基坑察看防渗墙，第二天一早又一头钻进导流洞，在这"地下迷宫"巡视了一上午。"小浪底工程必须万无一失。

你们不要骂我老保守。防渗墙就天衣无缝？我是不相信。"他半开玩笑又带着几分严肃地对施工负责人说。第三天，他早早就到石门沟料场去了。淅淅沥沥的秋雨把路面淋成一片泥泞，汽车打滑开不动，人们劝他到这里就行了。他反问："人家怎么过去的？"陪同的人告诉他都是走过去的。"人家走过去，我们也走过去。"他深一脚浅一脚地走到土料旁，弯腰抠了一团泥巴，放在手心上搓成直径 1 厘米粗细的泥棍，满意地赞许："这里的土黏性很好，不错！"三天时间，他走遍了小浪底工地，那双沾满泥土的大胶鞋在黄河岸边留下了他深深的脚印。

2001 年春，作为三峡工程质量检查专家组副组长，89 岁的张光斗到三峡工地检查导流底孔施工质量。他深知高速水流对底孔过水表面平整度的要求极为关键，为了掌握第一手材料，他坚持从基坑顺着脚手架爬到 55 米高程的底孔，检查混凝土表面的平整度。当他用手摸到表面仍有钢筋露头等凹凸不平的麻面时，当即要求施工单位一定要按照设计标准返工修复。对于一位年近九旬的老人来说，爬 40 多米高的脚手架，其难度可想而知。张光斗个性好强，在脚手架上还不让人搀扶，坚持自己走。助手王光纶碰触到他冰凉的手，知道他已经精疲力竭了，艰难迈出的两腿已在微微发颤。在由底孔向下返回的爬梯上，王光纶怕他腿软撑不住滑下去，只好在他前面慢慢地走，挡着他。即便如此，张光斗还是坚持查看了两个底孔。事后他对带队的全国政协副主席、质量检查专家组组长钱正英说："我实在是爬不动了，要是还有力气能爬，我一定再去多检查几个底孔。"当钱正英在质量检查汇报会上告诉大家，张先生为了严把三峡质量关，硬要爬脚手架，爬得两手发凉、两腿发颤，与会者无不深深感动。时任三峡总公司总经理的陆佑楣院士在答谢专家组的发言中谈及此事时，情不自禁地流下了眼泪，他哽咽着说："老先生为了三峡工程能如此尽心，我们这些在第一线工作的人员怎么能不把三峡工程做好呢！"

这是张光斗最后一次去三峡。他爬脚手架的身影深深铭刻在三峡人的心里。他潘鬓沈腰的身躯，仿佛永远有着一股强悍的力量！多年来，他数次与死神擦肩而过，甚至亲眼看见二滩首任设计总工程师被飞石砸中，牺牲在自己身边。但所有这些，都没有使他的步伐产生丝毫犹疑。

才补造化，脚踏实地

早年在美国垦务局实习的经历对张光斗一生影响至深。他之所以能在如此众多的水利工程中发挥举足轻重的作用，并且能够切中要害地指出工程的关键问题，很大程度上要归功于他对现场查勘的极度重视，对国情、水情和施工过程的了如指掌。他始终把握着中国水利建设的需求和发展脉搏。

他极为严谨，耄耋之年依然拿着那柄特制的放大镜，对着大部头的报告或文件，一字一句地仔细审阅。那场景令人肃然起敬。

多人都说张光斗"倔"。的确，只要是认准的理儿，他一定会不屈不挠地坚持。"倔"的背后，是对国家、对人民的高度负责。他经常用中外水电史上一些失败的例子告诫年轻的水电工程师：一根残留的钢筋头会毁掉整条泄水隧洞，一定要"如临深渊，如履薄冰"。

早在1958年负责设计密云水库时，张光斗的这一性格就得到了充分体现。当时有个别学生为了节省投资，想抽掉廊道内的钢筋。张光斗苦口婆心地讲明利害，从晚上7点一直讲到次日凌晨4点，做出了不同意抽掉钢筋的结论。可就在张光斗出差的间隙里，钢筋还是被抽掉了，进水塔也被去掉，造成非常危险的局面。回到工地后，张光斗惊讶地发现进水塔没了，廊道内的钢筋被抽掉了。同事告诉他说，这是上级的决定，只能服从。张光斗的拗劲儿一下子上来了："应该把人民的利益放在第一位，才是真正服从党的领导。廊道抽掉钢筋，泄洪是很危险的，下游有千百万人民，这样如何对得起党和人民？"

心急如焚的张光斗在河边来回走了两天。同事以为他想不开，一直紧紧跟着。张光斗说，我不会跳河，是在想办法。后来他因所谓"搞专家路线"遭到批判，但毫不介意，依然努力工作。最终，他说服总指挥部补建了进水塔，在廊道已经开始导流无法进入的情况下，又设法采取了在水中锚固门槽混凝土的补救办法。

周恩来总理得知此事后，深感不安。他做出三点指示：不准张光斗离开工地；图纸必须由张光斗签字；技术上相信张光斗，不勉强他同意他认为不对的意见。总理的信任让张光斗毕生感念，也成为激励他不断克服困难的一分动力。

在那个处处以苏联专家意见为圭臬的特殊年代里，在陕西潼关、安徽佛子岭和四川狮子滩等地，张光斗多次坚持自己的正确观点，与苏联专家的不正确意见针锋相对，屡遭批判却毫不畏缩，他的意见最终被采纳。

1961年暑假，张光斗等8人应长江流域规划办公室（简称"长办"）之邀赴丹江口工程检查。接待是吃好住好，却既不提供技术资料，也不让走，这样反常的情况令张光斗心生狐疑。他借了一辆吉普车，独自来到工地。这一看，发现了大隐患：不仅混凝土施工存在很多质量问题，而且混凝土配合比也不合理，很可能发生危及大坝安全的严重裂缝事故。他向上级层层汇报，力陈己见，驳斥用所谓的统计理论解释这一问题的观点。水电部领导十分重视他的意见，当即向工地派出了工作组，证实了他所反映的问题确实存在，而且不久后混凝土中出现的大量贯穿性裂缝，更说明了问题的严重性。周总理果断下达了停工整顿两年的命令，经过整顿，复工后加固，大坝终于实现了良好运转。有位专家深有感触地说："若非如此，将是后患无穷。"

即便是身处极端艰难的逆境，张光斗的责任意识和奉献精神也一如既往。1976年7月，唐山大地震波及密云水库，大坝上游砂砾石保护层发生滑坡，正在黄河小浪底勘察的张光斗被急召回京。当时正值"文化大

张光斗　把一生献给祖国的江河

革命"后期，他还属于被审查的对象，工宣队负责人明确向他宣布："此次抗震加固设计方案你要负责，但不能在图纸上签字。"蒙受如此不公正的待遇，张光斗还是义无反顾地投入抢险加固工程中。他说："我是为人民工作的，不是为哪一位长官工作的。让我签字也好，不让我签字也罢，反正我要对老百姓负责。"

苟利国家人民，岂因祸福避趋。再苦再难，能为国家和人民工作，他便心安。

晚年的张光斗担任国务院三峡工程质量检查专家组副组长，从二期工程开始进驻三峡后，依然保持着明察秋毫、"六亲不认"的作风，不断提出问题和建议。一个公认的事实是，三峡三期工程的质量堪称世界一流，专家组功不可没。

不唯书，不唯上，只唯实。这9个字可谓是张光斗的传神写照。全国人大代表、水利系教授周建军清楚地记得，自己和张先生的相知源于一场与三峡工程有关问题的激烈争辩。当时两人各执一词、不欢而散，但是仅仅过了两天，张光斗就用颤抖的手、歪歪扭扭地亲笔给周建军写了一封信，向他表示歉意，承认自己的错误，肯定周建军的意见。这时的张光斗已是85岁高龄，是大家公认的学术泰斗，向一个35岁的年轻人认错，令人难以置信！周建军非常感动，自此，他和张光斗成了忘年交。周建军说，自己从张先生那里学到的最重要的道理就是：做水利这一行，即便是专家、教授也不能保证永远正确，但一定要讲自己认为正确的事。一旦发现错了，要勇于承认错误。在技术领域不能顾面子。

这样一个"倔"老头儿，在大多数时候，其实是个相当"保守"的人。保守，为的是万无一失。对于曾被周总理称为"放在首都人民头上的一盆清水"的密云水库，张光斗对其设计的考虑更是慎之又慎。1960年水库基本完工后，他嘱咐几个青年教师常驻工地，对全部设计从计算到图纸直到实际施工结果，做全面仔细的核查，务求不留任何隐患。3年间查出的

10项重要问题很快逐项得到补救。此后40多年时间里,这些关键部位从未发生过重大事故,保证了密云水库源源不断地为首都供应优质饮用水和生活用水。

安全在张光斗心目中拥有压倒一切的地位。在图书馆特藏室,我们看到了几份张先生在三峡工程《现场设计工作简报》上的批示。在1995年1月20日的一期中,他这样写道:"要不惜工本,保证安全。"

但是,在严格遵循科学规范的基础上,他又总是最具革新精神的。例如,黄河在下游是地上悬河,过去从没有人敢在下游对黄河大堤"动刀子",张光斗就敢。1951年,他主持设计黄河人民胜利渠渠首闸时,首次在黄河下游破堤取水成功,创造了一个不可思议的奇迹。

在21世纪,他把这样的精神传递给了下一代。陆佑楣在三峡总公司的会议上就曾专门提到张先生对他的教诲:一个总工程师,如果只会照规范做,不敢在科学分析的基础上突破规范去创新,就不是一个好的总工程师。

(撰稿:清华大学　卢小兵　程曦　常迎春　张艳秋　龙洋子)

王承书
隐于时代背后的科学家

> 王承书（1912年6月—1994年6月），核物理学家、工程物理学家，中国科学院院士。她是我国铀同位素分离理论研究的奠基人，为我国第一颗原子弹的爆炸成功及铀浓缩技术的发展作出重要贡献。由她领导和参加研究的多项成果获全国科学大会奖和国防科委科技进步特别奖，并先后荣获国防工办科学技术进步奖数十项。

归心似箭，冲破阻挠报效祖国

1941年，王承书到美国密歇根州立大学学习，师从世界物理学界权威——乌伦贝克教授，主要从事气体动力理论和稀薄气体输运性质研究，并于1944年获博士学位。在美学习期间，她勤学好问的品质让她在异国他乡绽放出灿烂的光芒，她与导师合作提出"王承书-乌伦贝克方程"，一发表就轰动了世界，至今仍被科学界沿用。乌伦贝克教授对她做出高度评价："她真是一个不可多得的人才，她的前途无可限量！"

诚然，科学没有国界，但科学家却有自己的祖国。客居海外多年的王承书，一边奔走在科研之路上，一边从未减少对祖国的关注。新中国的成立激发了她报效祖国的赤子之心。而在当时，作为国际科学界冉冉升起的明星，王承书已享有优越的科研和生活条件，若此时回到百废待兴的祖国，就意味着放弃拥有的一切，但她回国之决心坚如磐石。乌伦贝克曾惋惜道："如果留在美国，日后有极大可能获得诺贝尔奖。"

王承书虽是一位弱女子，可她瘦弱的身体里，却蕴含着巨大的能量，她暗下决心："我一定要回国，并且要带着一身本事回去！"她拒绝了在美国"光明无限"的未来，冲破重重阻挠，毅然决然地回到了祖国的怀抱。

1956年10月6日，王承书、张文裕夫妇带着6岁的儿子回到了祖国的怀抱，而同他们一起回来的还有王承书细心整理寄回北京的300多个邮包，里面是近900千克的书刊。这些极其宝贵的资料，饱含了一位科学家对祖国的热爱。

隐姓埋名，三次选择肩负重任

王承书的一生面临着很多选择，在一次次国家需要的时候，她肩负起国家的重托，为了祖国的核事业，她毅然决然地放弃自己已有成就的专业，进入核物理领域，多次从零开始，潜心研究，成为我国为数不多的理论物理学家、核物理学家和工程物理学家。

1956年，刚刚回国的王承书连凌乱的家都没安顿好，就按照组织安排立即投入工作，到北京大学任教。就在这一年，我国决定大力发展原子能工业，成立第三机械工业部，后改称第二机械工业部。同位素分离是原子能工业中的关键，可这在中国还是一片空白，刚回国不久的王承书凭

王承书　隐于时代背后的科学家

借扎实的物理学功底和严谨的科学精神成为研究人员的不二人选,但这需要她放弃自己倾注多年心血的专业,从零开始。面对国家的需要,44岁的王承书说:"既然谁去干都需要改行,我刚回国,还是我改行对工作的影响最小!"就这样,王承书放弃了已经取得很大成就的统计物理学和热力学专业,来到了中国科学院近代物理研究所从事铀同位素理论研究。

面对回国后的第一次选择,她没有犹豫,没提任何条件和要求,毅然决然服从国家需要,放弃了深耕多年取得诸多成绩的专业,不惜从零开始。

　　1958年,我国开展受控热核聚变研究,希望通过受控热核反应,提供新的清洁能源。这是当时世界范围内的前沿技术,钱三强找到了王承书,希望她可以从事这项研究。面对钱三强的邀请,46岁的王承书毫不犹豫地说:"半路改行我不怕,我愿意接受这个任务!"就这样,她担任原子能研究所热核聚变研究室主任,进行理论研究。为快速熟悉新的研究领域,掌握更多研究资料,王承书自学俄语,带领一些同事到苏联去学习,在认真阅读苏联专家提供的资料后,她发现其中的一本书《雪伍德方案——美国在控制聚变方面的工作规划》对我国发展核聚变很有价值。为能尽快让这本书成为教材,在回北京的火车上,王承书除了吃饭睡觉,都在埋头翻译。短短7天,当火车驶进北京站的时候,王承书将整本书都翻译了出来,这本资料在很长一段时间里都是我国热核聚变领域的重要书籍。

科学家精神 奉献篇

经过两年的努力，王承书已十分熟悉这个领域，她带领着一支理论队伍，填补了我国在热核聚变理论方面的空白，为我国受控热核聚变和等离子研究奠定了坚实的基础。

正当王承书准备在热核聚变领域中进行更深层次的研究时，一个突然的情况，不但再次令她从零开始，更让她从国际物理学领域彻底"消失"了。当时，我国原子弹研制处于攻坚阶段，亟须研制出原子弹的流动血液——高浓铀，但苏联却撤走了在我国的高科技领域专家，带走大量技术资料，只留下一堆拆不走的机器和厂房，我国浓缩铀生产工厂随即陷入困境。面对如此形势，钱三强思来想去，认为王承书是可以担负起高浓铀研究重任的最佳人选。1961年3月，钱三强再次找到王承书："承书同志，现在国家需要你再次转行，这件事情要绝对保密，你看行吗？""我愿意！"王承书掷地有声地说出了3个字。从接到任务的那天起，王承书的名字就从国际理论物理学界消失了，她再也没有在国内外学术刊物上发表过一篇技术论文，即便是内部刊物和工作报告，她也很少署名。她告别了丈夫、孩子，背起行囊，为了工作时常来往于北京和大西北之间，在集体宿舍一住就是20多年。

在原子弹的研制过程中，装料的纯度、丰度和时间能否满足要求决定着整个项目的成败，关乎中华民族的尊严。两年多的时间里，王承书与团队反复论证，通过大量的计算和试验，解决了高浓铀的纯度问题，满足了设计单位的要求；将丰度从天然的0.7%提升到90%以上，达到了原子弹设计的丰度要求。在王承书与团队的努力下，最终比苏联专家留下的原设计方案提前113天得到符合要求的产品，为第一颗原子弹提供了高浓铀装料，也使我国成为世界上第5个掌握高浓铀研制技术的国家。

1964年10月16日，我国第一颗原子弹爆炸成功。1966年10月1日，王承书作为有重要贡献的科技工作者，被邀请上天安门城楼观礼。聂荣臻元帅在向毛泽东主席介绍王承书时说，她为我国第一颗原子弹的装料作出巨大贡献。毛泽东主席听后高兴地说："这是中国第一颗原子弹爆炸的女功臣。"这是新中国第一代领导人对王承书的充分肯定，也是对铀浓缩事业的褒奖。

尽职尽责，一生奉献甘做人梯

1964 年，国家决定筹建铀同位素分离研究所，成立了华北六〇五所（现为核工业理化工程研究院），正式下达了研制大型国产扩散机的任务，并任命王承书为总设计师。在对中国第一台大型浓缩铀扩散机的设计制造过程中，王承书既负责全面领导，又亲自参加参数选择等工作。她带领一批年轻人，在充分应用理论研究成果的基础上，进行了大量计算，很快完成了物理参数和总体参数的选择，及时提出了对各部件的物理设计要求。

新型扩散机的研制不仅为国内核燃料生产提供了重要装备，而且为扩散厂提供了大量有参考价值的数据，把我国扩散技术推进到一个新高度。新型扩散机的研制倾注了王承书大量的心血，然而，在获得的近百项成果中她没有在任何一项中署名。1986 年，王承书担任国家"七五"重点科技攻关项目两个专家组组长。在她的指导下，第 2 代技术方法在我国已实现了工业应用，第 3 代也已取得重大进展。

王承书是我国铀同位素分离理论的奠基人，她不仅将毕生精力献给了原子能事业，更难能可贵的是她甘为人梯、奖掖后学，为国家培养出一大批铀同位素分离领域的高级人才。她在担负组织领导工作的同时，不断学习新知识。每次都是她身先士卒带头学，然后组织大家一起学，言传身教。她通过带研究生、组织培训班、讲课、讨论和修改论文等形式来培养锻炼科研队伍。她曾在临时搭起的帐篷内，一边自学，一边给学员讲课。凡经王承书审阅的论文，一般都要经过多次修改才能"过关"，大到基本概念、推理和演算过程，小到文字、标点符号，都要仔细推敲。

1961年，王承书主持了铀同位素分离理论培训班，培养了我国第一代铀同位素分离理论队伍，为苏联专家突然撤走后能很快渡过技术难关奠定坚实基础。我国第一本铀浓缩领域的著作就是清华大学的教师们根据王承书的授课内容编著而成。

为了搞科研，王承书常年住在集体宿舍，很少回家，顾不上照顾丈夫和孩子。由于工作地点离家较远，1958—1978年，她每周只能回家一次与家人团聚。晚年时，王承书患有严重的白内障，视力非常不好，看文章要用放大镜。尽管如此，1989年她带过的一名学生写了一篇论文，年近80岁的王承书听说后专门把论文要去，拿着放大镜先是把墨色很淡的论文复印件一字一字地描深后，再认真阅读，提出了修改意见。学生拿着王承书修改过的论文，感动得说不出话来。王承书作为一名老科学家，她的高尚品格和严谨的治学态度，深深地影响着她周围的年轻人。她的学生中有的已被评为了教授、研究员、"两院"院士；有的在行政岗位上担任了研究室主任，研究院领导，相关司、局领导，甚至副部长。许多人都成为核科学研究的中坚骨干，王承书仍是他们尊敬的"王先生"。

平易近人，谦逊低调无私奉献

王承书在1961年加入中国共产党。她把一切都献给了党和祖国，献给了核工业，践行了自己的诺言，"无论任何条件下，坚决完成党交给我的任何任务，在必要时不惜牺牲自己的生命。"为了完成任务，王承书牺牲了对孩子的陪伴和作为母亲的责任，她曾说过这样一句话："在我的承诺里，除了对孩子的承诺不能兑现外，其他的都能兑现。"

在王承书与团队提前完成供给我国第一颗原子弹的装料任务后，钱三强曾和王承书有过这样一段对话。钱三强问："在这里工作还有什么困难没有？"王承书平静地回答："没有。""那生活上呢？""没有。""你有什么话要捎给文裕先生吗？"王承书的回答还是那句"没有"。"那你愿意继续在这工作吗？"王承书坚定地回答："我愿意。"一句"我愿意"，3个"没有"，充分体现了王承书作为一名科学家、一名党员，胸怀祖国的爱国精神和淡泊名利的奉献精神。

王承书一生成就非凡，却谦逊低调。终日与研究团队一起，住集体宿舍、吃大食堂。从成为一名党员的那天起，她就把工资里的大部分钱用来交党费，剩下的几十元钱，还要拿出一部分去资助学术活动和生活困难人员。有人劝她："王承书，你不能这么交，你还得生活呀。"王承书摇摇头说："我既然入了党，就要给党做贡献。"1975年，王承书的校友、物理学家丁肇中回国访问时曾送给她一台计算器。这是当时国内还没有的先进计算工具，但她自己却没有使用，而是转送给理论计算人员使用，给大家的工作提供了很大方便。在国家困难时期，为了弥补办公经费的不足，她自费购买了大量纸张供科研人员使用，把自己外出办事的出差补助费、各种奖励和稿费捐给单位购买书籍和文具。

1994年6月18日，王承书平静地离开了这个世界。按照遗嘱，她的遗体捐献给了医学研究单位；她的书籍和资料全部送给了她曾倾注心血、热爱并奋斗过的核工业理化工程研究院，也就是曾经的华北八〇五所；她点滴积攒的约10万元存款全部捐给了"希望工程"，用零存整取的7222.88元上交了最后一笔党费。

有人说王承书是"有福不会享，有钱不会花，有权不会用"。她总是将金钱、名利看得很淡，对自己的要求却近乎苛刻。王承书将她的一切留给了祖国，留给了科学，留给了未来。奉献了一辈子、低调了一辈子的王承书先生为我国核工业发展作出了巨大贡献，她用自己的实际行动诠释"干惊天动地事，做隐姓埋名人"的崇高精神，她光辉的一生将鞭策着一代又一代科研工作者牢记使命，勇往直前！

（撰稿：核工业理化工程研究院）

参考文献

[1] 席学武. 永恒的人生：王承书传 [M]. 北京：中国原子能出版社，2015.

[2] 胡春玫. 烙印在时光中的明星：174 本笔记本写就的传奇人生 [EB/OL]. （2019-06-08）[2020-05-15]. https：//www.sohu.com/a/319208614_728634.

吴阶平
大医精诚　止于至善

吴阶平（1917年1月—2011年3月），医学科学家、医学教育家、泌尿外科专家、社会活动家，中国科学院院士，中国工程院院士。长期从事泌尿外科的临床治疗和科研工作，是中国泌尿外科的开拓者之一。"肾结核对侧肾积水"的研究使一些无法挽救的肾结核患者得到恢复，在国内外医疗实践中得到证实。开创对输精管结扎手术中灌注远段精道的技术，使手术即时产生避孕效果。肾上腺髓质增生的研究在医学上确立了一种新的疾病，受到国际上的重视和承认。肾切除后留存肾代偿性增长的研究，纠正了对肾切除长期存在的一种不全面的认识。曾获全国科学大会奖、何梁何利基金科学与技术进步奖等奖项。

科学家精神 奉献篇
SPIRIT OF SCIENTISTS

精湛医术，高尚医德，为推动我国医学事业发展作出卓越贡献

吴阶平是享誉海内外的医学家，新中国泌尿外科事业的创始人。1949年，他在北京医学院第一附属医院的外科病房中开辟了3张病床，专门收治泌尿外科患者，标志着新中国的泌尿外科事业由此正式起步；1959年成立泌尿外科病房，设床位36张，并设专科门诊和检查室，标志着泌尿外科确立为外科系统的一个独立专科。1978年，建立北京医学院泌尿外科研究所。他还协助北京协和医院重建泌尿外科，协助北京友谊医院建设泌尿外科，积极推动我国泌尿外科事业的发展。

吴阶平医术精湛，他的三项重大医学成就，即肾结核对侧肾积水、男性绝育和肾上腺髓质增生的研究，奠定了他在我国泌尿外科发展史上的学术地位。

20世纪50年代，结核病在亚洲极为普遍，泌尿外科在临床上最常见

的疾病是肾结核。如果是单侧病变，摘除结核肾后可靠另一侧健康肾部分甚至完全代偿而存活；如果判为双侧肾结核，在当时是不治之症，这是医学界的共识。作为一名责任心强、工作严谨的临床医生，吴阶平注意到在部分被诊断为双侧肾结核的患者中，证据并不充分。有的一侧肾有明显破坏，而另一侧肾虽无功能，但并无证据

证实是肾结核病破坏的结果。他应用"肾穿刺"的方法，从患者无功能的肾中取得尿液，进行结核菌检查，随即从穿刺针注入静脉造影剂进行肾造影，并对诊断为"双侧肾结核"晚期患者的尸体进行解剖。根据大量资料和临床实例，他发现在诊断为双侧肾结核的患者中，约有15%实际是单侧肾结核的患者，对侧的肾只是由于肾积水丧失功能而已。因此，他提出"肾结核对侧肾积水"的新概念，这一研究挽救了数以千计的晚期肾结核患者。该研究成果于1954年在《中华外科杂志》上刊出后，迅速引起了国内外泌尿外科界的广泛重视。他随后进一步对肾切除后留存肾的代偿性增长进行了全面的研究，这是学术观念的突破，使人们对医学研究的认识上了一个新台阶。

输精管结扎术是结扎并切除一小段输精管，使精子不能排出体外，从而达到不育的目的。但是残留在结扎术后远端输精管内的精子，依然有可能使对方受孕。对于这种已有百年历史的结扎术，吴阶平提出改进措施。他在用手术切断输精管尚未结扎之前，向远端精道（即输精管、精囊、后尿道）注入少量杀灭精子的药物。这项输精管绝育术，方法简便、效果良好，具有很强的推广应用价值。这一成果与"肾结核对侧肾积水"研究，同时荣获了1978年全国科学大会奖，载入了中国医学史册。

肾上腺属于人体非常重要的内分泌腺，但在临床实践中，由于解剖位置毗邻肾脏，手术归属外科。1960年，吴阶平应邀为一例患嗜铬细胞瘤的患者做手术，但奇怪的是，手术切除的病理标本中未见嗜铬细胞瘤，病理报告是"嗜铬细胞瘤样增生"。当时医学上认为，肾上腺皮质、髓质都可以发生肿瘤，而"瘤样增生"这个名称前所未闻。通过查阅文献，他发现6例类似的病例，即原来都认为是嗜铬细胞瘤，经过尸检才证明是髓质增生。尽管病例罕见，但吴阶平决定要弄清缘由。1960—1976年，他一共搜集了17例此类病例，足以证明这一全新的病种。1978年，吴阶平在《中华医学杂志（英文版）》上发表了《肾上腺髓质增生问题》的研究论文，该论文于1979年被《美国泌尿外科年鉴》收录，国际学术界开始承认肾上腺髓质存在增生。基于这项研究成果，原卫生部授予他科技成果甲等奖。

吴阶平毕生致力于泌尿外科医学研究，先后撰写学术论文150余篇，出版专著21部，取得了一系列重大研究成果，不仅在国内引起了轰动，在国外也产生了重大影响。他建立泌尿外科研究所、创办《中华泌尿外科杂志》，并建立了中华医学会泌尿外科分会，推动了我国泌尿外科专业理论研究和学术交流。1980年，他当选中国科学院学部委员；1995年，获国际泌尿外科界公认的最高荣誉——美国泌尿外科学会荣誉会员称号；1997年获颁香港中文大学荣誉博士学位，2001年获颁香港大学荣誉科学博士学位；他还先后担任发展中国家科学院院士、美国医师学院荣誉院士、英国爱丁堡皇家外科医师学院荣誉院士、比利时皇家医学科学院国外院士、香港外科医师学院荣誉主席、国际外科学会荣誉会员，为推动我国医学事业国际交流作出了卓越贡献。

吴阶平医德高尚，平易近人，毕生心系患者、服务群众，始终保持为人民无私奉献的大爱之心。他主张医生必须把患者当作亲人，诊疗时一定要考虑到患者的痛苦和心情。上至国家领导人，下至普通民众，他都一视同仁、用心对待。对来自国内外素不相识患者的求医信，他都第一时间亲笔回复，从不让他人代劳。他总结亲身经验，撰写了一系列谈医生成长的文章，以生动的事例和富于哲理的语言阐述"医生是为人民服务"的道理，强调要做一名好医生，一定要全心全意为人民服务。

春风化雨，润物无声，热心教育的医学"伯乐"

吴阶平是著名的医学教育家，他认为抓好教育、培养人才是第一要务。改变我国医疗卫生的落后状况是一项浩大的工程，只靠少数名医的努力是远远不够的，也不是一代人的努力能够完成的。

吴阶平从独立工作时起，就重视人才培养问题，20 世纪 40 年代末及 50 年代初他开始带进修生、研究生、住院医生，要求学生必须细致、全面、严格、周到。在北京医学院创立泌尿外科时建立了科内学习制度，每月举行"读书报告会"，要求大家报告自己的学习心得及体会，达到知识沟通及共享的目的。

1960 年春，北京市委决定从北京医学院抽调部分骨干师资，创办"北京第二医学院"（简称"北二医"），即现在的首都医科大学，吴阶平被任命为筹备委员会主任。他带领师生员工，齐心合力克服各种困难，仅用半年时间就实现了"在自己的宿舍里，由自己的教师，用自己的教材进行教学"的任务。作为一所医学院校，不但要有教师、教材，还需要有附属医院进行临床教学实践。然而，建校之初的北二医并没有专门的附属医院。基于当时的实际情况，吴阶平从尊重医学教育规律的科学精神出发，大胆创新，在国内率先提出并安排基础课教师到北京现有的医院开展临床教学和实习工作，在教学医院成立教研室，"教学相长，真抓实干"。这种全新的"基础与临床紧密结合"的方式，既可以解决基础医学教师理论脱离实际的做法，又提高了临床医生有关学科的基础理论水平。如何更好地推行这种独特的医学教育教学理念呢？作为"局内人"显然可以更清楚地通过师生的互动与反馈来体会和调整。于是，在兼顾行政管理和临床研究的同时，吴阶平仍然不忘自己作为一名教师的责任和义务，亲自参与教学。他讲课逻辑清晰，概念准确，风趣幽默，注意学生的感受，他的这种兼具逻辑性和艺术性的授课方式，深受学生的欢迎。有的学生 30 多年后见到他还说："吴老师，您当初上课讲的内容，我现在还记得。"他还总结出做一名好教师要从 3 个方面努力：一是科学的内容；二是逻辑的展现；三是艺术的表达。他认为教师在课堂上不仅要把课本上的知识传授给学生，更重要的是帮助学生把知识转化为有用的本领。本领需要知识，但知识不是本领，教育要用"学本领"来代替"学知识"，提倡废除"填鸭式""灌输式"教学，主张启发式教学。

一所高校的毕业生质量最能反映学校的教学水平。作为北二医的负责人，吴阶平尤为重视毕业生的未来去向和人生发展。他亲自前往各大医学院校参观调研，详细了解兄弟医院各个科室的发展状况和人才需求。同时，他还联合北二医的导师们对每一位学生在校期间的表现和兴趣进行严谨而负责的评估，引导他们选择最适合自己又满足祖国和学校发展的人生规划，最大限度地做到人尽其才。他告诫青年学生，学习、思考、实践都十分重要，应该尽早结合、不可偏废，只有扎扎实实打好基础，厚积薄发，生命力才会长久。

为了表彰吴阶平对医学教育事业和人才培养作出的重要贡献，1987年，北京医科大学颁发给他首届"伯乐奖"。他说："我平生获得的奖励不计其数，但我最重视授予我的'伯乐奖'，因为这涉及培养下一代的问题。"

吴阶平善于把自然科学与社会科学紧密结合在一起，用自然科学的成果不断更新人们的意识和观念。他在我国性医学、性教育的起步和发展过程中发挥了巨大的推动作用。他强调开展青春期教育必须正面进行性教育，对性教育既要有知识教育，又要有道德教育。1982年出版的《性医学》一书是吴阶平指导教学时主持编译的，这本书是中国改革开放后有关"性"问题的第一本正式专著。由于他的努力，从20世纪80年代开始，青春期教育被列入中学生教育计划。

矢志爱国，拳拳报国，坚决维护中国共产党的领导

吴阶平是爱国知识分子的杰出代表。他的中学时代，正逢军阀混战、日军入侵我国东北三省，严酷的现实将"天下兴亡，匹夫有责"的信念深

吴阶平　大医精诚　止于至善

深印在他的心中。1935年，他参加了"一二·九"运动，并在运动中深受教育。为报效祖国，1948年他谢绝美国导师的挽留，毅然回国。1951年，他作为北京市抗美援朝志愿军手术队队长奔赴长春，在他的带领下，全队工作出色，收治的几批危重伤员无一死亡。新中国的巨大变化和抗美援朝志愿军将士的火热报国情怀，使他在思想深处受到了巨大的震撼和洗礼。1952年，他郑重地向党组织递交了入党申请书，并于1956年1月光荣加入中国共产党。在中共中央关于知识分子问题的会议上，他聆听了周恩来同志的报告，被中国共产党对知识分子在政治上的理解、信任深深打动，积极响应"向科学进军，向知识进军，赶超世界先进水平"的号召，满腔热情地投身到工作中。1967年，他担任中共中央领导同志保健组组长，为保障党和国家领导人的健康作出了重要贡献。他还先后11次为5位外国元首进行治疗，为增进我国与有关国家的友谊呕心沥血。改革开放后，他更是积极投身社会主义现代化建设。在长期的革命、建设及改革事业中，他与毛泽东、邓小平等党和国家领导人结下了深厚的友谊。

吴阶平是九三学社的杰出领导人。他1952年加入九三学社，是九三学社第七届中央委员，第八届中央副主席，第九届、第十届中央主席，第十一届中央名誉主席。他深知九三学社在民主革命、社会主义革命和建设中，能够作出贡献，发挥作用，都是在同中国共产党亲密合作、共同奋斗的历程中取得的，没有中国共产党的领导，就没有九三学社的今天。他带领广大九三学社社员，继承和发扬与中国共产党亲密合作的优良传统，自觉地坚持和维护中国共产党的领导，模范实践中国共产党领导下的多党合作和政治协商制度，积极履行参政议政、民主监督职能。在他担任九三学社中央主席期间，九三学社先后制定关于加强自身建设、参政议政等工作的制度规范，各项工作得到全面加强。特别是他代表九三学社中央就纪念抗日战争胜利和世界反法西斯战争胜利50周年、建设延安革命传统教育基地、建立国家农业建设基金等问题提出的建议，得到中共中央的高度重视和充分肯定。在他的领导下，九三学社充分发挥人才优势，持续推动与地方的科技合作，为革命老区、边疆地区、贫困地区的经济社会发展提供了有力支持。

吴阶平是有广泛影响的社会活动家。他在担任第八届、第九届全国人大常委会副委员长期间，积极参与全国人大及其常委会的立法、监督和其他活动，为坚持和完善人民代表大会制度、推进社会主义民主与法治建设作出了贡献。他十分重视教育、科学、文化、卫生方面的法制建设，不顾年事已高，深入实际、深入基层，进行立法调研和执法检查，率组赴内蒙古、四川等地检查教师法、教育法等的贯彻实施情况，为推动和促进我国教育、科学、文化、卫生事业的改革和发展做了大量工作。他高度重视全国人大及其常委会的对外交往活动，接待会见许多来访的外国政要，增进了中国人民和世界各国人民的友谊。他积极参加各种国际交流活动，利用自己的特殊影响广泛结交各国朋友，为促进世界和平，推动中国与世界各国的医学交流、文化沟通和友好合作，做了大量卓有成效的工作。

吴阶平一生勤奋工作、锲而不舍，始终恪守为党和人民事业殚精竭虑的进取之心。他在医学、教育、社会活动等多个领域成就斐然，这些卓越的成就，不仅是依靠个人的天赋，更来自他的辛勤耕耘和不懈努力。吴阶平一生坚持真理、追求进步，始终保持对共产主义和中国特色社会主义的坚定信心，他紧跟时代进步的潮流，树立和坚定对共产主义的信仰，立下加入中国共产党的志向，并成为中国共产党优秀党员。

吴阶平的一生，是伟大和光辉的一生，是追求真理、献身医学的一生。

（撰稿：吴阶平医学基金会）

李桓英
为了一个没有麻风病的世界

李桓英（1921年8月—2022年11月），麻风病防治专家，首都医科大学附属北京友谊医院、北京热带医学研究所研究员。她将全部精力贡献给麻风病的防治和研究工作，解决了麻风病防治领域的重大策略和技术上的关键问题，为我国政府制定控制和消灭麻风病的整体规划，为全球实现消灭麻风病目标的可行性提供了重要依据。曾荣获首届中国麻风病防治终身成就奖、国家科学技术进步奖一等奖等奖项。2019年荣获"最美奋斗者"称号。

不悔抉择，彰显爱国情怀

李桓英于1921年8月出生在北京。童年时，她曾跟随父母在德国柏林生活过一段时间。回国后，随父亲工作变动辗转多地求学。报考大学时，因目睹西方医学的迅猛发展而立志学医。1945年，艰苦学医6年的李桓英以优异的成绩毕业于上海同济大学医学院。1946年前往美国约翰斯·霍普金斯大学攻读细菌学和公共卫生学硕士学位，毕业后留校任微生物学系助理研究员。

1948年世界卫生组织（WHO）成立，李桓英被美国约翰斯·霍普金斯大学推荐成为世界卫生组织首批官员。在任职的7年间，她被派往亚洲、美洲等许多国家和地区，为防治性病和雅司病等疾病在贫穷落后地区的蔓延付出了艰苦努力，受到世界卫生组织的好评。那时李桓英拥有中、美两国两所知名学府的学习经历，还有联合国工作的重要经历，这样的人生轨迹，对青年人来讲可谓是走上了人生的一个巅峰。但对于李桓英来讲，这更像是今后人生道路的一个铺垫。当时，李桓英全家已移居美国，父母兄弟都希望她留在美国。然而，面对富裕的生活和祖国的需要，她在自己的人生道路上做出了重大的选择。

1957年，在为世界卫生组织工作7年期满时，李桓英婉言谢绝了世界卫生组织"续签5年合同"的邀请，瞒着家人，只身一人绕道伦敦，几经周折，于1958年从莫斯科回到了祖国。那一年，她37岁。

创新担当，树立大家典范

麻风病已有3000多年的历史，它是由麻风杆菌引起的一种慢性传染病，主要侵犯皮肤和周围神经，严重时会导致面部畸形、肢端残疾，历来被认为是"不治之症"，麻风病患者更是备受歧视。20世纪70年代末，已年近花甲的李桓英了解到，世界卫生组织正在研究一种联合化疗治疗麻风病的新方法，药物配方已经完成，但是缺乏临床实验。为了争取到世界卫生组织免费的药品支持和实验项目，李桓英开始在全国范围进行走访调查。在李桓英的办公室有一张云贵川交通图，上面插了20多面三角旗，那是她的足迹所到之处。7个麻风病发病率较高的州和县，被李桓英选定作为治疗的试点。

1982 年，李桓英向世界卫生组织递交了一份关于中国麻风病情况的详细报告，世界卫生组织批准了在中国进行联合化疗方法的项目。她建立多个联合化疗的实验点做临床试验，根据我国麻风治疗标准，每年和基层麻风防治工作者一起仔细调研，前 5 年按月观察之后每年调查 1 次，前后达 15 年之久。

面对麻风病患者要承受疾病与歧视的双重折磨，生活痛苦凄凉，她产生了深深的同情，更加坚定了她一定要消灭麻风病的决心和信心。为了寻求更好的治疗方法，李桓英敢于解放思想，开拓创新，她将国外先进的治疗方法与中国实际相结合，率先开展了服药 24 个月就停药的短程联合化疗和消灭麻风病特别行动计划，解决了麻风病的治疗难题，为数以万计的麻风病患者解除了疾苦。使全国的麻风病患者从原来的 11 万人下降到不足万人，而且年复发率仅为 0.03%，大大低于国际上年复发率小于 1% 的标准，为我国乃至世界麻风病防治工作作出了突出贡献。李桓英的工作证明了麻风病患者的治疗无须住院隔离，解决了麻风病的治疗难题，为数以万计的麻风病患者解除了疾苦，对消除社会歧视起到了积极作用。1994 年被 WHO 在全球推广。1996 年，她又率先在国内开展消除麻风运动，首次提出了麻风病垂直防治与基层防治网相结合的模式，被称为"全球最佳的治疗行动"，促进了麻风病的早发现、早治疗，为我国乃至世界麻风病防治工作作出了突出贡献。

无私奉献，不负医者仁心

1983 年年初，李桓英带着申请来的免费药品来到了云南省勐腊县的"麻风寨"。每天早上 6 点，李桓英走 10 公里的山路，经过一条河进入"麻风寨"，她到每一个患者的家里，去劝说他们服药。中午，李桓英总是会留下来，在患者家里吃饭。

麻风村寨大多山高路险、地处偏僻，而她却不知疲倦地一做就是几十年。每次李桓英到一个村寨的时候，都会引来村寨里村民的一片惊奇：村寨来了个女医生，不怕麻风！她口渴了舀起患者家的水扬头就喝，饭捧起就吃。患者试探着同她握手，她便拉着他们的手长时间不放。见到老病号，她总是亲切地拍拍患者肩膀，甚至拥抱问好。

治疗麻风病她都是面对面地接触，从来没有畏惧。"我就不怕，医生不能怕！这就好像战士都知道子弹厉害，上了战场不照样往前冲吗！麻风菌可没有子弹厉害！"李桓英曾这样说，"我甚至巴不得自己被传染上——让你们亲眼看我现在能治好它！"她还会教麻风病患者穿鞋。"早晨和晚上，你们要这样，"她一边说一边将手一下子伸进患者刚脱下来的脏鞋，"摸摸有没有砂子和钉子，再穿上。"麻风病患者手脚是麻木的，甚至端滚烫的火盆都感觉不出烫手。李桓英不怕脏，为的是教给他们防止皮肤破损溃烂的自我防护方法。她曾在勐腊遭遇坐独木舟过河翻船的经历，被捞上岸

却湿漉漉地仰天大笑："我胖得像个皮球，哪里沉得下去？"她曾数次遭遇翻车，最严重的时候从翻滚的汽车挡风玻璃前窗甩出去10多米，躺在覆盖厚厚白雪的山坡上昏过去。连车带人滚下坡底的同事们从车中爬出来，找不到李桓英，连声呼喊她的名字。她醒来后回应道："我在这里！"但却爬不起来，歪头一看，雪地上有一大片血迹。经检查，她7根肋骨骨裂，双侧锁骨骨折，

头部还缝了7针。她却还开着玩笑说："按我坐车的概率，也该翻了！"

李桓英治疗麻风病所用的药物，当时在国际上通常需要6～7年才能治愈患者，而很多患者无力长期服药。李桓英经过研究，决定将治疗时间缩短为两年，这种短期疗法在国际上尚无先例。服药的初期阶段，患者脸色发紫，有人开始怀疑李桓英的治疗方案，但15个月后她拿出了有力证据。

勐腊县委原副书记刀建新，在1950年被发现传染上了麻风病，他为此失去了工作，妻子和孩子也离开了他。1983年，李桓英带着治疗麻风病的药物来到"麻风寨"，在这里住了30多年的刀建新第一次看到了希望。两年后，刀建新和其他患者一起被治愈。

经过两年的治疗，云南省勐腊县的麻风病患者全部被治愈，1990年的泼水节，他们摘掉了"麻风寨"的帽子，作为一个行政村，被正式划入勐仑镇，李桓英为它取名为"曼南醒"，意思为"新生的山寨"。这一天，李桓英和人们一起开心地跳起了傣族舞蹈。

现在"曼南醒"村的村民通过贷款种起了橡胶树，生活渐渐富裕起来，附近其他村寨的孩子也来一起读书，原来受歧视的"麻风寨"的孩子们有了新伙伴。

执着进取，续写老骥壮心

李桓英一生孑然一身，把毕生的精力都献给了麻防事业。正是由于我国在麻风病防治工作领域作出的突出成就和贡献，第十五届国际麻风会议决定1998年在北京召开，这次大会也是为了纪念现代麻风防治100周年，具有特别意义。在大会期间，李桓英被推选担任本次大会的轮值执行主席。

会上，作为我国著名麻防专家同时身兼世界卫生组织第七届麻风病专家委员会8位专家之一的李桓英，做了《在云南实施麻风病防治特别行动计划的报告》，博得了与会1000多名中外专家长时间的热烈掌声。她领

科学家精神 奉献篇

导开展的短程联合化疗和消灭麻风病的特别行动计划，被誉为全球最佳。世界卫生组织官员诺丁博士紧紧握着李桓英的手说："全世界麻风病防治现场工作，你是做得最好的。"

40多年来，李桓英针对国内外麻风病防治中存在的问题进行了多项现场研究，缩短疗程，消除歧视。她解决了该领域重大策略和技术上的关键问题，为我国制定控制和消灭麻风病的整体规划，为全球实现消灭麻风病目标的可行性提供了重要依据，作出了重大贡献。

她在麻风病防治研究上的成就赢得了国内外学术界的高度评价。获省级科学技术进步奖6项，主持的"全国控制和基本消灭麻风病的策略、防治技术和措施研究"获得2001年国家科学技术进步奖一等奖。进入21世纪以来，开展了麻风病早期发现、麻风菌基因分型、耐药菌检测、复发及再感染鉴定、麻风易感基因及免疫学相关基因研究。

李桓英已在麻风病防治领域取得了斐然成绩，但年过90岁高龄的她仍然奋斗在麻风病防治研究第一线，生命不息，奋斗不止，为的就是早日实现彻底消灭麻风病的理想。她说："我国虽然基本上消灭了麻风病，但还没有彻底消灭，我们还有很多工作要做。麻风病的疫苗至今还是空白，自然疫源也不清楚，从基因水平揭示麻风病的发病机制还没人涉及……"她带领麻风病研究课题组的人员进入分子生物学研究领域，开展麻风病早期诊断、耐药基因检测和分子流行病学的研究，旨在通过对麻风病分子生物学水平的研究，在麻风病的传播方式、发病机制、检测方法等方面取得创新性突破，并在麻风病传播链研究、麻风病高发区预防措施研究及麻风病基因方面的研究都取得了新的成果，为彻底消灭麻风病而不懈努力……

党的关怀，成就麻防梦想

由于李桓英在麻风病防治领域取得了突出的成绩，她还兼任国际麻风学会理事、世界卫生组织麻风病专家及顾问、马海德基金会理事、印度麻风协会终身会员等职务。因工作需要她经常出国，特别是在改革开放之初，出国手续繁杂，北京友谊医院党委积极支持她的工作，在她下乡期间委派外事部门将她出国的手续及时办好。

根据她的突出业绩，医院党委和研究所支部积极支持帮助她申报各种荣誉和奖励。她曾被推荐并担任全国政协第七届、第八届委员，北京市人民对外友好协会理事，先后荣膺全国"五一劳动奖章"、北京市"三八红旗手"、北京市有突出贡献专家、全国优秀科技工作者。

1998年，医院党委组织开展了庆祝北京热带医学研究所建所20周年暨李桓英研究员从事现场工作20周年纪念活动，各界领导、朋友前来祝贺，并在劳动人民文化宫举办了李桓英事迹展览。同年，医院党委书记亲自挂帅组建的李桓英事迹报告团在北京市巡回演讲，引起了强烈反响，随即将李桓英的事迹推向了全国。

2005年11月，在医院党委的领导下，北京市李桓英医学基金会成立，时任卫生部防疫司副司长肖东楼和马海德基金会理事长周苏菲出席成立大会。基金会以李桓英的名字命名，以发展医学事业、加强科研工作、促进科技人才培养为宗旨。

2008年12月，北京友谊医院隆重举行了北京热带医学研究所建所30周年暨李桓英研究员归国50周年庆典活动。时任全国政协副主席林文漪等领导和各界嘉宾200余人参加了活动。庆典大会始终充满着热烈而温馨的气氛，在一片热烈的掌声中，林文漪为李桓英授"李桓英研究员归国50周年"纪念奖牌和鲜花。同时出版了记录热研所成长的画册和纪录片。

2012年，李桓英在北京友谊医院党委书记的支持下，赴香港参加约翰斯·霍普金斯大学公共卫生学院校友会，随即受邀率队到该校讲学，搭建了和约翰斯·霍普金斯大学公共卫生学院在麻风病早期诊断方面开展合作研究的桥梁。

科学家精神 奉献篇

2016年9月，第十九届国际麻风大会在北京召开，李桓英教授荣获首届"中国麻风病防治终身成就奖"。李桓英始终怀着对党的无限忠诚，2016年12月，95岁高龄的她加入中国共产党，成为一名光荣的共产党员。

2016年10月，北京友谊医院党委隆重召开祝贺李桓英获得麻风病防治终身成就奖大会。已经95岁高龄的老教授在会上深情回忆了自己在战乱中的学习经历，放弃世界卫生组织优厚待遇毅然回国的决绝信念，与新中国一同成长的幸福和满足，以及消除麻风病的坚定和执着。她感谢祖国的培养、人民的信任和同事们的支持，言语中饱含了对党、对祖国炽热的深情。

2019年，为隆重庆祝中华人民共和国成立70周年，中共中央宣传部等部门在全国范围广泛开展了"最美奋斗者"学习宣传活动，评选表彰新中国成立以来涌现出的英雄模范，98岁高龄的李桓英光荣当选。

（撰稿：北京友谊医院）

吴良镛
人民得安居　毕生情所系

奉献篇

> 吴良镛（1922年5月—），建筑学家、城乡规划学家、建筑教育家，中国科学院院士，中国工程院院士。从事建筑教育及城市规划、建筑设计的理论研究与实践工作，创建了中国人居环境科学，成功开展了从区域、城市到建筑、园林等多尺度、多类型的规划设计研究与实践。北京菊儿胡同危旧房改建工程和新四合院住宅体系规划设计研究成果先后获国家和建设部的优秀设计奖、亚洲建协建筑设计金牌奖和联合国世界人居奖。曾获何梁何利基金科学与技术进步奖、国际建筑师协会屈米奖、首届梁思成建筑奖等奖项，2012年获国家最高科学技术奖。

960万平方公里的国土，有锦绣山河，也有巍峨城郭。中国人世世代代居住的地方，灾难与建设无数次改变了它的面貌。

这片土地会记住这样一位老人：他用近70年的时间读万卷书、行万里路，探索中国建筑与城乡规划的发展道路，为 21 世纪人居环境建设指明了方向。

岁月和疾病使他的脚步不再像当年那样迅疾、矫健，却挡不住他探索的激情。年届九旬的他依然活跃在学术舞台上，为缔造和谐社会与美好人居环境而辛勤工作。

他，就是我国著名的建筑与城乡规划学家、建筑教育家，人居环境科学的创建者，清华大学建筑学院教授吴良镛。

2012 年 2 月 14 日，他从国家主席胡锦涛手中接过了"国家最高科学技术奖"证书。

这是中国科技界的最高荣誉。这本殷红的奖励证书，承载着祖国和人民对他毕生探索的真挚谢意与崇高敬意。

苦难中迸发的建筑梦

20 世纪上半叶，中国大地战火纷飞，吴良镛的成长历程中饱含着流离失所、国破家亡的民族血泪，这促使他义无反顾地走上了学习建筑的道路。少小时被典当人威胁要揭走屋瓦，不得不带着伤寒高烧的妹妹告别祖居；日军铁骑逼近南京，加入逃难者队伍的他从此开始颠沛流离；大学入学考试最后一科刚刚结束，轰炸机的阴影就降临合川，死伤无数，毁掉半座城池的大火直到次日还在熊熊燃烧。青年吴良镛背井离乡，目睹国土的沦丧，层层累积的苦难激发了他重建家园的热切愿望。1940 年，他走进了中央大学建筑系。

1943 年，在中央大学图书馆的暗室里，吴良镛看到了一批越过"驼峰航线"运来的国外建筑杂志缩微胶卷。他惊讶地发现，同样饱受战乱侵扰的西方，建筑界并不是无所作为，而是信心百倍地放眼未来，致力于战后城市重建和住宅建设的研究。国破山河在！战后重建的美好愿景

吴良镛　人民得安居　毕生情所系

如同一道划破黑夜的闪电，照亮了这个建筑学子的心。

1946年抗日战争胜利后，刚毕业两年的吴良镛应梁思成之邀，协助他创办了清华大学建筑系。建系之初，梁思成赴美讲学，吴良镛和梁思成夫人林徽因成为系里最初的两名教员。1948年夏，梁思成推荐吴良镛去美国匡溪艺术学院深造。在世界著名建筑师沙里宁的指导下，吴良镛开始探索中西交汇、古今结合的建筑新路，期间曾获"罗马奖金"建筑绘画雕塑设计竞赛荣誉奖，在美国建筑界崭露头角。

重建家园的创造与困惑

新中国成立后，梁思成、林徽因给吴良镛寄去了一封信。信中表达了对祖国重获新生的喜悦之情，希望他赶紧回来参加新中国的建设。"百废待兴"，这四个字让吴良镛迅速作出明确的抉择。1950年年底，和那个时代许多充满赤子情怀的科学家、艺术家一样，吴良镛冲破重重阻挠，绕道归来，投身新中国的建设和教育事业。作为新中国建筑教育和建筑事业的开拓者之一，他于1951年开始主持清华建筑系市镇组工作，并与中国农业大学汪菊渊教授一道创办了我国第一个园林专业。1952年起，吴良镛历任建筑系副主任、主任，全面推动建筑技术科学、建筑历史与文物保护等学科的发展。

1959年，吴良镛倡导创办了清华大学建筑设计研究院。在此前后，他还曾主持全国建

筑会议、制订共同教学计划，参与领导全国建筑学专业通用教材的建设，并主持《城乡规划》教学用书的编写。他是北京市都市计划委员会顾问和保定、秦皇岛、邯郸等城市的规划建设顾问；人民英雄纪念碑、北京图书馆（现为中国国家图书馆）等著名建筑都曾凝聚了他的心血；1976年唐山大地震后，余震未消，他就作为最早一批专家参加重建规划。

新中国成立前民生凋敝的影像在一批批拔地而起的新建筑、一座座百废俱兴的新城市身后渐渐淡去，吴良镛的心头却萦绕着越来越深的困惑：20世纪40年代初，他抱着希望避免西方"城市病"的愿望开始学习城市规划，回国后也曾相信中国城市可以完全避免交通拥挤、住宅短缺、破坏自然等现象。然而，数十年间中国城乡变化虽巨，现实面貌却似乎和这一理想呈现出较大偏差。在曲折中，吴良镛蓄积力量、摸索前进，新的变革契机正在下个路口转弯处等待着他。

时代激流中的探索

1980年，吴良镛成为"文化大革命"后第一批当选的中国科学院学部委员。

改革开放的春风中，各项事业蓬勃发展，各门学科也开始了新的探求。从西德讲学归来的吴良镛参加了1981年的中国科学院学部大会，他深深感受到全国学术界探索未来的高昂热情，感受到当代建筑学家对建筑学科发展所应肩负起来的重任。

"这次大会使我认识到，面对新中国成立与'文化大革命'后的经验与教训，建筑学要有所作为就必须走向科学，向建筑学的广度和深度进军。"为了求解这条建筑的科学发展之路，年逾花甲的吴良镛抖擞精神，从理论与实践两个维度同时进发。

在理论上，吴良镛从20世纪80年代初就开始进行"广义建筑学"的

吴良镛　人民得安居　毕生情所系

思考，并于1989年出版了专著《广义建筑学》。其着眼点从单纯的"建筑"概念转向"聚居"，"从单纯的房子拓展到人、到社会，从单纯物质构成拓展到社会构成"，大大拓展了建筑学的视野。事实上，广义建筑学已经在很大程度上将"广义的住""空间环境""多学科综合研究"等思想从理论上结合起来，形成了后来人居环境科学思想的雏形。

在积极探索理论的同时，吴良镛还和同事们一起踏遍千山万水，为解决中国城乡建设的实际问题，完成了一项又一项贡献重大的开创性工作。

20世纪80年代初在吴良镛指导下完成的"北京奥林匹克建设规划研究"，就是其中较早的一项成果。针对当时已申办成功的亚运会和未来北京奥运会的建设工作，他以"经济时空观"思想为基础，运用系统分析方法将项目策划、项目运行和赛后安排结合起来进行研究，力图以最少的投资取得最大的建设效果。最终提出集中与分散相结合的建设模式，以及按需修建比赛场馆、建好的场馆尽量做好赛后使用的衔接安排等建议。这些建议都得到了政府相关部门的关注和采纳，该项研究获得1987年国家教委科学技术进步奖一等奖。

在北京奥运会成功举办的今天再来看这项研究，更能体会到它的前瞻性：奥运会对场馆设施建设的要求相比亚运会时已经有非常大的提升，如果当时就把主场馆盖好了，如今只会成为尴尬的"鸡肋"。拒绝"大而全"，结合实际留下发展空间，这一思想对北京的奥林匹克场馆建设助益良多。

1984年4月底，62岁的吴良镛卸去担任多年的系主任职务。这年夏天，他在清华大学主楼9层的半间屋子里，带领一名教师和几名研究生，开始清华大学建筑与城市研究所的初创工作。

20世纪90年代初，经济迅速发展的长江三角洲地区吸引了吴良镛的视线。东部这片肥沃丰美的土地已经加速行驶在城市化的快车道上，城市规划的思想、原则却相对落后，发展中出现了种种尖锐的矛盾和问题。于是，他带着助手几下江南，在上海、苏锡常和宁镇扬地区进行了细致的调查研究，一次又一次撰写国家自然科学基金重点项目建议。

1992年，国家自然科学基金委首次将重点项目资助投放在建筑领域。在吴良镛的主持下，清华大学、东南大学和同济大学联袂开展"发达地区城市化进程中建筑环境的保护与发展"研究。这样一个多单位、跨学科、多领域、综合性的区域性研究，成为我国建筑和城市规划领域的首次尝试。

清华大学建筑与城市研究所主要负责苏锡常地区的规划研究。其间，吴良镛对这一区域的发展和每个城市的规划都做了认真考察和科学预测，并指导学生和助手完成了若干城镇和县域规划，使研究呈现出城、乡并重的丰富性和整体性。

这项长达5年的研究于1997年结题，它首次提出区域协调发展观念并注重保留与发扬地方建筑特色，赢得各方好评，获得2000年中国高校科学技术奖二等奖。

社会学家费孝通主持进行了项目技术鉴定和结题验收。这位改革开放之初以"小城镇大问题"推动中国小城镇建设的著名学者对这一项目给予了高度评价，认为他们为苏南小城镇的物质空间环境改善作出了贡献。阔别故土半个世纪，吴良镛终于在生养他的江南水乡实现了一个久远的梦想。

北京西北文教区和中关村科技园规划建设、上海浦东规划、广州城市空间发展战略研究、深圳城市总体规划和福田中心区规划、三峡工程与人居环境建设、滇西北人居环境可持续发展规划研究、南水北调中线干线工程建筑环境研究……在这一个又一个至关重要的实践课题中，吴良镛倾注了自己对吾土吾民的热爱，奉献了自己的才学与思想。他在探索具有中国特色的人居环境建设道路的过程中所作出的巨大贡献，将一直为世人所铭记。

吴良镛　人民得安居　毕生情所系

中国人居环境科学的奠基人

随着理论和实践探索的不断深入，吴良镛逐渐理解到，不能仅囿于一个学科，而应从学科群的角度整体探讨学科发展，因此提出了"人居环境科学"这个整合众多学科的"学科群"概念。

1993年8月，在中国科学院技术科学部学部大会的学术报告中，吴良镛（与周干峙、林志群共同撰文）提出"人居环境学"这一新的学术观念和学术系统。

1999年，国际建筑师协会第20届世界建筑师大会在北京召开，吴良镛担任科学委员会主席，作大会主旨报告，并起草《北京宪章》。《北京宪章》以人居环境科学理论为基础，提出"建设一个美好的、可持续发展的人居环境，是人类共同的理想和目标"，在大会上获得一致通过。时任国际建协主席斯戈泰斯称赞这是一部"学术贡献意义永存"的文献。英国建筑评论家保罗·海厄特认为吴良镛以一种乐观和利他主义的姿态，提出了引导未来发展的"路线图"。作为国际建协成立50年来的首部宪章，它成为指导21世纪世界建筑发展的重要纲领性文献，并以中、英、法、西、俄5种文字出版。

2001年，吴良镛出版专著《人居环境科学导论》，创造性地建构了中国人居环境科学的理论体系、学术框架和方法论，进一步奠定了中国人居环境科学的研究基础。人居环境科学以人居环境为研究对象，是研究人类聚落及其环境的相互关系与发展规律的科学。它针对人居环境需求和有限空间资源之间的矛盾，遵循5项原则：社会、生态、经济、技术、艺术，实现两大目标：有序空间（空间及其组织的协调秩序）及宜居环境（适合生活生产的美好环境）。2010年，人居环境科学作为原创性重大科学技术成就获得"陈嘉庚科学奖"，该奖认为："人居环境科学理论针对建设实践需求，尊重中国历史传统与价值，为中国大规模城乡空间建设提供科学指导……为世界人居环境建设提供指引。"

人居环境科学构建起一个有中国特色的建筑学理论体系，它在建筑学理论上的重大意义毋庸置疑；而如果对吴良镛主持的一系列重大科研项目进行一番回顾分析，我们就会发现，它们同样是以这一理论体系为指导，并以其现实成就印证了人居环境科学理论的重要价值。

例如，自改革开放之初起，吴良镛就一直在思考北京及其周边地区发展的问题。直到1999年1月，国家自然科学基金"九五"重点资助项目——"可持续发展的中国人居环境的基本理论与典型范例研究"正式立项，其主要课题为京津冀地区城乡空间的发展规划研究。随后，相关研究又先后得到清华大学"985"研究基金和建设部重点科研项目的支持。

吴良镛以其个人声望和课题的重大战略意义动员了10多个单位、几百位专家直接参与这一项目，组织了北京、天津、河北等省市有关部门和不同专业的合作，利用多层次的沟通与交流，建立起"科学共同体"，在区域层面具体运用人居环境科学理论进行研究。研究确立了地区规划的一些基本思路，如核心城市"有机疏散"与区域范围"重新集中"的结合、明确划定保护地区或限制发展地区、"交通轴＋葡萄串＋生态绿地"的发展模式等，无不体现出整体塑造区域人居环境的理念。

2002年研究报告发表后，北京、天津先后邀请课题组参加其空间发展战略研究和城市总体规划修编，并由吴良镛担任首席领衔专家。这一系列研究直接指导了北京近10年来的建设发展，面向城市蔓延、旧城保护乏力等问题，开创了新时期北京城乡规划的新局面。其中在旧城保护领域，提出旧城积极保护战略，促进了从"大拆大建"到"有机更新"的政策转变，从"个体保护"到"整体保护"的社会共识，北京旧城整体保护思想逐步达成社会共识。

吴良镛又带领团队开展了面向新中国成立100周年、关于城市发展模式的研究——"北京2049"。建设学科群、打造跨学科平台、开展多情景模拟……人居环境科学的思想理念和方法论在其中得到充分体现。

回顾吴良镛的每一次研究，他总是努力走在时代的前面，"远见于未萌，避危于无形"：在北京保护与发展的矛盾尚未完全暴露前，就主动开展区域整体的规划研究；早在20世纪90年代，就提出三峡工程不是一个纯粹的水利工程，而是人居环境一个大的变动，建议应对三峡人居环境建设予以及时关注、切实指导。时至今日，《国家中长期科学和技术发展规划纲要（2006—2020年）》已经把"城镇人居环境的可持续发展"列为城镇化与城市发展领域的3个战略重点之一。

我们不妨提出这么一个问题：如果没有吴良镛，没有他所提出的这样一个整合建筑、规划与园林等学科，融贯科技、历史与文化的人居环境科学体系为指导，今天中国的城乡发展又会呈现出怎样的面貌？

正如两院院士、建设部原副部长周干峙所言："吴先生通过总结历史的经验和中国的实践提出的人居环境科学，从传统建筑学扩展到广义建筑学，再到人居环境科学，符合科学发展规律。如今我们的规划设计工作已经相互交叉、融会贯通、相互集成，多学科已经联系起来。实践证明，这样的融贯、集成避免了许多决策的失误，所带来的经济、社会和环境效益不可估量。"

矢志不渝的民生情怀

吴良镛做过许多宏观和中观的战略性规划，但在1993年，他却因为对北京胡同里一个四合院的改造项目获得了"世界人居奖"与"亚洲建协建筑奖金奖"。

菊儿胡同是吴良镛探索北京旧城保护与发展问题的一块"试验田"。20世纪八九十年代，他带领一批又一批研究生在这里进行调研和规划设计。通过居民互助、政府资助、单位补贴等途径，以及房改加危改的方式，将当年破败的"危积漏"（危房、积水、漏雨）院落变成由一座座功能完善、设施齐备的单元式公寓组成的新四合院住宅。扩展形成的"跨院"又突破了北京传统四合院的全封闭结构，形成邻里交往的崭新空间。粉墙黛瓦、绿树成荫，气象一新的菊儿胡同仍旧保持了与北京旧城肌理的有机统一。

这个项目规模不大却费尽周折，凝结了吴良镛的智慧和心血。建筑学院左川教授感慨地说："对这个2760多平方米、仅一万元设计费用的小工程，吴先生可以说是不嫌其小，又不厌其烦。"

选择菊儿胡同，除了旨在为北京旧城建设探索一条道路，也体现了吴良镛一以贯之的民生情怀。菊儿胡同的改建过程中，他特别关心原有居民的回迁情况；改建工程告一段落之后，他还多次派人回访，一直关注着社区活动、绿地保护等工作的落实。

吴良镛曾说："一个真正的建筑大师，不仅看他是否设计出流传百世的经典建筑，而是看他是否能让自己国家的老百姓居有定所。""与公共建筑相比，我更在意民居。民为邦本，普通人的居住问题是建筑最本质、最核心的内容。"

每次外出工作，他总是有意识地到老百姓住的地方去看一看。在四川成都进行三峡工程与人居环境研究时，他还特地去"圩"（集市）上了解普通农民的生活。在指导清华大学建筑学院住宅研究方向的发展时，他也特别强调要保持自己清醒的判断和思考，在开展住宅研究时更多关注它的社会属性，对住区和住宅发展的整体状况进行调查分析，为行业的健康发展和国家政策的制定建言献策。

少有的刻苦、激情和坚强

1948年，在吴良镛赴美留学前夕，林徽因读到梁思成写好的推荐信后，又提笔增添，"少有的刻苦、渊博，少有的对事业的激情，多年与困境抗争中表现出的少有的坚强"。

这的确是对吴良镛奋斗精神的一个传神写照。

曾经有很长一段时间，他总是在清晨最静谧的时刻起身，抓紧时间进行学术研究工作，白天再处理繁杂的日常事务。

曾担任吴良镛科学秘书的清华大学建筑学院教授武廷海回忆说，起草《北京宪章》时，经常在凌晨2点多，他骑车把按吴良镛批注修改好的材料送到吴家门前的小报筒，4点多吴先生就会起来工作，开门取走材料进行再修改，精益求精。

2008年夏天，吴良镛不顾南京炎热的气候，坚持在金陵红楼梦博物馆的工地上现场指导，结果由于天气炎热、出汗过多而突发脑梗，先在天坛医院抢救，再住进康复医院治疗。

在天坛医院，面对前来探望的学院教师，他的第一句话不是谈论病情，而是吃力却坚定地说："奥运会马上就要召开了，在奥运期间调查首都北京的城市空间状况是千载难逢的大好良机，不要耽误，一定按照之前布置好的做下去，把调查做好。"听到这句话，在场的教师既意外又感动：先生全身心为事业投入的精神，是一般人难以望其项背的。

那段时间，病床就是他的办公桌。虽然身体不能动，可他一刻也没有停止过对手头所有工作的关心：通过口授安排南京工地的工作，思考《中国人居史》的研究，听取研究生课题进展的汇报……

时年86岁高龄的吴良镛，还以惊人的毅力进行身体康复训练。酷热的夏天，他穿着小背心，每次做完康复训练，衣服全都湿透了。在医院里，他还开始练习用左手写字，右手的功能也通过按摩和训练一点点得到恢复。令人意想不到的是，出院时他送给医护人员的答谢礼竟是一幅漂亮的书法。对于一个刚刚从中风状态恢复过来的耄耋老人，这是多么的不易！清华大学建筑学院边兰春教授深有感触地说："只有在那个过程中亲眼见证他每一点变化的人，才能真正体会到吴先生的毅力之强大。看到这些，也就为他在事业上的坚持找到了一个注脚。"

现在，吴良镛又重新投入高密度的工作中。同事们给他制定了保护身体的"八项注意"，他一般总是尽一切可能身体力行，有时也不免"巧妙迂回"。

活到老，学到老。学养深厚令人叹服的吴良镛，至今依然敞开胸怀吸纳一切有益的思想，孜孜不倦地探索新知。热销的《乔布斯传》，也进入了他的阅读视野。吴良镛认为乔布斯有自己独特的方法论，这使他很感兴趣，想看看是否能从中获得借鉴，对学问有所裨益。

吴良镛为全校研究生开设人居环境科学导论课程，多年来他坚持亲自做开课和结课演讲，只有2008年生病时缺席了一次开课，到年底，他还是拄着拐杖从康复医院走上了讲台。

2011年12月27日，是最近一次结课演讲的时间。面对台下那群满怀热切目光的年轻人，他回顾了自己从对建筑学产生困惑到完成几次"顿悟"、发展人居环境科学的全过程，谈到了对这门学问向"大科学、大人文、大艺术"融汇发展的期待，也回忆起抗日战争时在茶马古道上感受到的风土人情和人民疾苦，以及由此对那里的建筑、那里的百姓所抱有的特殊情感……这一讲，就是两个多小时。

在这次演讲中，吴良镛恳切地评价了自己所创立的人居环境科学："人居环境科学提出后，进行了一定的理论和研究的构建，并且已经进行了融贯区域、城市、建筑等多种层次的实践，但仍旧要不断地完善、展拓。它是一个开放的巨系统，到现在并没有定型……我们不过点燃了一根小小的蜡烛，热情地期待后继者发扬光大，使之普照大地。"

手擎这支明烛，90岁的吴良镛依然孜孜不倦，行走在通往梦想的道路上。

（撰稿：清华大学　程曦　于帅帅　赵姝婧）

梁思礼
鞠躬尽瘁奠基航天伟业

> 梁思礼（1924年8月—2016年4月），导弹控制专家，中国科学院院士。航天可靠性工程学的开创者和软件工程化的倡导者。研制成功具有中国特色的捷联惯导系统，开辟战略导弹"惯导化"道路，研制地地战略导弹和长征2号运载火箭，任型号副总设计师，首次采用惯性平台计算机方案；任航天计算机自动测量与控制系统总设计师，实现地面测试设备标准化、通用化、模块化。曾获国家科技进步奖特等奖、何梁何利基金科学与技术奖等奖项。

如果目前的你面临着两个选择：一个选择是拿着丰厚的年薪，住独栋的大别墅，唯一的条件就是要留在美国；另一个选择是几千块的年薪，住简陋的单元房，回到一穷二白的祖国，没有任何回报。你会怎么选呢？

东风导弹的总设计师梁思礼先生给出了这样的答案："我干的导弹是保卫我们祖国的！从第一颗原子弹、第一枚导弹、第一颗人造地球卫星到第一艘神舟飞船，我回国后和第一代航天战士一起，白手起家、自力更生，创建起完整坚实的中国航天事业。能为此奉献一生，我感到无比的自豪和光荣！""判断一个人对社会的价值，不是看他取得了多少，而是看他付出了多少。"人的自我价值固然值得追求，但社会价值的创造是一个人在社会中安身立命、获得认同的基础。个人的存在之于历史长河不过如蜉蝣一般朝生暮死，唯有通过奉献，将个人价值寄予社会，才能使精神薪火相传绵延不息。

梁思礼的一生是默默奉献的一生。他在人生的黄金时期放弃荣华富贵，毫无怨言地回到一穷二白的祖国，尽管吃不饱、穿不暖，没钱、没设备，但他克服种种困难，不断突破难关，为祖国作出了一番事业。"穷则独善其身，达则兼济天下"的儒家理念在他身上体现得淋漓尽致。他用自己的青春去赌前路能否走通，在他人的冷嘲热讽中负重前行。他的奉献是一种真诚付出的行为，是一种纯洁高尚的精神境界，不求回报，只求找到自己生命的意义。

学成归国，以尘之微补山海

1924 年，梁思礼在北京出生。幼年的梁思礼聪慧异常，很受梁启超的宠爱，被亲昵地称为"老白鼻"（英语 Baby 的谐音）。在南开中学念书时，梁思礼目睹了学校被日本空军轰炸的惨状，梁思礼看到自己热爱的母校瞬间变成烟尘滚滚的废墟，心中痛苦万分。这幕惨状让梁思礼坚定了日后"工业救国"的决心，也明白了没有科技、没有国力的国家会是怎么样的结局。1941 年，他毅然赴美留学。由于国际形势的原因，留学 8 年的梁思礼没得到家里任何的经济支撑。嘉尔顿学院是一所很好的学校，当时在美国很领先，不仅如此，嘉尔顿学院还为生活窘迫的梁思礼提供了全额奖学金，但是这个学校有个巨大的缺陷——没有设立工科专业。

梁思礼　鞠躬尽瘁奠基航天伟业

这与梁思礼"工业救国"的理想是背道而驰的。梁思礼觉得："中国老受人欺负，将来学一门工业技术，学成为中国的建设出力就好了。"思虑良久，在舒适的生活与报国的理想之间，梁思礼选择了理想。

他转入了有着"美国航空航天之母""工程师的摇篮"之称的普渡大学学习电机工程系，主修无线电，后来又学习自动控制。没有了奖学金的梁思礼生活更加拮据，梁思礼在上课之余，还曾在实验室边学习、边做实验、边打工。在硕士研究生学习期间，梁思礼独立负责美国海军舰船炮塔自动控制、自动控制炮塔瞄准等课题。在身边的人眼里，梁思礼一旦毕业，立马就能进入美国的上层社会，拿到丰厚的薪酬，过上舒适的生活。但是梁思礼从未这样想。他的目标自始至终就只有一个——师夷长技以制夷。拿到毕业证的那天，梁思礼和所有的毕业生一样欢欣喜悦。与众不同的是，他心中埋藏了许久的梦想在隐隐发烫。

他放弃了美国优越的工作条件和生活待遇，义无反顾地回到了祖国。当时的新中国一穷二白，要技术没技术，要设备没设备。选择回国，就相当于做好了一辈子坐冷板凳、一生所学无处施展的准备。梁思礼为了建设祖国，宁愿牺牲个人利益，把自己的一切奉献给祖国。尘雾之微补益山海，萤烛末光增辉日月。正是无私奉献者的点点星火，才聚起了新中国这把熊熊燃烧的火炬！

科学家精神 奉献篇

为国拓荒，奠基航天守四方

刚回到国内时，国内工业凋敝，梁思礼擅长的自动控制并无用武之地。梁思礼说，只要能回国，什么工作他都愿意做，什么专业他都不挑剔。1950年，梁思礼被安排到邮电部的研究院参与新中国的国际广播电台的建设，刚回到祖国，梁思礼满腔热血，一心想为祖国服务，为新中国做贡献，接到这个与他专业不对口的任务他没有消沉怠工，反而斗志满满，积极地投入发射台和接受台的建设。新中国刚成立时科技人才稀有，只有组长吴展和梁思礼两个人负责电台天线的建设。吴展是领导，还有许多别的事要做，梁思礼一个人几乎承包了从设计画图、选购材料到施工验收的全部工作。建设天线的木材、粗螺钉、脚钉、钢索，都是梁思礼亲自去仓库挑的。为了选址，梁思礼几乎跑遍了整个北京城，北边甚至都到了回龙观。梁思礼还曾在没有任何保护的情况下不顾个人安危爬上30米高的天线木杆检查问题。在他看来，只要是为祖国服务，他就浑身都有使不完的劲儿。为了让全世界都能听到中国人民的声音，梁思礼日夜不歇，吃住都在单位，用了一年多的时间，终于把电台建成了！梁思礼兴奋极了，这是他为祖国做的第一件大事。八年寒窗，他终于为建设祖国奉献了自己的一分力量！

是金子总会发光，有才华的人不会被埋没。1956年，国家制定了《1956—1967年科学技术发展远景规划纲要》（简称《十二年规划》），他负责导弹和火箭部分的起草。同样是这一年，他光荣地加入了中国共产党，更加明确了自己所要奉献余生的目标：研究中国人自己的导弹。当时新中国在航空领域的建树可以说完全是一张白纸，整个研究院只有钱学森见过真正的导弹。梁思礼和别的室主任一样，手里没有任何资料或者仪器设备。面对种种困难，梁思礼并没有退缩，他毫不犹豫地接受了任命，跟随钱学森院长，和其他同事们一起，从头开始建设新中国的航天事业。

那时国防部第五研究院才刚刚设立，技术、设备、厂房这些必备条件一无所有，甚至连第五研究院的成立大会都是在一个简陋的食堂中举行的。雪上加霜的是，那年正值"三年困难时期"，许多同事甚至都吃不饱肚子。物质条件的匮乏没有影响第一代航天战士火一般的热情，没有房屋，梁思礼和同事们就住帐篷，睡地铺；没有地方办公，他们就在大机库里工作，夏天的机库又闷又热，梁思礼和同事们一边挥汗如雨，一边用手摇计算机和计算尺进行分析和设计。那段时间国防部第五研究院的科研办公大楼每晚都灯火通明，工作人员都自发地牺牲休息时间来加班学习到深夜。政委和指导员每天的主要任务就是动员大家早点回去休息，可热情似火的同事们往往赶都赶不回去……科研就像在漆黑的迷宫里摸索出路，在漫无边际的沙海里寻找一粒金粒，梁思礼和同事们的快乐不在于声色犬马，他们在艰苦的条件下，从不同学科的思维碰撞中获取快乐，从攻克难关中得到满足感，在无私的奉献中实现自己的人生价值！

首筑东风，手持长剑缚苍龙

1960年11月5日，我国第一枚导弹"东风一号"试验成功，射程比它参照的苏式导弹远出一倍！东风速递，使命必达！"东风一号"的成功给了科学家们莫大的鼓舞和信心，两年以后，我国自行设计的中程地对地导弹（"东风二号"）也即将试射。这一天梁思礼已经期盼许久了，他顾不上照顾身怀六甲的妻子，出发前匆匆对妻子说，如果生下男孩儿，就取名为"凯"；如果是女儿，则命名为"旋"。凯旋，凯旋，连自己孩子的名字，都寄予了他对导弹成功的希望，他相信导弹试验一定能成功，他一定能凯旋。这一天终于来了，在导弹发射的当天，大家都撤离了现场，梁思礼为了更好地观察导弹的转弯情况，不顾危险留在距发射架仅1000米左右的吉普车旁，一旦导弹出现故障，梁思礼首当其冲！他顾不得这些了。他满眼期许地看着大家历尽艰辛设计出来的导弹，却眼睁睁地看

科学家精神 奉献篇

着这个承载了太多期许和厚望的导弹起飞几秒钟后,像喝醉了酒一样摇摇晃晃地掉了下来。这枚导弹坠落的地点离发射架仅有300多米,梁思礼不顾一切马上奔向了爆炸生成的大坑,很多同事都泣不成声,梁思礼也沮丧地坐倒在地,一言不发,心痛万分。

他仍然给刚出生的女儿起名叫旋,他没有放弃。在梁思礼的信念里,不管遇到什么样的挫折和失败,新中国的导弹事业都必须成功,没有任何选择余地可言。没有导弹,祖国就只能被讥讽"空有拳头打不到人";没有导弹,祖国的拳头就不够硬,腰杆就不够直。这是梁思礼要为之奋斗终生的事业。他很快调整了心态,带领研究组的成员做了大量的工作,仔细分析失败原因,重新修改设计。

1966年10月,改进的"东风二号"即将发射,在甘肃酒泉的发射阵地上,梁思礼和同事们在头顶当量1.2万吨的原子弹的危险情况下,有条不紊、一丝不苟地进行最后的测试和发射前的准备工作。在冰冷的导弹下,每一个人都没有多想,每一个人都把个人生死置之度外,每个人都做好了把自己的生命奉献给新中国的准备。幸好,这次没有出任何意外,导弹准确命中了1000千米外位于罗布泊的目标塔,一举震惊世界!改进的"东风二号"导弹很快定型投入生产,成为巩固我国国防的第一代战略核导弹,昭示中国如今"手持长剑,敢缚苍龙"。

梁思礼终于实现了他的夙愿。作为第一代航天战士,他将自己的全部身心都放在了新中国的航天事业上,无愧于祖国,无愧于人民,却独独有愧于自己的妻子儿女。此时正是儿子梁左军成长的黄金时期,而梁思礼过度投身于事业,忽视了对儿子的教育引导。梁左军的童年时期几乎都在奶奶的照料下度过,"文化大革命"时奶奶被抓走,梁左军一下失去了精神依靠,变得沉默寡言起来。而梁思礼又忙于工作,没有时间关心他、开导他,以至于梁左军在学校受了欺负也不跟他们说,患上了较为严重的抑郁症。

这是梁思礼心中永远的痛,但是他没有选择。在那个特殊时期,国际形势波诡云谲,毛主席曾经说过:"不是东风压倒西风,就是西风压倒东风。"核导弹研制晚一分钟,新中国就可能陷入万劫不复的深渊。有了核导弹,新中国才能真正地在世界上站稳脚跟。舍小家而为大家,牺牲个人利益,只为家国平安,这就是梁思礼交给祖国的答卷。

矢志不渝,苟利国家生死以

在以梁思礼为代表的科研人员努力下,我国的军事实力一直在增强。1965年,国际形势波谲云诡,美国和苏联加紧了对中国的军事威胁,"东风五号"洲际导弹应运而生。洲际导弹飞行距离超过8000千米,需要完全升级过去的制导方案,年逾四十的梁思礼再次临危受命,着手研发平台-计算机制导技术。那时即使是技术先进的西方国家,也才刚刚研发出集成电路,苏联甚至还没有研发出来。而新中国的计算机行业处于向晶体管转型时期,整体技术落后,梁思礼团队所做的工作无异于在荒漠中开辟出一方沃土。受当时工作条件限制,工作人员只能日夜不歇地靠手工穿孔纸带输入数据,运算一次要花费大量的时间。在后面的总装测试时,梁思礼不顾自己身体50天昼夜加班,超负荷的工作直接把梁思礼累得病倒了,住进了医院。

功夫不负有心人,他终于找到一个全新的制导和控制方法,有效减少了集成电路的数量,大大降低了故障率,完美解决了导弹控制问题。可就在梁思礼和同事们踌躇满志地准备迎接下一阶段的研究时,"文化大革命"发生了。由于父亲梁启超的原因,梁思礼被立了专案,他的几位兄姐也被关了起来。曾经有人为他鸣不平说:"您后悔1949年回国吗?如果1979年回国,这些灾难和痛苦也许就躲过去了。""苟利国家生死以,岂因祸福避趋之?"梁思礼马上愤愤地回答:"这是什么话?我当初就是要在新中国成立之际回家，建设百废待兴的祖国！我以自己是第一代航天人自豪，从来不后悔！祖国需要的时候还不回来，那留学还有什么意义？"

梁思礼将自己的一生都奉献给了祖国的航天事业，年近六旬时仍然参与远征导弹和"长征二号"的研究。他被评价为航天质量可靠性工程学的开创者和学科带头人，航天CAD技术的倡导者和奠基人，开辟了战略导弹"惯导化"道路，为中国航天事业作出了重大贡献。

2016年4月14日，梁思礼院士在北京逝世，享年91岁。"艰苦奋斗，无私奉献"，简单的八个字，贯穿了梁思礼的一生。

"人生不是一支短短的蜡烛，而是一支由我们暂时拿着的火炬，我们一定要把它燃得十分光明灿烂，然后交给下一代的人们。"这是梁思礼的座右铭，回顾梁思礼的一生，他也确实是这样做的，少小离家，漂泊异乡，寒窗苦读，报效祖国。整整67年，他艰苦奋斗，无私奉献，为了祖国的航天事业，他没能见母亲的最后一面，没能在妻子临盆时陪在身旁，没能给儿子足够的关爱使其健康成长……他可能不是一个好儿子、好丈夫、好父亲，但他一定是祖国的好战士！他为我们树立了一个爱国者、奉献者的标杆。他用自己的一生点燃了混沌初始的中国航天事业的第一盏火炬。

（撰稿：牟圣豪）

参考文献

[1] 石磊. 梁思礼院士：苍穹大业赤子心 [J]. 云南教育（视界综合版），2016（5）：22-25.

[2] 刘茜. 追忆中国航天事业奠基人梁思礼：可上九天揽月 [EB/OL].（2016-04-15）[2020-05-27]. https：//www.sohu.com/a/69428761_162758.

[3] 刘博智. 梁思礼院士：饮冰室血统的"驯火者" [N]. 中国教育报，2015-04-10.

[4] 郭梅，庞茹. 梦想与火箭一同起飞：梁思礼传 [M]. 南京：江苏人民出版社，2009.

[5] 梁思礼. 一个火箭设计师的故事：梁思礼院士自述 [M]. 北京：清华大学出版社，2006.

郑哲敏
为国家做点实实在在的事

郑哲敏（1924年10月—2021年8月），爆炸力学、应用力学和振动专家，中国科学院院士，中国工程院院士。早年从事热应力、振动与水弹性力学、地震工程力学方面的研究，1952年进行的输水管振动分析曾为解决一个重要的工程问题作出贡献，1960年后致力于爆炸力学及其应用的研究，涉及爆炸成型、爆破、地下强爆炸、穿甲破甲、爆炸复合、瓦斯突出、水下沙土爆炸等问题。曾获国家科学技术进步奖二等奖、何梁何利基金科学与技术进步奖等奖项，2013年获国家最高科学技术奖。

胸怀家国，奉献担当

2013年1月18日，2012年度国家科学技术奖授奖仪式在北京人民大会堂如期举行。在众人期盼的目光中，郑哲敏伴着喜庆的乐曲走上主席台，从国家主席胡锦涛手里接过鲜红烫金的国家最高科学技术奖证书。在

郑哲敏　为国家做点实实在在的事

场上热烈的掌声中，他笑着凝视了手中的证书好久……获了奖，这位耄耋之年仍思维敏捷、耕耘不辍的科学家觉得"心情很复杂"，他说："我就是一个普通的科研人员，获得这个奖，感到很惶恐，有荣誉就有责任，我这么大年纪还能为国家尽多少力，总觉得好像欠了什么完不成。"当有记者问道："奖励的500万元科研经费，你怎么花？"郑哲敏的回答还是那么朴实："我正在发愁钱怎么用。最近一段时间我正好在上网查文献资料，我们是否应该对力学发展方向做一个全面整理和设计，这也许是我下一步想推动的工作。钱绝不会乱花。需要做什么我还没想好，这要跟大家商量。"这位中国力学界德高望重的泰斗，一生都在为中国的力学事业奉献着自己的光亮，可是在他看来，这还不够，好像还欠着国家什么。汇集诸多荣誉于一身，为人处世却处处透着谦虚低调，这就是郑哲敏。

1954年9月初的一天，钱学森在家里设宴为郑哲敏饯行，郑重地叮嘱他："你回国后只要国家需要，哪怕是最简单的工作也要做。"回国以后，为了新中国的工业建设，郑哲敏调整了自己的专业方向。这么多年来，国家需要什么，他就做什么，他从来也没有忘记导师钱学森对他的叮嘱，他把急国家之所急作为自己的科研信条。同样，他也是这样要求别人的。当面对一项能够满足国家重要需求的研究时，中国科学院力学研究所的一位研究员有点犹豫，因为这项研究与他之前的研究方向不完全吻合。郑哲敏狠狠地批评了

他:"力学所一直是国家需要什么就做什么,我回国的时候也不懂爆炸,不也做了?你现在为什么不能做?"批评之后,为了打消团队成员的担忧,郑哲敏亲自查找研究进展、搜集相关资料,然后整理、推演出相关方法,并为他们讲解相关知识。几年后,他们的工作便收获颇丰。力学所研究员李世海攻读博士期间,曾担任青年力学学术组织的负责人,社会活动一时多了起来。郑哲敏知道后,非常生气地批评了他。但当李世海准备开展灾害地质力学基础研究时,郑哲敏表示大力支持,并告诫他:"这是个大难题,但也是国家的重大需求。"就是这样,急国家之所急,是郑哲敏永远不变的情怀,是他对自己也是对别人最基本的要求。

郑哲敏总是强调做科研是"只雪中送炭,不锦上添花",要解决工程中遇到的实际问题。为了解决煤矿发生爆炸的问题,郑哲敏立即开始着手组织相关研究,很快就发表了《从数量级和量纲分析看煤与瓦斯突出的机理》一文,从力学角度对我国发生的多起瓦斯突出爆炸事故进行分析,之后,他又多次进行实验,为判断煤矿里的瓦斯是否突出提供了实用的方法。当他偶然获知我国修筑海岸堤坝,淤泥无法排除的难题时,他又坐不住了,带领研究团队做了无数次用炸药排除淤泥的实验,最终创造出爆炸排淤填实法、爆炸夯实法、爆炸挤淤泥法等水下软基处理方法,又解决了一个难题。他利用爆炸力学打开了大门,走进更多行业,在发展高技术、实现传统工业现代化和可持续发展方面发挥作用。对此,郑哲敏一言以蔽之:"就是想为国家做点实实在在的事。"他曾写道:"一个人如果不是为群众的利益工作,那么生活便失去了意义。"

作为中国爆炸力学的奠基人和开拓者,郑哲敏几乎将一生奉献给中国的力学事业。自称普通的郑哲敏,心里一直装着很沉的家国情怀。郑哲敏表示:"如今国家倡导创新驱动发展,科研环境前所未有的优越,只要我的身体允许,我还想为国家做点事情。"

小碗成形，爆炸开篇

20世纪50年代，中国百业待兴，其中包括刚刚创建的航天事业。由于设备落后，中国尚无法自主生产导弹的一些关键零部件，于是航天部门把攻关任务委托给了郑哲敏。"能不能利用爆炸瞬间产生的巨大冲击力，把需要的零件'炸'出来呢？"长期从事力学研究的郑哲敏很快提出了"爆炸成形"的大胆假设，并率领团队进行严谨的理论论证。这是郑哲敏所从事的第一个重大课题——爆炸成形。

在当时那个年代，无设备、无数据，可谓是一穷二白。但是，对于郑哲敏来说，能力和决心就是解决问题最强有力的武器。缺少先进设备，郑哲敏就和团队成员自制"土装备"，冒着安全性较低和故障率较高的风险，一点一点搭建原型。没有数据，郑哲敏就采用"笨办法"，一个数字一个数字地计算，得出结果后再一次次反复验算。1960年，在中国科学院力学研究所的空地上，随着一声爆炸声响起，腾起一团白色的硝烟，第一次爆炸成形试验取得成功，一块钢板被炸成了一个三四寸大小、形状规整的黑乎乎的小碗。当时钱学森激动地举着它说："别看它现在很小，将来一定能起到大作用。"这个"小碗"究竟有什么特殊之处？大概没有人能想到这个规整的"小碗"是用一个单发雷管炸出来的。这也就是它的特殊之处——我国第一次在精确计算炸药爆炸时能量释放的方向和力度的情况下，成功将一块金属平板炸成事先预期的形状。这种对炸药的精确掌控，用在制作导弹和火箭的喷管中，就是爆炸成形技术。这个实验的成功，也验证了郑哲敏提出的"爆炸成形的机制和模型律"，并以此为基础，配合其他部门，顺利制造出高精度导弹零部件，解决了中国航天事业发展的重要难题。爆炸力学学科从此开端。

1964年，我国开始地下核试验预研。郑哲敏就寻找预报核爆炸当量的方法，最终他将核爆炸极为复杂的过程浓缩在数学方程式中，提出了"流体弹塑性模型"，地下核爆炸成功后，有科学家评价郑哲敏的方程式"计算与实测波形惊人的相似"。"流体弹塑性模型"也成为爆炸力学学科的标志，至今仍是教科书中的经典理论。他还钻研 10 年，先后解决了穿甲和破甲相似律、破甲机制、穿甲简化理论和射流稳定性等一系列问题，改变了中国常规武器落后的状况。出于对爆炸事故和灾害的忧虑，郑哲敏组织开展了粉尘燃烧和爆炸、煤与瓦斯突出、爆炸处理水下软基等研究，为国家解决了一批重大实际问题。在郑哲敏的学生白以龙看来，他就是这样，从来都是以国家重大的、急迫的需求为选题方向，做"雪中送炭""爬坡出汗"的工作。

有的时候确实让人感到非常不可思议，从一块平淡无奇的钢板到一个黑乎乎的小碗，从研究核爆炸到制作一个小零件，好像只要跟爆炸有关，郑哲敏都能掌控。其实仔细品味，这正是因为郑哲敏将爆炸研究得太透彻了，所有跟爆炸有关的应用，对他而言都能触类旁通。"搞应用科学就得能发现工程里不完美的地方，提炼出问题，然后解决关键问题、共性问题、规律性问题。"这是郑哲敏对自己科研经历的概括，他说："我只对有缺陷的方面感兴趣。"

郑哲敏的所学所成与国防建设有着紧密联系，他能力超凡，成就斐然，令人高山仰止。作为功成名就的大科学家，他却说出了自己的"遗憾"：一是就做了这么几项工作，"没能做更多的事"；二是一些时候有些胆怯，不敢想，所以"该抓住的一些机遇溜走了"。

眼光长远，超前布局

郑哲敏不仅仅把眼光局限在眼前"小"问题上，而是透过这个问题直指后面更大的问题。郑哲敏在大西北看到大片黄土或戈壁滩遇到大雨容易形成泥石流，冲毁铁路和房屋。为解决这一问题，他提出了力学应面向地学的观点，组织开展了环境和灾害流体力学研究。在他的倡导组织下，我国建立和发展了灾害力学、环境力学等多个力学分支学科或领域。多年来，郑哲敏努力实现他的志向，通过在爆炸力学的科学实践，深化和开拓了爆炸力学学科的发展，推动了爆炸技术的应用和创新，也为国家解决了一批实际问题。

郑哲敏不仅在中国科学院力学研究所的建设和发展过程中起了关键作用，而且满腔热情地致力于我国科学技术事业的多方面工作，特别是参与或主持制定了我国各阶段的力学学科发展规划，显示了他在力学和技术科学领域的战略思想，为中国力学和技术科学的发展作出了重要贡献。从1956年起，我国制定《十二年规划》时，郑哲敏便以年轻专家助手的身份参加钱学森主持的第一次全国力学规划的制定工作。1977年，郑哲敏主持制定了中国科学院的力学发展规划。1978年，郑哲敏作为主持人之一，组织了制定全国力学规划的工作。

几十年来，几乎每一次对于我国力学发展具有里程碑意义的研究和会议，郑哲敏都亲自参与和见证了，他一直是我国力学学科发展规划的主要领导者和制定者之一。"他是一位战略科学家，总是比别人看得更深一些、更远一些。"学生兼同事洪友士说。但郑哲敏谦逊地说："我的想法很简单，就想为国家做一些实实在在的事情。"朴实的语言表达了他深刻的思想和崇高的境界，在郑哲敏看来，人活一辈子，唯一有价值的就是给社会做点有价值的事情。

郑哲敏始终站在学术最高峰，以学术大视野看待科学问题。一方面，要有创造性思维，实现科研新突破；另一方面，要有前瞻性思想，做超前性部署。他为中国近代力学学科的建立与发展、促进中国力学界与国外力学界的交融和中国力学国际学术地位的提升等作出了重要贡献，引领了中国力学的发展。郑哲敏始终把科研事业作为他报效国家的实际行动，他感叹说："人的一辈子也不是很长，有时候你回头一看，一辈子就快过去了,要是没做什么事,心里也不会舒坦。所以还是要为长远考虑,不要把眼前的东西看得太重。"

在郑哲敏自己看来,他只是恰逢其时,做了应做的事。在我们看来,他一生的经历和成就,在中国的国家史、华人的民族史和人类的世界史上,同时留下了耀眼的光芒,照亮了来路。如今的郑哲敏,依然活跃在科研第一线,继续履行着对祖国和人民重于泰山的毕生责任。

(撰稿:鲁雪)

参考文献

[1] 余双. 郑哲敏:"给力"的爆炸人生 [J]. 创新世界周刊,2019(12):56-57.

[2] 刘志远. 做国家需要的事情——郑哲敏的赤子报国心 [J]. 科技导报,2016,34(23):146.

[3] 潘聪平,王桂荣. 50年耕耘演绎"爆炸传奇"——访浙籍院士、著名爆炸力学专家郑哲敏 [J]. 今日浙江,2009(6):54-55.

[4] 吴晶晶. 郑哲敏:此生唯愿尽"力"报国 [J]. 发明与创新(综合科技),2013(5):30-31,1.

[5] 王静. 记郑哲敏院士:爆炸,并不都是破坏 [N]. 中国科学报,2013-01-20(04).

彭加木
心系边疆科考
勇闯生命禁区

彭加木（1925年5月—1980年6月），生物化学家，长期从事生物化学研究。1964—1980年，彭加木先后15次到新疆进行科学考察，3次进入巴音郭楞蒙古自治州罗布泊进行探险，为开创边疆科研工作倾注心血，并为发展中国的植物病毒研究做了大量的工作。1980年6月17日在罗布泊科学考察途中失踪遇难。1981年被上海市人民政府授予"革命烈士"称号，2009年被评为"100位新中国成立以来感动中国人物"，2019年荣获"最美奋斗者"称号。

积极乐观，战胜病魔

1957年，彭加木先生被查出患有纵隔障恶性肿瘤，按医学文献和临床实践，这种患者生存期只有半年到两年。后来，又在他的骨髓里找到了少量异常网状细胞，疑似患有网状细胞性淋巴瘤。面对病魔接二连三的打击，他并没有惶惶不安、萎靡不振，而是用革命先烈的英勇事迹激励自己与病魔做顽强斗争的决心，一面争分夺秒地开展工作，一面忍受剧痛接受治疗。他说："只要一息尚存，我就要为党贡献一分力量。"甚至当他连续发烧到40℃，医生填了病危通知书，被送入隔离室的时候，仍然念念不忘新疆的工作，情不自禁地写了一首诗："昂藏七尺志常多，改造戈壁竟若何？虎出山林威失恃，岂甘俯首让沉疴！"当他以惊人的意志战胜癌症，病情稍有好转时，他恨不得马上飞到新疆，他欣然提笔写下了这样的诗句："冬去春来物候新，百花齐放草如荫。病魔缠绵今欲去，抬头西望逐飞尘。"在共产党人的革命乐观主义精神面前，病魔也只有潸然消退，病情得到了有效的控制，彭加木创造了医学的奇迹。

拓荒创业，甘为人梯

彭加木先生是一位具有远大理想、乐于吃苦、勇于奋斗的人。1956年，党中央发出了向科学进军的伟大号召，彭加木听到这个振奋人心的消息，甚至放弃出国学习的机会，一再请求组织上批准他到边疆开展科学研究和资源调查。他在给时任中国科学院院长郭沫若的信中这样写道："我志愿到边疆去，这是我的夙愿。我的科学知识比较广泛，体格坚强，面对困难，我能挺直身子，倔强地抬起头来，往前看。我具有从荒野中踏出一条道路的勇气……"他决心为边疆科技事业作贡献的愿望得到院领导的支持，1956年参加了由竺可桢副院长率领的资源考察队，来新疆进行科学考察。自此，彭加木先后15次来新疆，多次参加野外科学考察，穿戈壁、走荒漠、爬高山、过激流，历尽艰辛。

战胜病魔后，彭加木以更大的激情投身边疆的开发和科研，为新疆科技事业发展奠定了一定基础。他动员上海生化所多年的同事陈善明先生到新疆工作，与他一起开拓新疆的化学科技事业，他们一起在乌鲁木齐市三

彭加木　心系边疆科考　勇闯生命禁区

屯碑建立了化学实验室，后来逐渐发展成为新疆化学研究所。建所初期，他亲自指导研究所的人才培养和学科建设工作，不少仪器的订购、安装、调试都是他亲自负责的，尤其是新疆第一台国产电子显微镜的安装调试和技术人员的培养，他更是倾注了不少心血。彭加木先生非常重视年轻人的成长，关爱和培养青年科技骨干，加强与上海、北京相关研究所的沟通和交流，邀请院士、专家来新疆指导工作，同时采取"送出去"进修培训的方式，不断提高年轻人的业务水平。在他的不断努力下，一支多民族的青年科技队伍茁壮成长，成为新疆化学科学的中坚力量。彭加木更是通过言传身教，带领青年科技人员深入田间地头、大漠戈壁，采集各类化学样品、病害标本，回到实验室昼夜实验、观察，先后分离提纯了危害玉米、小麦、甜瓜、苹果等的病毒，为新疆植物病毒学研究奠定了基础，研究成果受到国内外学术界的关注。到生产建设兵团，他总要和支边青年促膝谈心，一起劳动，勉励他们将团场建设得像上海一样。彭加木在上海《新民晚报》上发表《人活着究竟为了什么》一文，表达了自己愿意做一辈子铺路石子的心声："要像铁道兵那样，专门为别人铺路。我甘愿做一颗铺路的石子，让别人踏在我的背上走过去。"彭加木勇战病魔，甘当铺路石的精神，在全国青年中引起很大的震动。1964年，他被评为上海市和中国科学院的标兵，当选为第三届全国人大代表，国内掀起了向彭加木同志学习的热潮。时任中国科学院院长郭沫若先生在一首题赠彭加木的《满江红》词中，将他誉为科研界的雷锋，盛赞彭加木"驰骋边疆多壮志，

敢教戈壁良田遍""铁道兵,铺路满山川,为人便"的无私奉献精神,号召大家"都向彭看齐,比帮赶"。

峥嵘岁月,献身边疆

正当中国科学院新疆化学研究所(筹)各项事业蒸蒸日上的时候,"文化大革命"爆发了,彭加木受到残酷迫害。一个在国民党统治时期,积极参加反内战、反饥饿学生运动,新中国成立后在中国科学院上海市研究所中最早加入中国共产党的革命积极分子,却被诬蔑为"特务",在"牛棚"中关了15个月。然而,彭加木一直坚定信仰共产主义,拥护党的领导。一些人将他打为"牛鬼蛇神",他却表示"我必须挺下去,即使做牛,也应该是一条健康的牛,有用的牛。"

"文化大革命"结束,迎来了科学的春天,彭加木再次奔赴新疆,同时被任命为中国科学院新疆分院副院长兼中国科学院新疆化学研究所副所长,为实现他发展新疆科学事业的夙愿创造了良好条件。对罗布泊地区,彭加木情有独钟,1957年和1964年的考察,他发现罗布泊地区藏有重要的化工原料——钾盐,且储量丰富。1979年,经国务院批准,由中日两国合拍《丝绸之路》大型纪录片,中方组织专家组对丝绸之路楼兰段进行先期考察,中国科学院新疆生物土壤沙漠研究所研究员夏训诚被聘为专家组顾问,彭加木被批准为专家组成员。考察即将结束时,彭加木与夏训诚促膝长谈,萌生再赴罗布泊地区考察的念头,并提出"罗布泊的研究要在中国"。两个月后,经中国科学院和中央军委同意,中国科学院新疆分院正式下达组建罗布泊科学考察队的文件,并任命彭加木为考察队队长。

在彭加木的带领下,第一次由中国科学家组织的罗布泊综合考察队进入了这个死亡之海,科考队采集了众多生物、土壤标本和矿物化石,收集了大量宝贵的第一手资料。在胜利完成穿越罗布泊任务后,1980年6

彭加木　心系边疆科考　勇闯生命禁区

月17日,科考队在罗布泊东南一个叫库木库都克的地方遇到了大风、高温,面临缺水、缺油的困境。为了确保考察进度,节省考察资金,并为今后考察提供便利条件,彭加木先生不顾6天长途颠簸,在身体极度疲劳的情况下,毅然只身外出找水,不幸遇难,以身殉职。彭加木先生的失踪,在全世界、全中国引起了极大的关注。在党中央、中央军委、自治区党委、新疆军区的全力支持下,在长达半年的时间中,组织了4次大规模的寻找,未获任何结果。一年后,经国务院批准,由上海市人民政府授予彭加木"革命烈士"称号,并召开追悼大会;同日,经新疆维吾尔自治区党委、人民政府决定,中国科学院新疆分院隆重召开"向彭加木烈士学习大会"。会上宣读了自治区党委、自治区人民政府《关于开展向革命烈士彭加木同志学习活动的决定》。

结语

彭加木先生把毕生的精力,宝贵的生命,都献给了祖国的科学事业。他带着遗憾离开了我们,但值得告慰的是,他发起和组织的罗布泊科学考察,已揭开罗布泊神秘的帷幕,受到国内外学术界的广泛关注,并获得中国科学院和国家的科技成果奖。

作为后来者,中国科学院新疆分院的科学家们积极秉持彭加木"在荒野中踏出一条道路"的豪情,坚持以习近平新时代中国特色社会主义思想为指导,深入贯彻落实党中央、国务院关于创新驱动发展的重大决策部署,聚焦新时代党的治疆方略,特别是社会稳定和长治久安总目标,按照中国科学院"率先行动计划"战略部署要求,切实增强新时代推进科技创新的责任感,为新疆社会稳定长治久安和经济发展提供了重要科技支撑,奋力谱写创新型新疆建设新篇章。

(撰稿:中国科学院新疆分院)

参考文献

[1] 周俊林,牟振江.深切缅怀彭加木,投身西部大开发[N].新疆日报,2000-06-17(02).

[2] 彭加木同志永远活在我们心中[N].新疆日报,1981-10-21(02).

[3] 陈善明.深切怀念彭加木同志[N].新疆日报,2000-06-17(02).

[4] 夏训诚.与彭加木同行,走人生探索之路[J].科学新闻周刊,2000(23):9.

[5] 陈子才.西部大开发的先行者——纪念彭加木烈士殉职二十周年[J].科学新闻,2000(23):8.

王忠诚
执着坚守神经外科生命禁区

> 王忠诚（1925年12月—2012年9月），神经外科专家，中国工程院院士。我国神经外科的创始人和开拓者之一。他创建了北京市神经外科研究所和北京天坛医院，使之成为亚洲最大的神经外科基地；编著了我国第一部《脑血管造影术》专著；率先在国内推广显微神经外科技术。2009年获国家最高科学技术奖，2019年荣获"最美奋斗者"称号。

在北京天坛医院新院忠诚楼一层大厅，一座人物雕像激励着这里所有的医务工作者开拓创新、团结协作、严谨求实、艰苦奋斗、患者第一。他就是中国神经外科的开拓者和创始人之一，国家最高科学技术奖获得者，中国工程院院士，北京天坛医院原名誉院长，北京市神经外科研究所原所长——王忠诚。"我一生最大的心愿，就是发展神经外科事业，为患者多做一点事情。"生前，这位中国医学泰斗，用生命践行着人生诺言，带领中国神经外科从无到有，从弱到强，为推动我国神经外科的建立、发展和走向世界前沿作出了不可磨灭的贡献。

一生的选择

1950 年，以优异成绩从北京大学医学院毕业的王忠诚被分配到天津总医院，成为一名外科医生。时值抗美援朝战争爆发，年仅 26 岁的王忠诚响应国家号召担任了天津医疗队第三组组长，奔赴吉林省洮南县救治前方战场上下来的志愿军伤员。一天，一位年仅 17 岁的志愿军战士受了脑外伤，但由于当时还做不了脑外科手术，王忠诚只能眼睁睁看着生命逝去，这让他非常难过。从那时起，他就立下誓言：一定要开创祖国的神经外科事业。

1952 年，刚从抗美援朝前线回来的王忠诚，立即报名加入了当年 5 月卫生部在天津总医院创建的脑系科。王忠诚的这一纸申请书掀起了轩然大波，几个知心好友纷纷前来劝他慎重考虑。神经外科实在太复杂，要精通脑部复杂的神经解剖，现在师资、教材、实验仪器都太匮乏了，学起来太困难，而且要抛弃过去的一切，抛弃那些花费了大量时间精力积累起来的经验和业绩，承担很大的风险和责任，学成与否尚且不得而知，何必自讨苦吃呢？

王忠诚听了，表面上仍然像往常一样平静，但是内心深处却斗争得很激烈。那一夜，王忠诚想了很多。想着想着，那个战地医院的情景又浮现在自己眼前，过早失去生命的小战士，昏迷中高呼"前进"的志愿军伤员……

明知山有虎，偏向虎山行。王忠诚毅然决然地选择了神经外科作为自己未来事业的发展方向，师从我国神经外科的奠基人赵以成。后又随同赵以成在北京同仁医院创建了北京地区第一个神经外科。初创时的神经外科起步很难、困难很大，同新中国一样一穷二白。没有教材、没有教具、没有标本，连病例病种也非常有限，完全依赖赵以成和王忠诚等人点点滴滴的积累和坚持不懈的努力。

我国第一部血管造影学专著的诞生

新中国成立初期，困扰我国神经外科发展的关键问题就是诊断难。诊断这个问题不解决，直接影响到手术的成功率，制约着我国神经外科的发展。那个时候国内普遍采用的是西方国家20世纪20年代用的"气脑造影"检查方法，不仅准确性低，还使患者痛苦难耐，且极易致残甚至死亡。而此时，有些国家则已开始使用先进的"脑血管造影"，危险性大大降低。因为当时一些西方国家对新中国采取了封锁政策，我国无法引进该技术，一切都要从零开始。

在这样的情况下，王忠诚凭借自己的努力，开始了漫长而艰辛的钻研探索。自己动手做学习教材、做颅骨标本，用书本对照着颅骨标本进行研究，常常到深夜。彻底地熟悉和掌握大脑内部复杂的构造之后，王忠诚和他的助手们开始在尸体上做试验。最令人难以忍耐的是那些尸体解剖后散发出的味道，他们时常恶心得吃不下饭，而且形成了条件反射，无论何时何地，只要一想起来，胃里就翻江倒海。整整一个夏天，王忠诚他们都是在一间没有通风设备的房间里工作，还得关上窗户，挡上布帘，每次待上几个钟头，大汗淋漓，十分难熬。他们就这样坚持着进行尸体解剖，了解颈、椎动脉的走行位置及周围结构，然后试行穿刺，再用X光透视照相，检查穿刺的准确性……这种练习持续了数月之久。他们总结经验，反复练习，又过了半年才摸索出一套仅仅需要15分钟就可以成功进行血管造影的方法。又经过七八年的临床实践，对照手术结果，王忠诚才彻底掌握了这

科学家精神 奉献篇

种神经外科的重要检查技术,把我国颅脑疾患的手术检查危险性由气脑造影的1%～3%降至1‰～3‰。

新中国成立初期,医院的防护设备是较差的,就连防护用的铅围裙都不够用,更谈不上隔离操作。王忠诚就在缺少防护的情况下,无数次暴露在放射线中进行试验。长期超大剂量反复接触放射线,他的白细胞降到3000个单位左右,只有正常人的一半。这也使得他体质下降,经常发烧,多次肺炎,还出现脱发、牙龈出血等,有两次险些丢掉性命。但王忠诚却说:"我知道危害性有多大,但是为了成功,必须豁出去。"

"痛,并快乐着"——这句话可以说是王忠诚研究血管造影术的高度概括。以身体健康为代价,王忠诚积累了2500余份脑血管造影资料。1965年,人民卫生出版社发行了这本神经外科学专著——《脑血管造影术》。这是我国第一部血管造影学著作。这本里程碑式的专著问世不仅对提高我国神经外科的诊断水平起到了重要的作用,而且一步跨越了30年的时空,缩小了我国同西方发达国家之间的差距,并获得了1978年全国科学大会奖。

激流勇进,永不停歇的战斗

王忠诚深知,只有建立一所具有世界水平的神经外科中心,中国的神

王忠诚　执着坚守神经外科生命禁区

经外科才可能有大的发展，才能走向世界。王忠诚的努力，终于得到了原国家计委和卫生部领导的支持。经北京市卫生局和卫生部及国家计委的反复协商，决定在当时的崇文医院重建一所以神经外科为主的市属综合医院及神经外科研究所，即北京市天坛医院及北京市神经外科研究所。一开始，王忠诚就给这座崭新的医院定下了"患者至上，质量第一"的八字宗旨和"医德高尚、精益求精、严谨求实、勤俭廉洁"的十六字院训。在王忠诚的带领下，这座医院开展了多项高难度的神经外科手术，率先解决了4项世界神经外科难题：脑干肿瘤手术、脊髓内巨大肿瘤切除术、颅内巨大动脉瘤切除术和脑血管畸形手术，手术质量和数量均居国际领先水平。

范军的手术正是这样一例高精尖难、危险巨大的手术。他的髓内长了巨大肿瘤，久卧病床，一米八的身高，体重还不到90斤，全身肌肉严重萎缩，四肢无力，只有那双眼睛还在闪动。他的父亲范继才四处求医，但所有见过的医生都束手无策。万般无奈之下，范继才抱着试试看的想法找到了王忠诚以求最后的定夺。"瘤子太大，神经系统严重受压，没有退路，手术风险很大，但是有成功的希望。"王忠诚的话不多，但字字有分量。稍微有一点医学常识的人都知道，外科手术谁也不敢打包票，生与死的界限很微妙，而重大手术一般情况下则是风险大于希望。为了能使手术取得成功，术前医务人员给他做了一系列的化验检查，又进行了病例讨论，但是从影像片子中发现，一条粗2.5cm、长22cm的肿瘤，横卧在延髓、颈髓及上胸髓之内，占据了9节椎体，把脊髓挤向周围变得像葱皮那样薄。肢体神经受到损害，难度极大，很可能出现高位截瘫，或是延髓受损危及生命。但又没有任何保守选择，只有承担风险才能为患者争得生存的希望。

早晨7点半左右，护士把范军推进了手术室。一小时后，王忠诚带着助手开始为其做肿瘤全摘除手术。前面的一切工作做得很顺利，一会儿，后颅凹及椎板被打开，又剪开硬膜，这时白白的脊髓暴露出来，上面布满了血管，肿瘤就藏在其间。从何下手？手术的速度在减慢，每一刀下去王忠诚都考虑再三，因为到了这个节骨眼上，每一个动作都关系重大。显微镜前，戴着花镜的王忠诚持手术刀，从肿瘤上端延髓向下一点一点地分离。在不到30cm长的刀口处，足足花费了9小时45分钟。终于，一条褐色的瘤体被完整地端了出来，手术成功了。

几年以后，范继才非常高兴地告诉追踪采访记者，儿子从北京回家之后，身体恢复很快，3个月以后就完全康复了，没有留下后遗症，体重也增加到120多斤，现在是一个很标致的小伙子，在一家公司任职。王忠诚摘除髓内巨大肿瘤手术成功的报道很快在内地见报，港澳及国外的新闻媒体争相转摘，有人把这次成功的手术叫作"世纪之作"。

走"技术扶贫"道路，建立全国神经外科网络

我国地广人多，医疗事业发展不平衡。许多地区由于没有神经外科的医疗条件，患者们不得不千里迢迢赶到北京或上海等地求医。每当王忠诚看到许多患者东拼西凑，拿着毕生攒下的积蓄，有的甚至倾家荡产，历尽周折来到天坛医院的时候，他的心里总是非常难过，甚至寝食难安。王忠诚曾经多次对自己的同事们说，要建立全国的神经外科网络。只有网络建成了，全国的神经外科水平才能得到普遍的提高。我国的神经外科要走向世界，首先要解决好老百姓看脑病难的根本问题，这就要打团体赛，光拿几项单打冠军代表不了我国的整体水平，只有拿下团体赛的冠军，才能真正攀登上世界医学科学的高峰！

20世纪90年代初，贵阳市第二人民医院作为中国西部地区的市级综合医院，技术还较落后。在院方领导提出创办贵阳脑科医院的设想后，王忠诚决心走"技术扶贫"的道路，为贵州人民服务，成立北京天坛医

院神经外科协作医院。

1996年7月，王忠诚亲自率队前往贵阳。到达后的第二天，他就带领助手走上了手术台，为一位事先约好的患者做开颅手术。谁也没有想到，手术之前，贵阳市遭受了百年未遇的特大洪灾。灾情严重，积水及腰，全市停电。医院的工作人员找来了柴油发电机，勉强有了点照明的灯光。做了近6小时手术，王忠诚连饭都顾不上吃，马上又要去给在会议室等候的贵阳地区数百名神经外科医生讲课。会议室在八楼，电梯因停电不能运转，70多岁的王忠诚拖着疲惫的身躯，一阶阶地徒步走了上去……从一楼到八楼，他连一步也没有停下来休息，最后竟然还是按照自己平时的惯例，提前5分钟到了课堂。他硬撑着身体讲到了下午5点。顾不上听众学生的热烈的掌声，他又马不停蹄地疾步从八楼会议室下到一楼神经外科门诊，为慕名而来的几十位患者诊治。就这样，一直到晚上7点半，王忠诚等才得以简单地进餐。晚上9点，王忠诚召集贵阳脑科医院领导班子的全体成员讨论，有关派遣天坛医院第一批专家到贵阳工作的事宜。

在贵阳的短短5天时间里，许多脑病患者慕名从贵州各地乃至邻近的云南、四川等边远山区前来求医，有的背着患病的孩子，蹚着没膝深的水找到北京专家的住所。每当看到患者那一双双渴望的眼睛，王忠诚就忘记了自己的疲劳。凡是患者，不论什么时间、什么场合，只要来了，他便立即放下手中的一切，热情接待患者，尽全力满足患者的要求。当贵阳脑科医院的领导按惯例把北京专家应得的酬劳送到王忠诚面前时，被他婉言谢绝了。王忠诚说："我们是代表首都人民来边区送医的。传、帮、带及技术援边是我们的责任，边区生活还不富裕，不能给你们添麻烦，边区人民的心意我们收下了。"简单朴素的几句话当中，却饱含了何等的精神境界。

将近半个多世纪的时间里，在王忠诚的领导下，现在全国各省会的大医院都有独立的神经外科病房，中等以上城市的医院也有了独立的神经外科病床，相当多的县级医院里也有了可以兼做神经外科的医师。这些医生对推动当地神经外科的发展、保障人民健康作出了巨大的贡献。

忠诚之星

王忠诚是党和人民培养的一名医生，王忠诚的人生历程，很大程度上就是新中国神经外科事业从白手起家到如今硕果累累的发展史。王忠诚是全球唯一一位完成逾万例开颅手术的医生，被人们誉为"万颅之魂"。他突破了一个又一个禁区，创造了一个又一个奇迹，经受住魔鬼一次又一次的挑战，拯救着人类灵魂最后的一片栖居之地。半个多世纪以来，王忠诚在神经外科诊断、治疗、科研、教学、预防各个方面都进行了系统研究，取得了突出而令世人瞩目的成就，在中枢神经系统肿瘤、脑血管疾病、颅脑外伤等方面均有独到之处和重大贡献。王忠诚把自己大半生的精力无私奉献给了新中国的神经外科事业，他的崇高医德体现了我国医务工作者的精神风貌；他的卓越成就，代表了我国神经外科的最高水平。

从医60年来，王忠诚院士共获科研成果62项，国内外发表论文296篇，出版著作28部，先后获得何梁何利基金科学与技术成就奖、白求恩奖章，亚太颅底外科学会授予的领导促进颅底外科贡献奖，第12届世界神经外科联合会授予的世界神经外科最高奖等多项国内外奖励。荣获2008年度国家最高科学技术奖，2019年获评"最美奋斗者"荣誉称号。王忠诚院士曾多次受到党和国家领导人的亲切接见与慰问，并被推选为第九届、第十届全国人大代表和中国共产党第十五届、十六届全国代表、全国劳动模范。

王忠诚的一生，是奉献的一生，是推动神经外科事业发展的一生，是真心服务患者的一生，也是悉心培养人才的一生。2012年9月30日，王忠诚在北京逝世，享年87岁。经国际天文学联合会小天体命名委员会批准，中国科学院国家天文台将编号 18593 号小行星永久命名为"王忠诚星"。在浩瀚的宇宙里，这颗星以对人民和科学事业的赤诚，闪耀于星河，绽放出夺目光辉。

（撰稿：首都医科大学北京天坛医院、北京市神经外科研究所）

参考文献

[1] 王喆. 中国工程院院士传记：王忠诚传 [M]. 北京：人民卫生出版社，2020.

[2] 王喆. 中华当代著名科学家书系：王忠诚 [M]. 贵阳：贵州人民出版社，2012.

于 敏
用沉默人生铸就惊天事业

于敏（1926年8月—2019年1月），理论物理学家，核武器专家，中国科学院院士。长期组织领导并亲自参与核武器的理论研究和设计，填补了我国原子核理论的空白，在氢弹快速突破和武器化工作中发挥了关键作用，是核武器小型化和中子弹原理突破的领导者与技术核心，是我国核武器研制跨越发展战略的制定者，是国防高技术领域的开拓者和推动者，为我国核武器事业发展作出了历史性贡献。1999年荣获"两弹一星"功勋奖章，2015年获国家最高科学技术奖，2019年获"共和国勋章"，入选"庆祝中华人民共和国成立70周年大型成就展"1970—1979年英雄模范人物。

于敏先生，他为中国的核武器科技事业奉献了一生。

"一个人的名字，早晚是没有的。能把微薄的力量融进祖国的强盛之中，便足以自慰了。"这是他生前多次说过的话。

慨然奉献，揭秘氢弹

20世纪50年代，于敏率先在国内开展原子核物理理论研究，填补了中国原子核理论空白。1961年，时年34岁的于敏在原子核理论领域的研究渐入佳境，但与时任近代物理所所长钱三强的一次谈话，促使他转入核武器研制——1961年1月的一个清晨，钱三强把于敏叫到自己办公室，非常严肃地告诉他，他已经被国家选派参加氢弹理论的预先研究。

于敏意识到：自己要从喜爱的基础科学研究转到国家绝密级工作了。虽然自己的工作正处在有可能取得重要成果的关键时刻，但是"国家兴亡，匹夫有责"，他觉得自己不能再有另一种选择。他欣然接受了时代赋予的光荣使命，就此隐姓埋名。面对现代国家核力量的重大课题，他甘愿放弃在学术上成名的机会。

氢弹和原子弹不一样，原子弹是裂变反应，氢弹是聚变反应。无论是在理论上还是在制造技术上，氢弹都要比原子弹复杂得多。我国核武器研制事业的领导人高瞻远瞩，在第一颗原子弹研制攻关期间就提前部署氢弹理论探索。但是各核大国都把氢弹技术列为最高机密。在1960年年底，我国的科学家开始氢弹研究时是真正的白手起家，一切都要从头摸起。

于敏率领一批研究人员进入氢弹这个复杂系统的研究中去，涉及理论物理、原子物理、核物理、中子物理、辐射输运、辐射流体力学、等离子体物理、凝聚态物理、爆轰物理、应用数学和计算数学等许多学科。研究小组还提出了加强型原子弹等一些可能的技术途径并建立了相应的模型和计算参数，编制了相应的简化计算程序。他们当时所做的工作为后来突破氢弹奠定了一些必不可少的应用基础。

1964年10月我国第一颗原子弹爆炸成功后，二机部党组决定把氢弹理论预先研究小组调入核武器研究院，与研究院搞氢弹探索的队伍合在一起，力求尽快攻克氢弹原理。1965年1月，于敏率组内30余人携所有资

科学家精神 奉献篇

料和科研成果到核武器研究院理论部报到,他被任命为理论部副主任。

当时理论部领导除邓稼先、周光召外,还有黄祖洽、秦元勋、周毓麟、江泽培和何桂莲等一批大科学家,加上于敏,称为"八大主任"。

刚刚攻克了原子弹理论的理论部,士气锐不可当。在彭桓武、朱光亚、邓稼先的领导下,由黄祖洽、于敏、周光召各领一队人马,分三路进行探索。

虽然那时"文化大革命"已是"山雨欲来风满楼",但是为了赶在法国人前面突破氢弹,人们不舍昼夜地工作,科研楼一片灯火辉煌。理论部的学术思想也非常活跃,学术讨论会频频召开,各式各样突破氢弹的设想和途径纷然杂陈。然而,氢弹毕竟是非常复杂的研究,一条条可能的途径被提出来,经过仔细讨论和计算分析,又一条条地被否定了。有好长一段时间于敏和他的同事们始终找不到突破口,一次又一次地陷入困境。但是大家激情不减,相信希望必定就在前方。

1965 年 9 月底,于敏率领部分研究人员到上海出差,在随后的 3 个多月时间里,他带领科研队伍群策群力,终于实现了氢弹原理的突破——此为核武器研究史上著名的"百日会战"。

他们到上海的任务是利用华东计算所的计算条件,对加强型原子弹进行优化设计。为了实现理论设计的高威力,于敏首先对几个典型计算结果做了深入、系统分析,在这个

过程中，他以深厚的理论功底，深化了对武器物理规律的认识。4年多来，他和研究小组对氢弹原理深入探索的积累，使他敏锐地找到了问题的关键。从10月13日起，他开始了持续约两周的一系列学术报告，阐述了对氢弹原理作出的关键性突破。

于敏将氢弹物理全过程分为若干个阶段，并对每一个阶段进行分析，然后又从复杂现象中抓物理本质，归纳出热核聚变所必需的基本条件，厘清氢弹原理背后的高能量密度物理现象机制和辐射流体动力学、核反应和中子物理过程等。

他进而组织大家对问题进行物理分解，不断提出问题、分析问题、解决问题，发现了一批重要的物理现象和规律。在1965年10—11月，终于形成了一套从原理到构型基本完整的物理方案。

一百多个日日夜夜，每一位参加这段工作的科研人员永难忘怀！大家忘不了于敏埋头于堆积如山的计算机纸带中，专心致志地分析计算结果，忘不了他深入浅出、引人入胜的讲课，也忘不了在工作之余他与大家一起漫步乡村，到嘉定逛孔庙，一路上谈《红楼》、聊《水浒》、讲《三国》、背古诗、拉家常……

按照于敏他们提交的设计方案，全国各相关单位大力协同，群策群力完成了氢弹理论设计、实验、工程设计、生产诸项任务。1966年12月28日，氢弹原理试验在隆冬的大漠深处进行，于敏亲临现场。这是一次完美的试验，消息传来，理论部一片沸腾！

5个多月后，1967年6月17日，戈壁大漠上空又打破沉寂，瞬时升起了一颗极为神奇壮观的"太阳"，中国第一颗氢弹试验圆满成功！而这时，揭开氢弹奥秘的功臣——于敏，已经安守于自己的书桌，率领同事们开始了新的征程。

钱伟长、朱光亚、杨福家主编的《中国当代著名科学家》丛书中如是说，"世界上习惯用从原子弹到氢弹的时间间隔来衡量各国早期核武器的发展速度，从第一次原子弹爆炸到氢弹试验成功，中国是最快的。美国用了七年零三个月，苏联用了六年零三个月，英国用了四年零七个月，法国用了八年零六个月，中国用了两年零八个月"，中国的速度，充分体现了中国核武器的发展水平。

刚健有为，宏图大略

氢弹爆炸成功，立即面临着装备部队的问题。在一代武器定型后，又面临着提高武器综合性能、满足战术技术性能要求的迫切需求。于敏与邓稼先、周光召等理论部领导一起，根据国家发展方针，带领科研队伍不断进行更为深入复杂、更为艰苦卓绝的探索，而他们的工作，也更不为世人所知。

从第二代核武器预研开始，于敏成为我国核武器物理设计的主要业务领导和技术负责人。

于敏发挥了两个至关重要的作用：一是决策，他以强大的理论功底、缜密的思维能力赢得了科研人员的充分信任；二是把关，在关键问题上，把关、分解、制定方案，对一些困难的问题，进行指导并共同做具体研究。

他领导科研队伍，到20世纪80年代中期，相继实现了高比当量、小型化核武器和中子弹等一系列重大突破。

这时的中国核武器事业已经奠定了持续发展的坚实基础。但是，邓稼先和于敏并没有盲目乐观，而是喜忧参半。二代核武器还没有完全武器化，还需要发展，我们还有许多必须做的热试验没做。而美、苏虽然也在做热试验，但是他们显然已经接近理论极限，只要政治上需要，就可能结束地下核试验。如果真如美国提议的"全面禁试"，正在爬坡的中国核武器研制就会"功亏一篑"。

他们商量决定，要联名给中央写信。当时，邓稼先已因为直肠癌住进医院。于是，于敏和邓稼先口述，由胡思得执笔记录，并经邓稼先和于敏不断修改，形成一份建议书向中央提交，要求加快核试验。很快，得到了上级领导和中央的批准。

这份建议书为我国的核武器研制争取到了10年的宝贵时间，在1996年全面禁试条约签订前，做完了必须做的热试验，保证我国的核武器研制获得重大突破。

中国是在西方核大国的讹诈和威胁下被迫发展核武器的，相比美国上千次、苏联700多次、法国200多次的核试验次数，我国的核试验次数仅为45次，不及美国的1/25，而核武器科学技术跻身世界先进行列，充分证实了中华民族的智慧、勇气和信心。

禁核试后如何保持我国核武器的可持续发展能力？于敏明确提出一定要把以往经验的东西上升到科学的高度，以精密实验室等几个方面支撑武器研究。他的建议被采纳，至今仍然是我国核武器事业发展的指导思想。

美国为了保持核霸主地位，在全面禁试前就另辟蹊径，大力开展惯性约束聚变研究（ICF）。在我国，最早提议并开展ICF研究的科学家是王淦昌。于敏对此亦有先见之明，1973年他就开始在理论部讲授等离子体动力学，培养和训练研究队伍。20世纪80年代后期，他考虑最多、最为关心的莫过于ICF—核武器物理研究。他和王淦昌、王大衍共同署名写信给中央，积极促成将ICF研究列入国家高技术863发展计划。1993年，ICF研究作为一个独立主题列入863计划，于敏担任第一届主题专家组顾问。他深思熟虑，提出了指导方针，确定了物理分解的技术路线。在他的指导下，我国的ICF研究进入新的发展阶段。

宁静淡泊，有容乃大

尽管多年来承担国家任务，承受重大压力，但于敏给人的印象始终是风度翩翩的儒雅君子。他温和文雅的气质来自古典文学的修养，他爱读诗、读史，对杜甫、苏轼、辛弃疾、陆游的诗词信口诵来。他非常喜欢林则徐的联句"海纳百川，有容乃大；壁立千仞，无欲则刚"，以之为座右铭。于敏还特别喜爱《三国志》，尤为欣赏诸葛亮，评价其"是知其不可为而为之，为了理想而奋斗终生，最可贵的是他鞠躬尽瘁、死而后已的精神"。

有一次，在核试验前的现场讨论会上，紧张与压力使得于敏和陈能宽两位科学家有所触动，忽然，两人一人一句背起了诸葛亮的《后出师表》："……臣受命之日，寝不安席，食不甘味……臣鞠躬尽瘁，死而后已。至于成败利钝，非臣之明所能逆睹也。"核试验前夕，指挥者和负责人的肩头如有千斤重担，两位大科学家一句接一句地往下背诵，在座诸人无不肃然恭听，感情随之波荡起伏。

在于敏家的客厅里，挂着的条幅书写着"淡泊以明志，宁静以致远"。于敏曾深有感触地说："非宁静无以致远。所谓宁静，对于一个科学工作者，就是不为物欲所惑，不为权势所趋，不为利害所移，始终保持严肃的科学精神。"

在他的科学生涯中，无论顺境、逆境，无论是做具体科研工作还是组织实施大型科学工程，于敏始终践行着严谨求实、严肃认真的科学精神。

1970 年，在被"文化大革命"高压笼罩的青海核武器实验基地，因为一个型号实验的问题，于敏被强迫参加"学习班"。军管组对他施加很大压力，要他对理论方案做出他们需要的政治性结论。但是于敏坚持实事求是，以精辟的分析，雄辩地证明理论方案仅仅存在技术上需要修改的地方。于是，批判的矛头马上转向他。在巨大的政治压力下，于敏依然坚持讲真话。一次，气愤至极的他终于按捺不住，一改往日温和文雅的风度，拍案而起，厉声表态自己绝不会违背科学规律随声附和。于敏一向脾气温和，总是轻言慢语，同事们就没见过他发脾气，这是他唯一的一次拍桌子。

后来，于敏对胡思得说："如果我说假话。我可以轻松过关，但我经受不了历史和真理的考验。我宁愿挨整，绝不说对不起历史的话，不说违背真理的话。"

这样一个潜心学问的人，对名利之事看得极淡。

在日常工作中，他大力倡导集体协作精神。有一次，《南方周末》记者采访他，称他为"中国的氢弹之父"，他坚决反对，强调核武器事业是一项集体事业，是全国大力协同的成果，不是哪一个人、哪一个单位能够独立完成的。他获得过诸多荣誉，但总是谦虚地表示，自己只是做了应当做的工作，荣誉属于参加核武器研制的全体科技工作者、干部、工人和解放军指战员。

1994年，于敏获得"求是科技基金会"奖励，他立即拿出奖金设立于敏数理科学基金，用以资助、褒奖优秀青年科技人员。他的功高不矜、扶持后俊，在当今的科研大环境下弥足珍贵，而他也因为虚怀若谷、渊博仁厚，被无数科研人员视为良师益友。

鞠躬尽瘁，死而后已

直至生命的最后时刻，他仍然惦记着科研工作。当一位科研骨干来看望他时，他在病榻上费劲地说：要实事求是！要重视基础研究！那时，他已近力竭，发出的也仅是微弱的气声。怕别人听不清，他调动浑身气力重复再三，握手成拳以至于痉挛。那是他最后的叮嘱，亦当为遗命。

于敏在总结自己的一生时曾写下诗句："忆昔峥嵘岁月稠，朋辈同心方案求，亲历新旧两时代，愿将一生献宏谋；身为一叶无轻重，众志成城镇贼酋，喜看中华振兴日，百家争鸣竞风流。"

诗如人生。一个有卓越贡献、有广阔视野、有超凡魅力，由中国传统文化涵养出来的人，他的大智慧迸发出灼热的能量与光芒，对照他的科学生涯，会映射出我们这个民族慷慨奋进的生命本色。

于敏，我们这个时代最质朴的一段传奇。

（撰稿：北京应用物理与计算数学研究所　吴明静）

参考文献

[1] 郑绍唐，曾先才. 于敏 [M]. 贵阳：贵州人民出版社，2005.

[2] 吴明静、王圣媛. 訏谟定命　国之干城：记 2014 年国家最高科技奖得主、杰出的核物理学家于敏院士 [J]. 科技创新与品牌，2015（2）：12-17.

[3] 吴明静. 明月照您此生志：写给于敏院士的信 [N]. 光明日报，2019-12-27（09）.

陈 篪
科技战线上的钢铁战士

> 陈篪（1927年2月—1978年9月），金属物理和断裂力学专家。他在高温合金研究和金属断裂力学方面获得了创造性的成果，当时不仅在理论上达到了国际先进水平，而且具有重要的实际价值，受到国际断裂力学界的重视，为我国断裂力学的发展作出了重要贡献。

中国钢铁研究总院的北院08楼前有一座大理石塑像，这就是陈篪的塑像，它立于1987年5月，时任国务院副总理方毅为塑像题写了"陈篪精神永存"的题词。

陈篪已经离开40多年了，每当路过陈篪塑像的时候，都会让人从心底升起一种崇敬的情怀，关于他的往事历历在目。陈篪生前是原钢铁研究总院金属物理室主任、院副总工程师，我国著名的金属物理和断裂力学专家。在高温合金研究工作中，揭示了 γ' 相的晶体结构和真实性能，为发

展以 Ni_3Al 金属间化合物为基的高温合金提供了可靠依据。他是我国最早开拓断裂力学理论和测试研究的学者之一。他在身患癌症期间，以顽强的毅力坚持科研工作，攀登科学技术高峰。在他从事冶金科研工作的 29 年里为发展我国冶金科技事业付出了全部的智慧和精力。他"生命不息，战斗不止"的工作精神受到了我院广大职工和中央领导同志的高度赞扬，被誉为"科技战线上的铁人"。

甘当无名英雄，深入高温合金研究

陈篪 1927 年出生，1948 年毕业于清华大学物理系，因学习成绩优异，留校任教。新中国成立后，他放弃了从助教到教授这条多年理想的道路，响应党的召唤，满怀热情地投入祖国东北重工业基地鞍钢的建设之中。1950 年 9 月 30 日在鞍钢加入中国共产党。鞍钢两次派陈篪去苏联冶金工厂和研究所实习，在苏联期间他考试成绩优异，并提前回国。1953—1958 年，他任鞍钢中央实验室副主任，先后发表了《关于钢中的白点》《关于钢的低倍组织的缺陷》等论文，为鞍钢的产品质量和生产发展作出了贡献。他还进行了鱼尾板热处理试验性能的研究，大大推进了鱼尾板的生产。

1958 年 6 月，陈篪被调到冶金工业部钢铁研究院，先后担任高温合金研究室副主任和金属物理研究室主任。那时，他刚刚 30 岁出头，风华正茂。他每天四五点钟就起床，刻苦钻研业务，全身心投入科研工作中。1960 年苏联政府撕毁协议撤走专家，带走技术资料，这对陈篪触动很大。他在笔记本上写道："过去先烈为革命抛头颅，洒热血，付出巨大牺牲，现在干革命也要付出牺牲，我要立雄心壮志，永不满足，任何时候从零开始，我要甘当无名英雄，甘当无名垦荒者、掘宝人。"

陈篪治学严谨，一丝不苟。他做实验，要求数据准确、可靠，哪怕对一个数据有怀疑，都要推倒重来，反复求证。他说："数据不准确，必然导致错误结论,这比无数据还坏。"他是这样说,也是这样做的。例如,为测定 Ni_3Al 单晶体的有序度,他和一起做试验的两位同事用了整整两年时间,记下了十几本记录和上千个数据,为保证准确性,他从不放过一个不可靠或异常数据,也更不轻易下结论。

陈篪通过精心研究后,于 1965 年在《金属学报》杂志上发表了《镍基高温合金中位错与 γ' 相的交互作用》,已证明:在高温合金的范性形变过程中位错切割 γ' 相是高温合金中的一种主要强化相,其化学成分为 Ni_3Al 的金属化合物。因而, γ' 相所起的强化作用与它的结构及性能有关。由此,他预想有可能以 Ni_3Al 为基制造出高性能的高温合金。显然,研究 γ' 相的结构和性能就具有重要的实际和理论意义。

1962 年以前,国外研究人员曾对 Ni_3Al 的性能做过研究,可是他们都是用多晶体样品做的。陈篪也曾用铸态多晶体的样品做过试验,研究表明铸态多晶体样品的晶界结合很弱,常常沿晶界发生断裂,用这种样品不能得出 Ni_3Al 的真实性能。为了揭示 γ' 相真正的强度和范性,必须用单晶体来做试验。鉴于 Ni_3Al 和 Cu_3Au 具有相同的晶体结构,而后者具有范性,这使他怀疑文献中广泛流传的关于 Ni_3Al 性能很脆的结论。

陈篪的这个研究设想立即得到院长陆达的支持, γ' 相的结构和性能的研究被列入全院重点理论研究课题。课题组成立后,在他的领导下对

Ni_3Al 的结构和性能迅速展开了全面的研究，其研究项目包括：γ' 相的晶体结构、γ' 相的强度和范性、γ' 晶体的蠕变及持久性能，以及某些镍基高温合金蠕变性能的研究。

陈篪一心扑在课题研究上，节假日和业余时间几乎都是在实验室和工作中度过的。为了节省时间，他经常从食堂买了馒头边吃边工作。每逢实验紧张，就睡在实验室里。他不顾 χ 射线对身体的损害，在炎热的夏季，穿着背心，淌着汗水，长时间工作在 χ 光衍射仪旁。在研究课题的每项试验中，他都亲自动手，努力掌握第一手资料。他和课题组成员经历了几十次的失败，终于在1965年炼出了较大的 Ni_3Al 单晶体，从而为研究 γ' 晶体的强度和范性及其蠕变和持久性能创造了条件。

通过大量的实验研究和理论分析，陈篪领导的课题组取得了一系列的重要研究成果，不仅搞清楚了 Ni_3Al 晶体的结构，而且揭开了它的高温强度和范性的奥妙，证明它具有很好的高温性能，为强化镍基高温合金提供了理论依据，并明确提出了发展以 Ni_3Al 为基的高温合金的设想。

γ' 晶体的蠕变及持久性能的研究成果在《物理学报》上发表后，立即受到日本学术界的高度重视。

20世纪60年代，陈篪关于 γ' 相的结构和性能的研究揭开了我国 Ni_3Al 作为高温材料的序幕，他是此项研究的开创人。现在，国内外关于 Ni_3Al 金属间化合物的研究仍在继续。

一心扑在工作上，促进断裂力学发展

1966年"文化大革命"开始不久，他被戴上"走资本主义道路的当权派"和"资产阶级反动学术权威"等帽子，并加以批斗和"劳动改造"。在这种极端艰难的条件下，他白天劳动，晚上仍抓紧时间学习，将以前的实验记录进行整理、分析、研究。有时他被批斗完，脸不洗，衣不整，

陈篪　科技战线上的钢铁战士

骑上自行车就去北京图书馆，一些好心人劝他先休息，他却说："不行啊，必须赶在闭馆之前到啊。"他还利用被勒令回研究室劳动改造的机会，为室里建立了一个小型的试样加工车间。

陈篪一心扑在工作上，从不注重吃穿，视时间如生命，他常说："浪费时间就等于慢性自杀。"为节省洗衣服时间，他总是穿深色衣服。他还说："要搞好科研工作，就得学习。"同事们都知道他经常不辞劳苦奔波在科学院图书馆、情报所、北京图书馆和图书进出口总公司查阅资料，了解国外最新的研究成果。他刻苦学习，能熟练掌握英、俄、德、法四门语言。

陈篪被宣布"解放"后，面对科技界队伍被搞散、设备被毁坏的现象，他写信给周恩来总理，反映科技界的这种状况，盼望着早日召开自然科学会议，并提出："要把科研事业搞上去，实现四个现代化，就必须有远大目标和全面规划，要用相当力量来开展探索性工作，而科研正是为工农业生产开辟前进道路的……"

在"文化大革命"期间，陈篪不顾疲劳，在劳动之余，学习了一门最新兴起的断裂力学。他看准了断裂力学是一个很有意义的研究方向，1972 年恢复他为物理室主任之后，在他的倡议下，成立了断裂力学研究组。这是国内较早进行断裂力学研究的小组。他首先在研究组内传播断裂力学知识，并建立断裂力学实验室。

陈篪认识到沿用高强度钢的断裂韧度 KIC 测试方法，来测定中等强度钢的断裂韧度，所用的试样就会比较大，甚至很大，不但制取不便，而且相应的实验设备也很庞大，对普及和发展断裂的研究很不利。那时，我国为了发展核电工业正需要测定核反应堆压力容器用钢的断裂韧度，于是在 1974 年春，他和组内同事开始研究中等强度钢断裂韧度的测试方法。由于那时国际上尚无成熟的关于中等强度钢断裂韧度的测试方法，J 积分法也只是刚显示出苗头，所以有很多问题要自主研究解决。1975 年

5月，陈篯用数量比较充足的试样做了一批试验，经数据分析，很快地找出了三点弯曲试样的J积分计算式。同年7月，美国第五届断裂力学年会的会议文集中有美国学者写的一篇论文，从理论上导出了一个三点弯曲试样的J积分计算式，这与陈篯提出的J积分计算式很相近。在建立了J积分的单试样计算式之后，用单试样定开裂点就成了单试样JIC测试法的关键。他做了许多实验和理论分析之后，精心研究出了与开裂的物理图像密切相关的两种方法：解析法和金相剖面法。

陈篯及其领导的研究组在断裂力学方面取得重大进展，许多研究成果在多种杂志上发表，引起了国内的普遍重视。他也关注将断裂力学研究的成果应用于生产实际。例如，得知铁道部门在发现车轴有裂纹时就要报废，他就根据车轴的材质和受力状况，测定出车轴裂纹扩展的速率及允许裂纹长度，计算含裂纹车轴的寿命，使一批含裂纹的车轴在控制其裂纹长度在允许裂纹长度之内，得以继续安全使用。在他和有关单位的发起下，1974年首次召开了北京地区断裂力学交流会，后又于1975年在沈阳举办了冶金系统第一届断裂力学交流会。陈篯的这些研究成果及其活动有力地推动了断裂力学在我国的发展。

生命不息，战斗不止

1975年7月，陈篯发现右颈上有一串淋巴结肿大，但他照常工作。国庆节后，他要到沈阳参加断裂力学会议，才决定在离京前到医院做检查。检查结果表明，他患的是甲状腺癌，并已扩散。面对这突如其来的消息，他首先想到的是现在正是自己可以为祖国多做些工作，有许多想法需要加以实现的时候，却得了这样的病。他在病床上给党支部写信说："人有病是个客观事实，总得有个正确对待。一种是消极思想占上风，这样，个人思想越来越颓废，对病也不利。应该打退一切消极的东西，做到生命不息，战斗不止。"他一方面积极配合医生治疗；另一方面尽可能地坚持多做些工作。

病魔无情地折磨着他。在不到一年的时间里，给他动了3次手术，从1976年春天开始，一天腹泻多达10多次，服药以后也有五六次。就是在这样的情况下，当医生走进病房时，看到的不是卧床的陈篪，而是聚精会神的陈篪，他手里拿的是计算器和笔，摊开在他面前的是图表、资料和笔记本。去医院探望他的老同事，流着眼泪握住他的手恳求他：你就歇一歇吧！可是他就是歇不下来。有一天，医院医生打电话到钢铁研究院，说："陈篪离开病房不知上哪去了，我们也不知道他的去向。"后来，他回到病房对医生说："我到北京图书馆查资料去了。"他为了工作不顾病情入迷到如此地步。有人做过统计：1976年，身患重病的陈篪共完成了9项研究工作，在断裂理论和测试技术上都取得了不少杰出的成就。

1977年3月，接到关于同年7月要在加拿大召开国际断裂会议的通知，陈篪及同事们决心写出高水平的学术论文，参加这次国际学术交流，为祖国增光。这时，他的病情正在恶化，但他却搬进院里来住，和同事们一起赶写论文。研究组只有一台计算机，白天组内同事使用，他便在每天凌晨和晚上使用。一天下午，他在办公室计算数据，算着算着趴在桌子上睡着了。组内同事被吓了一跳，以为出事了，连忙呼喊他。他醒来，慢慢地抬起头说："没有什么，我的精力有点不够了。"就这样，他以钢铁般的意志，忍受着疾病带来的巨大痛苦，每天工作10多个小时，连续干了3个月，终于和同事们在断裂扩展判断问题上取得了重大进展，该研究成果获得了全国科学大会奖。他执笔用英文写了两篇学术论文，交给我国出席国际断裂会议的同事带到会上去进行交流。

1977年，他的动人事迹广为流传，在冶金工业部召开的万人大会上，时任部长唐克表彰陈篪是攀登科学高峰的勇士和模范共产党员。这段时期，他的病情进一步恶化，又一次住进医院，他向前来看望他的领导同志

科学家精神 奉献篇

恳求说："请你们一定把病情真实地告诉我，我好有个思想准备，把最后有限的时间安排好。"1978年3月，全国科学大会召开，他被邀请出席，并且是大会主席团成员。此时，他的病已经十分严重，由别人搀扶着，坚持参加这次会议，并亲自写稿在大会上发言，使许多与会代表感动地流下了眼泪。在手发颤、拿笔已很困难的情况下，他还在病房中整理出版了《金属断裂研究文集》一书。在临终前半个月，他还拖着虚弱的身体在研究室成立了一个新材料研究的课题组，用嘶哑的嗓子吃力地讲了3小时的话，鼓励大家赶超世界先进水平，并写了近、远期的研究规划。1978年8月31日，这是陈篪临终前的最后一个工作日。这天，正下着淅淅沥沥的小雨，他的腿脚已经肿得连鞋子都穿不上了，一碰就流水。就这样，他还找小组的同事谈工作。他为祖国的科学事业耗尽了最后的精力，真正做到了"生命不息，战斗不止"。

1978年9月10日，陈篪永远地离开了我们和他一生为之奋斗的事业。为了学习和纪念陈篪同志，1987年5月，钢铁研究总院树立了陈篪同志的塑像，供后人瞻仰。如今，陈篪同志虽然离开我们40多年了，但他那种虚心学习、刻苦钻研，对待科研工作认真负责、一丝不苟的严谨治学态度，以及顽强攀登科学高峰、直到生命最后一息的"铁人"精神，永远是我们学习的榜样。

（撰稿：中国钢研科技集团有限公司）

刘光鼎
精心测绘中国海
竭力为国探石油

刘光鼎（1929年12月—2018年8月），海洋地质地球物理学家，中国科学院院士。从事并领导中国海地质地球物理调查工作，完成"中国海地质构造及含油气性研究"，运用岩石圈板块大地构造理论，分析中国海地球物理场、地质构造及其演化历史，指导油气勘探和金属矿勘探。作为中国第一个讲授地震勘探和海洋地球物理勘探的学者，倡导综合地质地球物理研究，推动油储地球物理与浅层地球物理工程，在总结中国大地构造宏观格架的基础上，提出前新生代海相残留盆地，为中国油气资源二次创业提供理论依据。曾获国家自然科学奖二等奖、何梁何利基金科学与技术进步奖、国家科学技术进步奖二等奖等奖项。

科学家精神 奉献篇

名校毕业真本领，报效人民永记心

刘光鼎，1929年12月29日生于北平一个高级知识分子家庭。他6岁时随家迁居青岛，后又回到祖籍蓬莱。抗日战争中，日本侵略军1940年攻陷蓬莱，刘光鼎一家惨遭迫害，母亲自杀，兄弟姐妹分散，有的参加了革命。刘光鼎小学毕业后，幸得在北平的表伯父曹伯垣关照，他先后在北平竞存中学、成达中学读完了初中，又在辅仁中学读完了高中。由于家庭环境的熏陶，他自幼就是德智体美劳全面发展的"学霸"。他们那时考第一名的可以减免学杂费，还可以得到奖学金。刘光鼎在初高中六年里，五年都拿了第一名。1947年高中毕业后，他被山东大学物理系录取，并获得了奖学金。他从北平到青岛的山东大学就读时，发现那里的政治、学术气氛都十分沉闷，于是1948年5月，他还没读完一年级就离开青岛返回北平。当年重新考入北京大学物理系，凭借全班第一的成绩又获得了奖学金。入学之初，刘光鼎即加入中国共产党，并参加党领导的地下学生运动。1951年，念完三年级之后，刘光鼎即参加了燃料工业部组织的实习队，并任队长，他率领物理系师生10人从北京出发了。

他们先去西安四郎庙实习石油地质和钻井技术，随后在洛川实习了测量与重力，最后经延安到延长，参加了翁文波、赵仁寿领导的中国第一个地震队的工作。这次他们到延长油矿见到老石油地质学家陈贲等人，陈贲尤其喜欢与实习的学生交朋友，谈知心话。他说："一个国家要发展，不能没有石油，石油如果不掌握在自己手里，国家就不能强大也没法发展。原子弹固然很重要，但在国家经济建设中，石油也很重要。"通过这次实习，刘光鼎开阔了眼界，充分提高了思想认识。他进物理系三年，常常是一门心思扑在理论物理上，总想为国家发展物理学基本理论，或者研究原子弹乃至其他更新式的武器。他之后常回想起这次实习中所遇见的工人、农民、科技人员，特别是老石油地质学家陈贲语重心长的嘱咐，毅然做出了改变

刘光鼎 精心测绘中国海 竭力为国探石油

自己一生方向的决定：用物理学的方法来研究地球，为祖国寻找矿产资源，为国民经济的恢复和发展作出更大贡献。

初进北京地质学院，钻研海洋地球物探

1952年，刘光鼎在北京大学毕业，被分配到"院系调整"中新成立的北京地质学院参加建院工作，任地球物理探矿系主任助理，后来又兼任教研室秘书，协助物探教研室主任傅承义教授工作，并讲授地震勘探课。1954年，苏联地震勘探专家顾尔维奇来到该系，刘光鼎又为他当业务翻译，并协助培养研究生10名。

1958年，刘光鼎奉命去青岛组建中国第一个海洋物探队，并担任队长。自此，他全身心投入中国海洋地球物理勘探事业中。1959年，他奉派去苏联考察海洋物探，主要在阿塞拜疆首府——著名的石油城巴库的石油开发科学研究所考察了里海的海洋物探工作，同时也到莫斯科、圣彼得堡等城市去访问了若干高等院校和有关单位，学到了很多新东西。

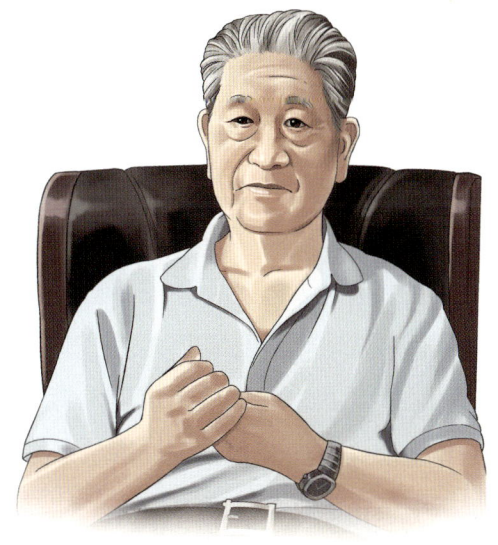

1960年，刘光鼎回国后，任北京地质学院海洋物探教研室主任。不久，他又奉命在塘沽组建了地质部第五物探大队，任技术负责人，他得到了海军帮助，进行了塘沽到山东龙口的海洋地震试验等研究工作。

1964年，刘光鼎在南京参与筹建地质部海洋地质研究所，任海洋地球物理研究室主任，

129

科学家精神 奉献篇

主持辽东湾和长江中游物探工作，同时受聘兼任中国科学院海洋研究所副研究员、国家科委海洋组成员。1965年12月，在业治铮教授的领导下，刘光鼎等参与完成的《渤海海底地质构造初步研究报告》被评为国家科委1965年重大成果之一。

1966年"文化大革命"开始后，刘光鼎和同事们被迫中止海洋地质与物探工作，自己也遭受了批斗，刚刚起步的事业遭遇挫折。"文化大革命"结束以后，刘光鼎担任地矿部石油地质海洋地质局副局长，又兼职称评定委员会主任。他发现当年对他批斗最凶的一名学生工作多年职称还是技术员，而跟他资质、能力和贡献都差不多的同事，基本上都评上了工程师，乃至高级工程师。他就按工作程序和评审标准，在"复查"中把那名学生改评为工程师，这充分反映出刘光鼎宽厚待人、任人唯才的可贵品质。

潜心绘图，影响世界

1970年，地质部海洋地质研究所由南京迁往广东湛江，改名为地质部第二海洋地质调查大队，刘光鼎被任命为（党内）技术负责人。他到地震船上和队员、船员同吃同住同劳动，使反射地震获取记录，投入正式生产。

1974年，上海海洋地质调查局成立，任命刘光鼎为副总工程师兼综合研究大队大队长。他与一批地质学家联合起来，向中央提议应首先在东海进行区域地球物理调查。他们集中力量调查了位于浙江以东的西湖凹陷问题，发现其中局部构造成串发育，第三纪地层厚，油气性良好。在进一步地质详查的基础上，勘探二号桩脚式平台终于在平湖构造的第三系地层中钻获工业油气流，实现了中国东海油气资源的首次突破。1982年，因在中国近海大陆架地区发现六大新生代盆地及一系列含油气构造，"中

刘光鼎　精心测绘中国海　竭力为国探石油

国海地质构造及含油气性研究"获国家自然科学奖二等奖，刘光鼎为第一作者。

1980年10月，刘光鼎任地质部海洋地质司副司长，同时，他又当选为中国科学院第三批学部委员，还当选为地学部常务委员。1983年，地质矿产部决定将石油地质局与海洋地质司合并，成立石油地质海洋地质局，刘光鼎任副局长，分管科研与教育工作。1984年，他在该局内组织编绘《中国海区及邻域地质地球物理系列图》（比例尺 1∶200万），并担任主编，历时5年完成，系统地总结了中国海30年的地质地球物理工作，共编绘了海底地形图、立体地貌图、空间重力异常图、布格重力异常图、磁力异常平面剖面图、地球动力学图、地质图、大地构造图、新生代沉积盆地图，这9幅图简称为《系列图》，并在该系列图的说明书中总结了规律性认识，指出中国海经历了五幕演化史，即前寒武纪陆核形成并向克拉通发展阶段，古生代古陆拼合阶段；而中、新生代则有经受挤压、改造阶段，板缘聚敛、板内拉张阶段和板缘俯冲、板内沉降阶段。

1992年，该《系列图》与《中国海区及邻域地质地球物理特征》由地质出版社出版，1993年获地质矿产部科技成果奖一等奖。上述《系列图》于1992年作为中国代表团的重要成果在日本东京召开的第29届国际地质大会上展出后，立即引起国际地质学界的广泛关注和高度评价，美国、苏联、日本、韩国、土耳其等国家的地质学家纷纷索取。后来，联合国教科文组织下属的"太平洋与大西洋编图委员会"将《系列图》中的8幅原封不动地收入《世界海洋图集》之中。它已经被国内外越来越多的重大科研项目作为基础资料而广泛引用，具有"80年代国际先进水平"，标志着我国从"海洋科学大国"向"海洋科学强国"前进了重要一步。由于其对于中国海的长期研究与贡献，1995年由美国和加拿大提名，刘光鼎当选为联合国大陆架界限专家委员会成员，并于当年9月出席了该委员会会议。

科学家精神 奉献篇

舍高薪，救活一个所

20世纪80年代末，中国科学院地球物理研究所状况不佳，不仅方向任务不明，组织不健全，科研条件与职工生活也很困难。中国科学院与地质矿产部商讨，请求调刘光鼎到该院地球物理研究所任所长。地矿部领导体量中国科学院的困难，就慷慨地答应下来，可是，地质部那时已安排刘光鼎到亚洲近海联合勘探组织任高级专家，年薪3.5万美元（与国内工资相差不止一倍）。然而，刘光鼎不顾亲友的劝阻，竟在一周后即赴地球物理研究所上任，有人问起他主动舍弃高薪的理由时，他斩钉截铁地说："我是中国地球物理学家，首先要为中国地球物理干事！"这是刘光鼎"中国心""中国梦"的最生动写照。他"新官上任三把火"，制定实施了一系列治所方略，如研究所基础建设的"四大中心"，应用开发的"四大课题"，还有"开放实验室""动态模拟系统"等，使得整个地球物理所人心振奋、干劲十足。为了解除地球物理所职工的后顾之忧，刘光鼎多方筹措资金修建宿舍，使他们安居乐业。他上任三年，全所72套住房全部竣工，职工喜迁新居。而刘光鼎这位曾带领几十个单位、几百名科研人员完成"七五"国家科技攻关任务、为塔里木油气开发作出重要贡献的学部委员，都仍是祖孙三代住着三小间房，老式卫生间仅一平方米多。他说："所里职工住房困难不解决，我绝不住所里的新房。"经过三年多的努力，地球物理所开始聚集了一批人才，大任务源源不断，科研项目顺利进展，成效显著。中国科学院院长周光召无限感叹地赞誉道："一个人救活一个所。"后来，国家科委确定中国科学院地球物理研究所为全国科研单位的改革试点单位之一。

全面发展，多方奉献

刘光鼎对祖国人民的奉献是多方面的。他是一位科学家，在地球物理科学、海洋科学等方面硕果累累。他又是教育家，从 1952 年起在北京地质学院执教 10 多年，从 1980 年起一直兼任同济大学海洋地质研究所所长、教授。他为国家培养了一批高级人才，据不完全统计，他直接培养或参与培养的学生有硕士研究生 6 名、博士研究生 26 名、博士后 16 名，他的学生中有 10 多位成了院士，其中包括我国著名的天体化学与地球化学家欧阳自远。他又是一位文学家、诗人，他认为自己是研究地球的，是个采石的樵夫，所以他用"石樵"作笔名赋诗填词，著有《渔樵之歌——刘光鼎诗词选集》。他又是一位武术家和体育健将，从小喜欢锻炼身体，自幼习得太极拳术，60 多年一直持之以恒，勤习锻炼。他与自己的堂兄、太极拳师刘晚苍写了一本书——《太极拳架与推》，1980 年由上海教育出版社出版，先后修订再版五版，发行 33 万册。后又经修改补充，1992 年由科学出版社重新出版，新书名为《太极拳术：理论与实践》。

1999 年，刘光鼎七十大寿时，他的学生和亲友纷纷为他题词祝贺，如"鼎言九重持正义，君子德行励后生""光明磊落中流石，鼎力拼搏书山樵""光前裕后，鼎业有成"等联语，这是他激扬学术、磊落人生的写照。2018 年 8 月 7 日，刘光鼎以虚龄九十岁辞世，他的高风亮节和伟业勋功永为人们所纪念。

（撰稿：中国科学院大学地球与行星科学学院　潘云唐）

参考文献

[1]《科学家传记大辞典》编辑组. 中国现代科学家传记　第二集 [M]. 北京：科学出版社，1991：439-444.

[2] 赵克让. 地苑赤子：中国地质大学院士传略 [M]. 武汉：中国地质大学出版社，2001：149-156.

[3] 中国科学院院士工作局. 中国科学院院士画册：地学部分册 [M]. 济南：山东教育出版社，2006：102-103.

[4] 国土资源部《我为祖国献宝藏：国土资源系统院士画册》编委会. 我为祖国献宝藏：国土资源系统院士画册 [M]. 北京：地质出版社，2009：177–184.

[5] 中国科学技术协会. 中国科学技术专家传略：理学编地学卷 [M]. 北京：中国科学技术出版社，2015：210–224.

宋文骢
栉风沐雨二十载
穿云破雾啸苍穹

宋文骢（1930年3月—2016年3月），飞机总体设计专家，中国工程院院士，歼-10战斗机总设计师。我国飞机设计战术技术论证、气动布局专业组的创始人之一，在先进气动布局、航空电子综合技术、数字式飞行控制系统、计算机辅助设计和制造技术等方面均有重大突破，取得了多项创造性成果，研制成拥有自主知识产权的第三代战斗机的设计技术。荣获航空航天工业部科技进步奖一等奖、重点型号设计定型一等功、重点型号首飞特等功、何梁何利基金科学与技术进步奖、国家科学技术进步奖特等奖等奖项。

临危不乱接使命，砺剑岂止十年功

1984年4月26日，川西平原成都航空城的机场起跑线上停着一架泛着银色光芒的飞机，这是新研制的歼-7Ⅲ飞机。机场跑道两侧聚集着上万名的工程技术人员和工人，他们为这一刻等待了将近六年，现在都在朝着飞机的起跑线翘首企盼。越过人群观礼台，一位两鬓斑白的老人也在目不转睛地等待着这架即将翱翔于天际的"雄鹰"。他的目光随着徐徐滑行的飞机移动着，当他看到飞机加力呼啸，尾喷管吐出橘红色的火焰，像一支利箭飞驰而去，瞬间便腾空而起，冲向蓝天时，他的眼睛蓦然湿润了。歼-7Ⅲ飞机首飞圆满成功，而它的总设计师——宋文骢，在这一年已经54岁。

当所有人都沉浸在歼-7Ⅲ飞机首飞圆满成功的喜悦中时，宋文骢并没有松一口气，与此同时他又开始思索着另一个重要任务。1982年2月16日，宋文骢在北京召开的新机研制方案评审论证会第二次新歼方案论证会上介绍了第三代歼击机歼-10飞机的雏形。随后经过国防科工委和航空工业部、空军领导慎重研究，决定采用他领导设计的中国第三代歼击机方案，国防科工委已传出消息，将决定任命他再次担任新机的总设计师！这意味着他将要攀登中国歼击机研制领域中的珠穆朗玛峰——歼-10飞机。

其实，早在确定歼-10飞机初步设计方案之前，宋文骢和总体气动专业的同事为了能获取更精确的数据，进一步做好方案论证准备，进行了上万次的风洞试验。宋文骢带领所里各个专业的技术人员辗转于安县和哈尔滨，分别进行高速风洞试验和低速风洞试验。不管是在高速风洞和低速风洞进行试验，当时的条件都十分艰苦。高速风洞试验位置在山洞里，试验场所气温很低，如果抽风机发生故障，洞内空气也会不流通，令人昏昏沉沉，大热天还需要穿着厚厚的大衣。而低速风洞试验在千里之外的冰城哈尔滨进行，需要宋文骢两处奔忙才能确保数据的完成。但是，条件的艰苦并不能阻挡宋文骢和同事们一往无前的心，真正让宋文骢着急的是国内好多单位的人都在安县排队等待做实验。然而，新机方案在3个月后就要进行评审。宋文骢只能找到基地领导，再三说明情况，他们才被允许尽量利用晚上和半夜的时间将试验项目往前挤。宋文骢在这段

宋文骢　栉风沐雨二十载　穿云破雾啸苍穹

时间里不仅要指导所里的同事们做方案设计，又要到试验现场获取试验数据，还要参加有关的研讨会议。就是在这样忙碌而辛苦的奔波过程中，宋文骢获取的珍贵数据为他在 1982 年的新歼方案夯实了基础。

宋文骢提出的鸭式布局新机设计方案，得到了业内领导与专家的基本认可。然而，新歼击机技术不仅需要进行经济先期论证，而且总体方案要上报中央军委和国防科工委审批。为了能使自己的方案得到肯定，宋文骢将在原本在三年内才能做完的风洞试验，提前两年高效率完成。这一年里，宋文骢和总体气动专业的同志转战在模型生产、风洞试验、数据处理、绘制曲线、结果分析、布局改进等繁重工作中，高效率地进行了 3 期高速、低速风洞试验和 1 期流谱观测试验。到 1984 年 1 月，宋文骢具体组织的新歼技术经济先期论证工作已全面完成。1984 年 2 月，航空部科技委在河北涿州桃园宾馆召开了新歼布局方案会议，经中央领导和航空部研究决定，611 所提出的鸭式布局方案，最后确定为新歼击机方案！1986 年 1 月，国务院、中央军委联合发文，批准新歼击机的研制计划，并将其列为国家重大专项，代号为 10 号工程。从提出设计之初到方案被采纳，宋文骢早已记不清多少次钻进爬出风洞，记不清多少次为飞机模型更换导弹炸弹，多少次调整控制舵面，多少次面对试验曲线冥思苦想，多少次设计图纸到深夜甚至天明。1986 年 7 月，国防科工委任命宋文骢担任飞机总设计师，这一年宋文骢已是 56 岁了。

丹心之力铸就雄鹰，心魂之笔写意蓝天

时间线回到 1998 年 3 月 23 日，那是歼 -10 飞机首飞的一天，也是中国航天史上载入史册的一天。试飞现场有这样一张照片，两位鬓发霜白的老人映入眼帘，在他们眼前正是即将进行首飞试验的歼 -10 飞机。刚刚诞生的歼 -10 飞机和两位老人年迈的背影形成了鲜明对比。而照片

科学家精神 奉献篇

中的就是歼-10飞机总设计师宋文骢和总工程师薛炽寿的背影。为了这架飞机,不止一代人付出了他们的热血青春,而宋文骢的宝贵年华也融入了这架飞机中。岁月化作蒙尘早在他脸上刻下道道皱痕。曾担任成都飞机工业公司总经理、歼-10飞机现场总指挥罗荣怀的一首诗,确切地概括了歼-10飞机研制过程的艰难险阻。"创业维艰苦千重,砺剑岂止十年功。日月星辰不忍顾,风雨雷电大河东。"令人欣慰的是,在数十个部门、100多个单位、几十万人的努力下,经过7000多个日日夜夜后,歼-10终于艰难地出生了。宋文骢不但亲手把自己设计的新机送上了蓝天,而且亲眼见到了新机设计定型、形成系列、成批生产和装备部队。

1998年3月23日,歼-10首飞的日子终于来了。这一天天公不作美,天空的能见度还未能达到首次飞行的接受标准。曹刚川等领导坐在主席台上,他们也时刻注意着天空方向,静候着天气的好转。68岁的宋文骢没有在主席台就座,他提前来到停机坪,平静地看着机务人员对飞机做最后的检查。由于这是第一次试飞全新的静不安定的电传操纵飞机,所有人都免不了有些许紧张。试飞现场早早地聚集了一大群人,大家都在机厂东侧等待着歼-10穿云破雾的时刻。在等待的过程中天空终于裂开了云缝,指挥塔上传来准备起飞的指令。宋文骢在远处和首席试飞员雷强做了一个手势,目送着雷强走向飞机。然后,迅速回到塔台,在指挥大厅的后面

宋文骢　栉风沐雨二十载　穿云破雾啸苍穹

找了一个不显眼的位置坐下。雷强登上飞机，镇定地向大家挥手致意后，进入了座舱。全场的人屏住呼吸，看着飞机发动、滑行、加速，随着一阵巨大的轰鸣，飞机抬起前轮，瞬间便冲天而起！"飞起来了！飞起来了！"人群中传来了激动的欢呼和猛烈的掌声，甚至有人跳跃着将手中的鲜花抛向天空，向飞机和飞行员致敬。

此时此刻，宋文骢并没有表现出狂喜、紧张或者激动的神态，在他那张饱经风霜的面孔上呈现着镇定和平静的神态。他把手放在前额上，耐心地注视着飞机平稳地抬头飞上天空，冲进云层，爬升到更高的天空。大厅屏幕已不见飞机的踪影，但宋文骢仍然在观察着它飞的方位和飞行情况。当飞机再次出现在大家的视线里时，现场的观众激动地指着那架矫健翱翔于天际的新机。宋文骢也从椅子上站起来，顺着大家手指的方向望去。只见飞机像儿时他在家乡碧空中看见的一只老鹰，集平稳、舒展、凌厉于一身，正轻盈地在云雾中穿行。这时，宋文骢脸上才掠过一丝别人不易察觉的笑容。当飞机从天上俯冲而下，飞过主席台上空时，朱育理总经理激动地站了起来，频频向飞机招手。飞机在主席台上空环绕3圈后，试飞员在空中主动请求再飞1圈，现场指挥中心同意了他的请求。飞机超额完成首飞任务后，降低了飞行高度，稳稳地从远方直奔跑道而来，大家再一次屏住了呼吸。当战机顺利安全着陆后，整个停机坪都沸腾了，图纸上的那方模型，经过16年的等待，终于跃然于蓝天之上。歼-10不仅是我国自主研制的第三代战斗机，更是中国航空史上的一座丰碑。它的出现标志着我国军用战斗机装备水平首次达到了世界第三代的标准。这也是第一次，我们终于可以扬眉吐气地说，中国航天工业不再落后于人。宋文骢陪伴着雷强向塔台方向走去，欢呼的人群为他们让出一条通道，与从塔台上下来的首席首飞小组成员会合。宋文骢正要离开，现场总指挥杨宝树把他推入了首席首飞小组的队列。曹刚川、乔清晨、朱育理等领导站在主席台上，迎候着试飞员和总设计师的到来，向他们一一握手表示慰问和祝贺！歼-10打破了国际惯例里新机研制新技术不超过30%的传统。在足足60%的新技术使用下，却从未在试飞的过程中出过任何事故。

不过，歼-10的诞生并不是终点，而是另一个起点。从首飞到设计定型，还有着一个艰难曲折的过程。2003年，歼-10正式交付空军。新机交接仪式上，大家都以热烈的掌声致敬着这位须发全白的老人。他缓慢沉稳地走上主席台，这时的宋文骢已经73岁。灯光下他的银发熠熠生辉，他深情地对着话筒讲道："同志们，今天确实是个好日子呀。我们的新机今天终于可以参军了！……"大家从这位老人身上看到了岁月刻下的道道褶皱，但是却未能看到他精心研究歼-10二十年的呕心沥血。

宋文骢作为这架飞机的总设计师，总是忙碌在风洞试验现场、总装现场，他的足迹从寒风呼啸的北国跨越烈日炎炎的戈壁。甚至在大年三十阖家欢乐的时刻，他还是在灯光下钻研着设计方案。晨起星月为他指路，晚来皓月为他拂去一天的疲惫，在成百上千次的试飞过程当中，他不知熬过多少个不眠之夜才成就了歼-10的诞生。2004年4月13日，歼-10飞机终于通过了国家航定委的设计定型审查。

宋文骢将一片赤诚、一生心血，一切都与祖国紧紧相连。即使他每天都承受着严酷的考验和巨大的挑战，但是仍以强大的意志力坚持着这一切。二十载栉风沐雨，穿云破雾终啸苍穹。2016年3月22日，宋文骢在北京301医院逝世，享年86岁。在他的追悼会上，所有人都忍不住低声啜泣。再过一天，就是歼-10的18岁生日了，虽然他没有等到自己"孩子"的"成人礼"，但是那二十载光辉岁月所承载的静心笃志和淡泊名利的精神将永远盘旋于后代人的心中。

（撰稿：王思惟）

参考文献

[1] 张杰伟，舒德骑. 鹰击长空：歼 10 总设计师宋文骢的传奇人生 [M]. 北京：航空工业出版社，2010.

[2] 高荣伟. "歼 –10 之父"：宋文骢 [EB/OL].（2017–03–24）[2020–07–23]. http://dangshi.people.com.cn/n1/2017/0324/c85037–29166206.html.

卢永根
用无言行动诠释大爱人生

> 卢永根（1930年12月—2019年8月），作物遗传学家，中国科学院院士。长期从事作物遗传学的教学和研究工作，研究领域包括稻的遗传资源、水稻的经济性状遗传、稻的雄性不育遗传和栽培稻的杂种不育性遗传等。2017年罹患癌症后，他将毕生积蓄880余万元无偿捐献给华南农业大学。学校用这笔款项设立了教育基金，用于奖励贫困学生与优秀青年教师。2019年获"最美奋斗者"称号，同年被中央宣传部追授"时代楷模"称号。

1930年，卢永根出生在香港的一个普通中产家庭。1941年香港沦陷，正在上小学的卢永根回到老家广州花都避难，在这里，他目睹了日寇的惨无人道，即使是孩子，日本兵也是稍有不满就拳脚相加，民族复兴的火苗在幼年时的卢永根心中就已燃起。回到香港读中学时，卢永根就加入了中共地下党组织，在这里树立了正直而坚定的三观，成为一位拥有信仰的革命者。高中毕业后，卢永根跟随党组织安排，回到内地迎接解放。"为什么要放弃安逸生活回内地？"面对这个问题，卢永根没有多想，答案是那么明显：因为他曾面向延安宣誓，忠于党的事业，为祖国的复兴贡献力量。

坚持科研，报效祖国

改革开放后，卢永根多次出国访问考察，留美期间，美国的亲人力劝他留下来，他却坚定地说："我是中国人，祖国需要我。"他要带着老师丁颖未完成的研究和对中国水稻育种领域的责任感回到祖国，正如他经常挂在嘴边的一句名言："科学无国界，但科学家有祖国。"

1965 年，卢永根回到华南农学院，带回自己老师丁颖生前收集的 7000 多份稻种，继续从事水稻遗传育种的研究工作，这是水稻农科业内的宝贵资源，在他东奔西走的查访和收集下，样本扩充到 1 万多份，形成了具有华南地区特色的野生水稻基因库。卢永根将这些资料和数据公开给全国各大学及研究领域，没有索要任何回报。在学术上，卢永根硕果累累，他用最赤忱纯洁的心去对待科研事业，做出的成就都是为了让祖国的农业研究水平更进一步。

中国地域辽阔，可农民的生活曾一度十分艰难，靠天吃饭，这个问题亟待解决，因此，提高水稻的育种品质成为卢永根为之奋斗一生的课题。20 世纪 80 年代，卢永根从细胞遗传学的角度研究栽培稻种的起源，他选择了原产中国的 3 个野生稻种，对其进行粗线期核型研究，发现三者之间存在差异，其中普通野稻与栽培稻在染色体长度变化范围、相同类型和编号的染色体数目，以及染色粒分布方式等多个方面均表现出很大的相似性，这进一步证明了丁颖的普通野稻是中国栽培稻近缘祖先的论点。具有极高科学和利用价值的野生稻濒临灭绝，卢永根曾多次呼吁要拯救这种"植物大熊猫"，直到 70 多岁，他还坚持和学生一起翻山越岭地寻找

野生稻种,不顾自己的年龄和身体,亲自到广东佛冈县的一处山顶寻找,在布满荆棘的荒郊野岭开辟出一条路来,终于攀上山顶,找到了野生稻。卢永根带领团队研究水稻的杂种不育性,提出了"特异亲和基因"的概念,并试图用这种基因克服籼粳亚种间不育性的问题,被业界认为是对栽培稻杂种不育性和亲和性比较完整和系统的认识。在研究期间,卢永根厘清了多胚水稻多胚发生的细胞学机制和光温敏核不育水稻及栽培稻杂种不育性的细胞学机制,发掘出携带有胚囊和花粉育性基因的新种,创建了一大批同源四倍体水稻。

卢永根的研究,对我国水稻遗传育种学具有重大意义。他为祖国奉献了自己的智慧和努力,并感染了许多像他一样的留学才子,回到祖国,投身水稻育种的探索事业中去。

就职农大,治校育人

卢永根时常用自己的人生箴言——四个"一点"来勉励自己,即"多干一点,少拿一点,腰板硬一点,说话响一点"。这也是他1983年担任华南农业大学校长以来,坚持不变的治校方针。在这里,他勤俭节约,乘飞机只买经济舱,寄私信时会自己花钱买邮票,出差时更是选择夜乘火车,一点一滴地为学校节省经费;在这里,他顶住压力,晋升"华农八大金刚",

卢永根　用无言行动诠释大爱人生

为学校打开了培养人才的新格局；在这里，他刻苦钻研，让华南农大走出了3位水稻研究方面的院士，桃李满天下，人才济济，为中国农业建设提供了强有力的后备军。

1987年，华南农大面临着人才断层的困境，当时的人事调动与职称评定还残存老式的排资论辈的观念，许多老资格的教师暂且没有得到晋升，此时，提拔新人的风险很大。卢永根明白新鲜血液对于学校教育事业的重要性，他顶住压力，承担风险，专门到北京向有关上级请示，最终以投票的方式，通过专家评审等一系列流程环节，破格晋升了8名中青年骨干。如今，这些人无一不是其领域的优秀人才。除此之外，卢永根知人善用，尽自己所能为研究者们提供良好的科研环境，辛朝安教授团队在兽药研发上取得新突破后，卢永根立即拨款10万元奖金，更是为学生刘耀光建了一座专门的实验室供其安心科研。

卢永根不仅在国内发掘提拔人才，更是到国外去寻找高端人才。在康奈尔大学访问时，他看中了正在读硕士的温思美的学术才华，多次接触下来，温思美敢想敢做的科研精神和扎实的基础功底让卢永根颇为赏识，在温思美犹豫是否回国之际，卢永根给他寄去了一封又一封信件，劝导他回来报效祖国，最终他求贤若渴的热情打动了温思美，1985年，温思美回国任教。刘耀光、彭新湘等人，也是在卢永根的感召下回国任教，成长为水稻育种领域的中坚力量。

在热情对待有才之士的同时，卢永根对"走后门"的事情是绝对的横眉冷对、嗤之以鼻。一位教师希望将爱人调来一起工作，卢永根答应按章程办理，在对方送上一只手表后，卢永根狠狠批评了他："再不拿回去，我就找你领导，让你丢饭碗。"卢永根讲原则，重规矩，会当场拒绝请客吃饭和送礼等行为，对党和祖国无比忠诚，无时无刻不在贯彻清廉俭朴的作风，两袖清风。

1955年，被誉为中国现代稻作科学主要奠基人的丁颖当选中国科学

科学家精神 奉献篇

院学部委员，1993年，丁颖的学生卢永根当选院士，24年后，卢永根的学生刘耀光当选院士。丁颖淡泊名利、勤恳敬业、生活简朴、学农爱农的优秀品质，卢永根悉数传承下来，并把这种伟大的品格以身作则地传授给了自己的后辈们，这师承一脉的学术源流，继承的是丰富的学术热情和不绝的奉献精神。

勤俭生活，慷慨捐赠

认识卢永根的人，都知道他平时在生活上对自己的苛刻和节俭。在任华南农大校长期间，他坚守原则，不坐进口车，在住房上不搞特殊待遇，即使在为院士配了专车后，他依然背着双肩包挤公交车，晴天戴着遮阳帽，雨天挽起裤脚，蹚着雨水往家走。卢永根的皮鞋是在出国和参加正式场合时才穿的，一次在省里开完会，下起了雨，因为怕皮鞋沾水弄坏，他一手拎着包，一手提着皮鞋冒雨跑回学校。卢永根时常拿着半旧的饭盒，与学生一起排队打饭，午饭一般是一荤一素，不超过15元钱，如果吃不完，还会打包回去晚上再吃，终生研究水稻的他常常提醒学生不要浪费食物："需要多少颗水稻才能长成一碗米饭？"

卢永根生活作风简朴至极，家中一直使用的都是20年代80世纪的旧沙发、旧铁架床、旧电视，虽然年事已高，却一直住在没有电梯的五层楼。卢永根对自己是近乎吝啬的苛刻，却给别人带来了许多希望，他通过各种途径帮助有困难的学生。学生刘向东因为经济问题犹豫是否去香港进修时，卢永根借钱给他，并主动提供行李箱等生活用品，鼓励他努力学习，归国报效，甚至将老家广州花都祖辈留下的两家商铺赠予当地小学作为教育基金。

2017年，卢永根查出患有癌症，87岁的他当即决定捐献全部积蓄。十几个存折，每笔转账都有详细的流程，捐赠过程前后持续了一个多小时,但卢永根做出这个决定,仅仅是几秒钟的事情,在病情加重后,他只说了一个字:"捐!"880余万元,全部捐给华南农大设立教育基金,用来资助农学院有突出贡献的学生,或是资助家庭贫困但品学兼优的后辈。患病期间,卢永根亲手签订了捐赠遗体志愿书,他说,这是对国家的最后一次贡献,希望自己的身体能对医学事业有所帮助,这也是卢永根在身体力行地向所有人进行医学科普。

赤诚爱国,奉献一生

1949年8月,卢永根举起右拳,面向北方,庄严宣誓加入中国共产党。卢永根的这七十年风雨历程,是一个中共党员的七十年,是一位作物遗传学家的七十年,是一名师者的七十年,不论在哪一个岗位上,他都恪守本职,严于律己,以身作则,成为身边所有人的学术、道德、品质及作风标杆。

卢永根一心向党、一生爱国,最后病重之际,哪怕是躺在病床上插着氧气管,依然坚持听完了党的十九大报告,卢永根的一生,是一本生动的爱国主义教材,也是一种传承。卢永根精神的力量,是所有人照鉴心灵的镜子,也是引领众人方向的旗帜。卢永根人生的境界与追求,来源于他丰富的精神世界和党性的修养,他对自己安身立命的祖国有着强烈的情感,这是一种驱使他终生为其奉献的强烈力量。

在作物遗传的研究方面,他不顾身体状况,坚守在科研一线,亲自到野外搜寻稻种,亲自在实验室操作观察,怀揣着振兴祖国农业的伟大理想,卢永根把他的事业和才华无所保留地奉献给了国家。在治校育人方面,他刚正廉洁,敢于承担责任,不怕得罪人,勇于为青年学者发声出力,致力于构建华南农大的人才新格局;勇于怒斥送礼、走关系等旁门左道的行为,树立纯洁朴实的校风和学风;勇于为科学研究事业加大投入,建立奖励机制，为农业研究的发展铺平道路。在党性修养方面，他既真实又耀眼，用自己无言的行动，展示了党性的强度和纯度，诠释了党性的力量，为新时代共产党员的修养树立了榜样，并主动为中国共产党感染、发展、吸纳优秀的人才。在个人作风方面，他先人后己，简朴勤奋，脚踏实地，从不铺张浪费，密切关注祖国教育事业，力所能及地为其做贡献，不遗余力地将全身心都奉献给国家。华南农业大学副教授李仕燕曾说，在卢永根的一生之中，有4次重大选择，第一次是中学时期，他选择了一种信仰：中国共产党；第二次是在考大学时，他选择了一个国家：中华人民共和国；第三次是工作之后，他选择了一份事业：水稻育种研究；第四次是生命最后，他选择了一种告别：捐赠880余万元教育基金。

卢永根用他的一生为我们展示了日夜兼程、风雨无阻的精神品质和矢志报国、勤俭奉献的个人品质。卢永根的一生，是奉献的一生，从家境殷实的香港孩子成长为极其简朴的"布衣院士"，放弃了美国优渥的生活，毅然回到祖国，继续完成未完成的研究工作，他不怕苦、不怕累，心有寄托，胸怀大我，初心永存，他的生平事迹值得每一位中国人去铭记和学习。

（素材提供：华南农业大学；撰稿：罗依然）

参考文献

[1] 中共中央宣传部宣传教育局. 时代楷模2019：卢永根[M]. 北京：学习出版社，2020.

李振声
执着小麦育种
耕耘天地之间

奉献篇

> 李振声（1931年2月—），遗传学家，农业发展战略专家，小麦遗传育种学家，中国小麦远缘杂交育种奠基人，中国科学院院士。主要从事小麦遗传与远缘杂交育种研究，同时开展了农业发展战略研究，系统研究了小麦与偃麦草远缘杂交并育成了"小偃"系列品种，育成了"小偃4号""小偃5号""小偃6号"等高产、抗病、优质小麦品种，创建了蓝粒单体小麦和染色体工程育种新系统，开创了小麦磷、氮营养高效利用的育种新方向。曾获国家技术发明奖一等奖、何梁何利基金科学与技术进步奖等奖项，2007年获国家最高科学技术奖。

自古有言，"民以食为天"，在解决中国人"吃"的问题上，无数科学家前赴后继、矢志不渝，而李振声院士便是其中一位突出代表。他几十年如一日坚持科研，把解决农民问题放在第一位，在小麦远缘杂交和染色体工程研究方面作出了重大贡献，为中国农业持续发展奠定了坚实的基础。在 2006 年的国家科技奖励大会上,他凭借小麦育种成就获得当年唯一一个国家最高科学技术奖,与袁隆平院士一道成为站在国家最高科学技术领奖台上仅有的农业专家,二人被称为"南袁北李"。

1942 年,在李振声年少时,山东省曾遭遇大旱,当地很多人沦为乞丐外出讨饭,无数人无以为食,只能啃树皮、吃树叶。饥饿导致他的父亲得了严重的胃病,不久之后便撒手人寰,留下了李振声兄弟四人与母亲相依为命。父亲在家中留下了"聚钱财莫如为善,振家声还是读书"的对联,尽管生活清贫困苦,但李振声仍然非常热爱学习。然而,父亲的去世使得家里的日子十分艰难,他只能借钱上学。后来为了减轻母亲的负担,他只好辍学,只身来到省城济南找工作。一个偶然的机会,李振声看见山东农学院门口贴有一张招生广告,其中提到免费食宿。这让他难以置信,但还是决定试试。没想到这一试,竟"试"成了全村第一个大学生!大学求学期间他就下定决心,毕业后一定要多种粮食,让每个农民都有饭吃!这也成了他为之奋斗一生的事业。

小麦与牧草远缘杂交

1951 年,李振声大学毕业后被分配到了中国科学院的北京遗传选种实验馆(现中国科学院遗传与发育生物学研究所)工作。1956 年,李振声为了响应国家支援大西北的号召,背起行囊去了陕西省一个名不见经传的地方——杨凌,进入当时刚成立不久的中国科学院西北农业生物研究所(后并入西北农林科技大学)工作,从此开始了小麦育种的潜心研究。而就在这一年,中国农业史上最严重的"小麦条锈病"大流行,导致西北地区很多地方的小麦减产了 20%~30%,甚至有的地方更加严重。李振声后来曾说:"这种病非常可怕,谁要是穿条黑裤子在麦地里走一趟,就会全变成黄裤子。我看见不少农民都在地头抱头痛哭。"当时全国的粮

李振声　执着小麦育种　耕耘天地之间

食只有2000多亿斤，一下就减产120亿斤。故有专家把"小麦条锈病"称为"小麦癌症"！这也引起了党中央的高度重视，周恩来总理亲自做出批示：要像对付人类癌症一样来抓小麦条锈病！尽管国家组织了协作网，但是因为条锈病是通过空气传播的，而且面积太大，很多方法难以奏效，李振声意识到最终还是得靠种植抗病品种来解决问题。现实的需要与农民的困苦深深触动了李振声，因而他下定决心培育出抗病小麦。

李振声曾了解过小麦种植的历史，他知道小麦的种植起源于公元前9000年的中东地区，其原始种被称为"一粒小麦"。在一次偶然的情况下，"一粒小麦"与一种野草天然杂交产生了可育的"二粒小麦"；再后来，"二粒小麦"又恰巧遇见了第二株野草，发生了第二次远缘杂交，正是这两次远缘杂交使小麦获得了很多优良性状，形成了现在种植的普通小麦。这启发了他通过再次远缘杂交使小麦获得抗病性状的想法。但远缘杂交，使小麦和野草两个风马牛不相及的物种杂交的难度是非常大的。尽管如此，他仍然决心沿着这条道路走下去。

恰好在中国科学院北京遗传选种实验馆工作时，李振声师从土壤学家冯兆林进行过种植牧草改良土壤工作，曾经搜集、整理、研究了800多种牧草，因而对各种牧草的习性非常熟悉。经过多年对牧草的研究，他了解到有一种叫偃麦草的牧草具有很好的抗病性。他决定用偃麦草做父本植物与小麦杂交，相当于让小麦"再婚"，使得后代拥有偃麦草的抗病性。他的这一想法得到了植物学家闻洪汉教授和植物病理学家李振歧教授的支持。从此，李振声便开始了漫长的小麦远缘杂交实验。

但是知易行难，他首先面临着3个难题：第一，杂交不亲和，因为两个物种关系太远，很难实现杂交；第二，杂种不育，即两个物种就像马和驴杂交的后代骡子没有生育能力一样；第三，后代"疯狂分离"，即便可以杂交成功，这种抗病的优良性状在其后代中也很难保持。

尽管如此，李振声却是个认准了理就要干到底的人，确定了攻坚方向，他一路披荆斩棘，一干就是20年！首先，李振声采取了各种不同的杂交方法克服了小麦与牧草难以杂交的难题。第一年，他选了12种牧草与小麦杂交，只成功了3种。再将3种进行对比，他发现长穗偃麦草的后代性状最好。于是便把研究的重点集中在了长穗偃麦草上。通过把长穗偃麦草与他们选育出的数十种不同品种的小麦杂交，得到了9种不同的第一代杂种种子，但是由于长穗偃麦草特性遗传力太强，掩盖了小麦品种间特性的差异，而且所得到的植株很多都不育。他开始对每一单株的花朵逐一排查，终于发现了少数雌花、雄花较正常的杂种。通过采取正反回交的方法，与正常小麦杂交，终于得到了正常可育的后代。

但是，培育了远缘杂交的新品种还只是第一步，接下来还要对新品种进行改良，选育出生产上需要的小麦品种。就在1964年6月14日，在经历了连续40天阴雨后，天气突然暴晴。课题组种在试验田里的1000多份杂种几乎全部青干，即叶子虽然还绿着就变干了，但是却有一个保持着正常的"落黄"颜色。李振声认为这可能就是他们要找的抗病和抗逆的新物种，集持久抗病性、高产、稳产、优质等性状于一身，这就是后来战绩卓著的小麦新品种"小偃6号"的祖父——"小偃55-6"。他带领课题组对这个品种进行了深入研究。经过两次杂交和筛选，直到1979年，才终于将偃麦草的抗病和抗逆基因成功转移到了小麦身上，育成了具有相对持久性、高产、稳产、优质的小麦新品种——"小偃6号"。在这期间，李振声与他的研究团队还攻克了后代"疯狂分离"的问题，通过染色体

李振声　执着小麦育种　耕耘天地之间

的观察和鉴定，选出了"八倍体""异附加系""异代换系""异位系"4种不同类型的新种质。此后，"小偃6号"成为中国小麦育种的重要骨干亲本，其衍生品种近50个，全国累计推广3亿多亩，增产小麦逾150亿斤！由于这种小偃麦的抗病性强、产量高、品质好，于是黄淮流域流传着这样一句民谣："要吃面，种小偃。"

"小偃6号"的成功证明李振声当初设想的作物远缘杂交是完全可行的，并且这种远缘杂交对于作物优良性状的发展是非常重要的。但是这项成果并未让李振声停止探索的脚步，他意识到远缘杂交存在着难度大、耗时长的缺陷。他深感20年的育种过程实在太漫长了，为了快速将外源优良基因导入小麦，便引入美国著名遗传学家西尔斯的"中国春小麦单体系统"，将远缘植物的染色体转移到小麦中，以此建立小麦染色体工程，缩短育种周期。经多年努力，李振声终于建立了快速选育小麦异代换系新方法——缺体回交法。利用这种方法，只用了3年半时间，便育成了小麦-黑麦异代换系——"代96"，全国累计推广面积达1000万亩以上，为小麦染色体工程育种的实用化开辟了一条新路。这项成果为他赢得了广泛的国际声誉。

20世纪80年代，我国施肥量曾与粮食产量同步增长，但是后来尽管施肥量上涨，粮食产量却增长缓慢，既浪费了资源，又污染了环境。李振声带领研究人员在中国科学院遗传与发育生物学研究所刚刚建成的，没有食堂，没有卫生间，连条像样的马路都没有的育种基地，自带饭盒，在田里一待一天，最终耐心选育出能高效吸收利用土壤中磷的小麦品种，研制出一批"磷高效"和"氮高效"的小麦品种。

人民生计重担在肩

李振声在搞科研的同时，也一直在关注着更加广泛的农业问题。

科学家精神 奉献篇

1987年6月，李振声被调入中国科学院任副院长，接替叶笃正以协助周光召院长管理生物和农业方面的工作，在任时他推动了另一项影响至深的活动——"农业'黄淮海战役'"。

从1984年起，我国粮食生产连续3年徘徊在8000亿斤左右，但是人口增长接近5000万，这一紧张局面引起了中央领导高度重视。1987年，时任国家科委主任的宋健主持召开会议，讨论如何打破粮食生产的徘徊局面。李振声代表中国科学院参加了此次会议，接受了这项任务。随后在周光召的支持下，李振声在对黄淮海地区进行充分调研以及与相关地区领导人充分地讨论、论证后，他认为中国科学院在中低产田治理方面是很有经验的，且封丘地区的成功增产经验也给了他信心。于是从1988年开始，中国科学院组织了25个研究所400多名科技人员深入黄淮海地区，与地方科技人员合作开展了大面积中低产田治理工作。

1988年，时任国务院总理李鹏进行黄淮海农业视察，盛赞"这里取得的成果，对整个黄淮海平原开发，乃至对全国农业的发展都提供了有益经验"。经过6年治理，我国粮食产量从8000亿斤增长到了9000亿斤，而仅黄淮海地区就增产了504.8亿斤。

"黄淮海战役"不仅为促进我国粮食增产作出了巨大贡献，在项目进程中，很多科学家在田间地头建房为家，艰苦工作。这种无私奉献、协作攻关、持之以恒的精神成了后来广为传颂的"黄淮海精神"。

1999—2003年，我国粮食产量出现了连续5年下滑的情况。2004年，他在人文论坛上发表了题为《粮食恢复性生产，时不我待》的讲演。他认为是"政策因素起了主导作用，因此提出争取三年实现粮食恢复性增长的建议"。后来，中央采取了有利的支农措施，连续三年实现了恢复性增长。

1994年，美国人莱斯特·R.布朗发表了《谁来养活中国》一文，认为中国独自养活自己的前景堪忧。李振声汇集了有关数据，加以分析后发现布朗的3个推论都不正确，不符合中国实际！2005年，李振声院士在博鳌论坛上向全世界发出声音："中国可以养活自己。"为了保障粮食安全，让"中国可以养活自己"，就必须确保粮食增产，李振声把目光聚焦到了环渤海的中低产田。

"我国的每一寸土地都很珍贵，"李振声说，"想要粮食增产，还是要提高中低产田的产出。"2011年7月，李振声在《中国科学院院刊》上发表了名为《建设"渤海粮仓"的科学依据——需求、潜力和途径》的文章。这也是"渤海粮仓"这一名称首次被提出来，他认为"渤海粮仓"有大幅增产的潜力。2013年，科技部与中国科学院联合组织了"渤海粮仓"项目。李振声带领的课题组承担了"耐盐小麦育种与示范"，培育出的"小偃60"有良好的耐盐碱能力，后来参加了区试和进一步扩大示范。

知足常乐，甘于奉献

一直以来，李振声保持着艰苦朴素的生活作风。李振声的父亲留下的"知足者常乐，能人者自安"是李振声一生的写照。在2007年获得国家最高科学技术奖时他获得了奖金500万元，按照规定，其中450万元为科研经费，剩下的50万元则归个人支配。但他把50万元全部捐给了中国科学院遗传与发育生物学所，用于青年科技者的助学基金。他这一生严于律己，宽以待人，尽管身居高位，但是总是待人随和。他的论文集首页是他用工整小楷写下的白居易的诗——《续座右铭》：千里始足下，高山起尘微。吾道亦如此，行之贵日新。

李振声终身都投入在自己喜爱的科研事业之中，培育了一个又一个优良小麦品种，并且为国家粮食安全建言献策。尽管荣誉不断，但是李振声从没忘记初心。他不止一次地说过："我是农民的儿子，和农民打了几十年的交道，深知粮食来之不易！"他的小麦育种方向总是根据农民的实际需求和客观规律来确定，他始终把农民的需求放在心上，半个世纪深入一线、不怕吃苦、甘于奉献，李振声曾说，"真正给我打分的是农民。"

尽管后来年事已高，但李振声还是不断地寻找机会，去各地的小麦试验田走走，回到他奋斗过的西北看看。他是如此热爱那片土地和他倾注了一生心血的育种事业，因而被大家亲切地称为"麦田里的守望者"。

（撰稿：吴晓斌）

参考文献

[1] 江娜."真正给我打分的是农民"：记中国科学院院士、中国小麦远缘杂交育种奠基人李振声[J].种子世界，2014（7）：7-8.

[2] 张方方.知难而上不停步：记"中国远缘杂交小麦之父"李振声[J].中国科技奖励，2020（6）：42-44.

[3] 李振声.农业科技"黄淮海战役"[M].长沙：湖南教育出版社，2012.

[4] 杨阳.李振声.环渤海建出天下粮仓[J].中国农村科技，2017（4）：28-31.

胡仁宇
潜心核物理研究的"拼命三郎"

胡仁宇（1931年7月—），物理学家，中国科学院院士。他领导筹建了多个核物理实验室，在聚合爆轰热核反应研究、核试验近区物理测量等方面解决了一系列重大技术问题；承担有关中子物理、放射性核素测量和其他核测试工作；开展了强脉冲混合辐射场的各种特性的测量工作；20世纪70年代末，参加组建惯性约束聚变实验室，使其初具规模并取得了有特色的研究成果，为中国核武器事业的发展作出了卓越贡献。曾获国家科学技术进步奖特等奖、何梁何利基金科学与技术进步奖等奖项，2019年荣获"最美奋斗者"称号。

胡仁宇生于国家民族生死存亡的时代，出生不到两个月，"九一八"事变爆发。不久，在"淞沪抗战"中，日本侵略者将他父亲当时供职的上海商务印书馆夷为平地，全家不得已到乡下老家暂时避难。后来他父亲好不容易在金华中学找到一份历史教员的工作,全家过了几年稍微平静的生活。"七七"事变后不久,日军又轰炸金华,一家人只好再次逃回老家避难,生活也每况愈下。直到新中国成立后,胡仁宇一家终于结束了颠沛流离的生活,看到了新的希望。在党的教育下,对比新中国成立前国家受尽侵略、人民惨遭杀戮欺凌的悲惨境遇,年轻的胡仁宇逐步认识到只有在共产党的领导下,通过全国人民的艰苦奋斗,才能把贫穷落后的旧中国改造为美好的新中国。每个有志青年都应该努力学习,全心全意地投入祖国建设中去,祖国的需要就是自己的岗位。当时,他只有一个单纯的想法,自己的前途始终要和国家的命运联系在一起,至于毕业以后到底做什么,一切都服从国家的需要。

核科学研究中的"拼命三郎"

1952年,大学毕业的胡仁宇被钱三强先生选中,进入中国科学院近代物理所工作。这次"入行",开启了他从事核科学研究的大门。

由于缺乏核物理等学科的基础知识,胡仁宇与其他十几位新参加工作的大学生没有马上投入实际工作中去,而是由所里组织他们学习大学里没有学过的电动力学、核物理、量子力学和统计物理。其中,电动力学的授课老师是邓稼先,核物理则由赵忠尧授课,量子力学由朱洪元授课,统计物理由金星南和于敏合讲。

虽然此时胡仁宇刚踏入近代物理所,才开始接触原子核物理基础知识,但受老一辈科学家的影响,他已经对核科学产生了浓厚的兴趣。理论学习要服务于实际的科研生产,胡仁宇真正接触到核物理实验则是在被分入由赵忠尧担任组长,杨澄中、何泽慧担任副组长的原子核物理组后。在这个组里,胡仁宇先后师从戴传曾和杨澄中两位教授。

戴传曾带领的12组电测器组是胡仁宇加入的第一个科研团队。戴传

胡仁宇　潜心核物理研究的"拼命三郎"

曾刚接手核探测器组的时候，就接到了近代物理所副所长王淦昌从朝鲜战场考察带回来的一个特殊任务——研制一套手携式辐射探测仪，以探测鉴定美军是否使用了原子弹。由于当时几乎什么实验条件都没有，戴传曾带着组员骑着自行车到天桥旧货摊购买可利用的零部件，带领大家吹玻璃，设计电子线路、焊接电路，通过艰苦努力，很快完成了任务。在此后的研究工作中，戴传曾还率领大家自制中子源，并且研制成功了多种中子计数管。这些中子计数管投入批量生产后，为中国地质勘探、教学工作、武装防化兵、中子物理实验、核武器研制和核试验提供了必不可少的测量手段，为中国其后自主研发核武器及核反应堆奠定了基础。戴传曾先生"自力更生"的精神和作风，给年轻的胡仁宇留下了深刻的印象。

那段时间，胡仁宇还在戴传曾的指导下做起了用小电离室测量镭放出的γ射线剂量率的研究工作。当时，我国核物理实验室正在初创时期，真可以说是"白手起家"。用小电离室测γ射线所用的微电流测量仪器没有现成的，都要按线路图逐个搜集元件，自己动手焊接起来。有的特殊部件（如高绝缘材料做的绝缘子）还得想办法专门制备。胡仁宇也学着戴先生，自己骑车去天桥旧货市场"淘"零件，然后用石墨、胶木、铝等几种材料做了不同体积的电离室。由于胡仁宇做的小电离室性能很好，戴先生在赞赏之余，提出让胡仁宇用这个仪器去测量一个已知强度的镭源的剂量，跟书里面的值做比较。拿到任务之后，胡仁宇花了很多时间夜以继日地研究，很快就取得了大量的数据。但他在对这些数据进行处理分析的过程中发现，实验数据得出的误差值和书中的误差值不一致。为了搞明白问题的原因，他又做了一系列大小、厚薄不一的石墨电离室，开展了一系列对照实验。经过一段时间的研究，他发现他的电离室体积大于某个数值的时候，测到的电流就达不到原来水平了。他觉得很奇怪，通过翻查资料，最后发现他所参照的书上的电离室设计图是不能拿来做这种测量的，这意味着所有已经获得的数据都被推翻了。

但他并没有因此而气馁,又开始重新研究文献,重新做了电离室,重新设计实验进行测量。功夫不负有心人,经过几个月的时间,终于获得了与前人结果一致的测量数据。对于胡仁宇的忘我工作,戴传曾教授赞许有加,甚至1956年以后胡仁宇已经去苏联攻读研究生了,戴先生还将他树立为组里的榜样,说他"工作热情高,积极主动,深入钻研,肯动脑筋"。

课题完成后,胡仁宇将研究成果撰写成论文初稿,后来他将这篇《用小电离室测量镭所放出的 γ 射线的剂量率》进一步修改完善,发表在了1962年10月的《物理学报》上。这是他第一篇公开发表的学术论文。

在近代物理所期间,胡仁宇还在杨澄中教授的指导下完成了有机晶体(萘及萘加蒽)及碘化钠(铊)γ 谱仪的制作。杨先生对于胡仁宇要求很严格,据胡仁宇后来回忆,杨先生基本每周都会要求他对上周的工作进展做汇报,汇报内容包括在研究中发现什么问题或什么现象,下一周准备干什么,有什么打算,有什么设想,必要时还会检查胡仁宇的记录本,对于其中记录的实验数据进行讨论。

王方定院士对于胡仁宇的这段实验经历印象深刻,据他回忆,胡仁宇经常在实验室里加班加点、专心致志地埋头做实验,甚至挥发性的碘把墙壁都熏黑了他也浑然不觉。

在胡仁宇当年的工作笔记上,详细记录了做实验的系列方案和数据,其中有很多的记录时间是凌晨甚至更晚。当时同事们称他"拼命三郎"。几十年后，曾经的同事们回忆起那段日子，还对胡仁宇在阅报室一边看资料一边吃饭的样子记忆犹新。

得益于戴传曾和杨澄中两位先生的严格教导，加之善于思考、勤于动手，并能全身心地投入科研工作中，胡仁宇在核物理实验方面培养了良好习惯，也为他之后走向更广阔的科学天地打下了坚实基础。

"转行"投身核武器研制事业

1958年夏天，胡仁宇利用放暑假的时间从苏联回国探望当时生病住院的女友，准备返回苏联时，临行前一晚，他去找钱三强辞行，钱先生却告诉他："你不要走了。"在交谈中，钱先生说要派他到一个新的研究单位去工作，但具体工作内容语焉不详。虽然胡仁宇感觉放弃在苏联的学业有些可惜，但他心中对于即将要开展的工作隐隐有些猜测。于是他按照钱三强的吩咐，第二天就欣然前往位于三里河的北京第九研究所报到了。这是他人生中的第二次"转行"，从此，他的一生就与我国核武器事业紧密联系在了一起。

成立之初的九所，既没有研究队伍，也没有实验设备，一切都要白手起家。为了尽快培养人才、建立队伍，九所任命了一批科研骨干作为负责人，带领团队分赴其他研究机构抓紧开展科研工作。按照组织安排，胡仁宇和王方定带领一批刚毕业的大学生，前往401（原子能研究所），依靠那里的条件筹建几个新实验室，建立技术储备和人才队伍，以便更好地开展后续科研攻关任务。刚满27岁的胡仁宇带着复杂的心情，来到中国科学院原子能研究所（原近代物理研究所）中子物理研究室（二室），作为九所的代培人员，在何泽慧的指导下，跟着核裂变组组长黄胜年在重水反应堆上开展裂变物理研究，学习中子物理相关知识。在经过一段时间的学习和摸索后，开始按照吴际霖和钱三强的安排，在朱光亚、何泽慧和刘允斌的指导下，与王方定一同着手筹建核中子物理和放射化学实验室。胡仁宇侧重中子物理方面的工作，王方定负责放射化学方面的工作。胡仁宇面对白手起家创建中子物理和放射化学实验室的任务，到底需要研究哪些科研领域？需要掌握哪些技术和设备？需要培养怎样的专业人才？这些问题深深困扰着他，唯恐有负国家重托，完不成任务。不知所措的他时常带着自己的困惑向朱光亚求教，朱光亚不厌其烦地为他答疑解惑，并告诉他，当遇到重大科技问题时，要学会将其化解为基础研究问题，多向老科学家和同事们请教。当时朱光亚的室友胡干达回忆说，胡仁宇时常与王方定、林传骝一起去找朱光亚，向他请教学术和技术问题，讨论得非常细致，经常谈到深夜。朱光亚给了胡仁宇很多指导，也成为他一生最重要的良师之一。

要筹建中子物理实验室，除了要培养具备中子物理实验能力的科研人员以外，还要创建进行中子物理研究的实验条件。要进行中子物理实验研究，首先要获得高能中子。中子的产生有3种途径：一是"天然"中子源；二是利用加速器；三是利用反应堆。为了获得较强的高能中子，以及尽快开展快中子测量研究工作，钱三强安排胡仁宇带领九所三室一组和原子能所的部分科研人员开始建立高压倍加器的研制工作，先后为原子能所设计建设了一台 100 kV 高压中子发生器和一台 400 kV 高压倍加器。

何泽慧和朱光亚全力支持胡仁宇建设高压倍加器，先是划分了一块空地给他，又在人力物力等诸多方面为高压倍加器的建设提供方便。就在这块空地上，从工号的设计图开始，到高压倍加器的设计与建成，胡仁宇都事事身先士卒、亲力亲为。

由于当时我国的工艺水平有限，刚开始加速器的密封很差，经常发生真空抽不上去的情况。每每发生这种情况，胡仁宇就带着团队昼夜不休地轮班工作，哪里漏气就堵哪里。许多人都和胡仁宇一样，连续几天一直待在实验室里工作。实在太累了，就趁着中间抽真空的时间赶紧睡一会儿。

建设在原子能所 53# 工号内的 100 kV 高压倍加器

（原图载于 1963 年第 3 期《原子能科学技术》中的《100 千伏高压加速管》一文）

要么就把几个靠背椅并在一起当床，要么就拿几张报纸往地上一铺凑合躺一下。有时候刚躺下，仪器就报警了，大家又赶紧起来继续工作。

由胡仁宇带头研制的 9 号（100 kV）和 12 号（400 kV）高压倍加器于 20 世纪 60 年代初先后建成并投入运行，九所三室一组的大部分科技人员通过参加安装、调试、运行和维修等工作，得到了全面的培训和锻炼，为今后的工作打下了坚实的技术功底。这段经历也锻炼了胡仁宇领导和建设重要科技工程的能力。之后，为了集中力量突破原子弹技术的若干重要环节，胡仁宇作为三室副主任，在部领导的安排下，开始与赖祖武、王方定等带领队伍一同进行点火中子源检测的相关工作，并完成了筹建新三室、向青海 221 厂区搬迁过渡等相关工作。

后来，胡仁宇带领三室，奋力为"两弹"突破夜以继日地工作。他全程参加了我国第一次核试验，作为作业队的一员，运送、装配核心小球，并根据分得的原子弹爆炸回收样品，牵头完成了首颗原子弹爆炸后的核爆产物放化分析，开启了中国工程物理研究院在核爆产物放化分析方面的工作。他也在不断"转行"接受新任务、新挑战的过程中，从一名科技骨干逐渐成长为一名科研管理者。

比起当年的高压倍加器，我国在当代正在建设的大科学工程，其建

科学家精神 奉献篇

设过程也一样充满着艰辛。在学科划分更精细、专业程度更高的今天，参与这些大项目的后来人，应该向老一辈科学家学习，立足当下，勇于攀登，无私奉献。在整个科研工作过程中，要仔细观察每个过程所发生的现象，认真做好工作记录，在科研工作进行到一个阶段时，及时做好工作小结，看是否可以得出某些规律性的东西，并明确下一步应该怎样继续深入研究，直到最后完成任务。时时思考，才更易有所收获；潜心研究，才更能有所突破。

（撰稿：中国工程物理研究院）

罗健夫
激流中奋进　逆境中攀高

> 罗健夫（1935年9月—1982年6月），毕业于西北大学原子物理系原子核物理专业。1965年，开始研究微电子技术。1969年主持国家空白项目——图形发生器攻关。1972年、1975年先后研制出第一台"图形发生器""Ⅱ型图形发生器"，为我国航天工业作出重大贡献。1978年获全国科学大会奖后继续研制Ⅲ型图形发生器，至1981年10月已独立完成全部电控设计。2009年被评为"新中国成立以来100位感动中国人物"，2019年获"最美奋斗者"称号，入选"庆祝中华人民共和国成立70周年大型成就展"1980—1989年英雄模范人物。

罗健夫是一个普通的科技工作者，他所处的是平常的岗位，从事的工作是平凡的工作，也正是因为这些平凡，衬托出了他的更多非凡。

在激流中拼搏奋进

1951年，罗健夫进入了部队，那时他只读完了初中二年级的课程。两年后，他从解放军武汉后勤学校结业后就分配到了甘肃的一个军马场工作。"他必须认清，只有在现代知识基础上，他才能建立共产主义社会，如果他不通晓这种知识，那共产主义始终只不过是一种愿望而已。"这是列宁《青年团的任务》中的话语，也是他入团后湘乡中学团支部赠予自己的珍贵礼物。这句话对这位当时还不到20岁的年轻人启发很大，看到这句话的罗健夫立即用红笔标注，并用接下来的一生来实践。

在劳动的同时，他开始了刻苦的自修，几乎把所有的业余时间都用在了学习上，就是靠这种坚忍的意志，终于自学达到高中毕业水平，并于1956年考入西北大学原子物理系原子核物理专业。

1959年4月16日，是罗健夫终生难忘的一天，他在鲜红的党旗下庄严地宣誓，加入了中国共产党。这年10月正值新中国成立十年大庆，在学校举办的教育成果展览会上，专题展出了罗健夫德智体全面发展、被评为全校"三好"标兵的模范事迹。1960年7月大学毕业时，罗健夫激情满怀地写道：

> 让我去吧，亲爱的党，
> 我愿意走进山区的教室，
> 也愿意到高原的厂房，
> 到科学院很高兴，
> 到农业社也将同样。
> 哪里都是祖国，哪里都是家乡。
> 我急切地等着党的命令，
> 时刻想背起行装，

罗健夫　激流中奋进　逆境中攀高

像一个就要出征的战士，

激荡的心啊，早已飞向前方。

1963年开始，罗健夫的工作方向变成了计算机。对于大学专业是原子核物理的罗健夫，几乎算是进入全新的领域了。但他并没有放弃，他那股不服输的精神又支撑起了他，干一行、爱一行，学一行、专一行，用在他身上再适合不过了。

1963年搞计算机电源，1965年又开始搞半导体设备，先搞超声压焊机，后搞图形发生器。罗健夫能成为如此的"全才"并不是因为他的天赋和悟性，完完全全是出于他的踏实认真、专注，不舍昼夜，还有他严谨的科学态度和高尚的科学道德所成就的。这些研究成果都不是他对口的专业，许多东西要从头学起，这10多年来，不知道熬过多少不眠之夜，它把自己的睡眠时间压缩到几乎不能再压缩的程度。

罗健夫的学习总是和自己的工作结合在一起，既重视书本，又重视实践；既有高度的热情，又有严肃认真的科学态度。他们搞超声压焊机所用的锆钛酸铅压电陶瓷换能器，是由中国科学院声学研究所协作试制的。声学所不仅提供了两批不同配方的换能器，还介绍了设计公式和频率特性。有的同事高兴地说："这下好了，我们按设计公式干，省事多了。"

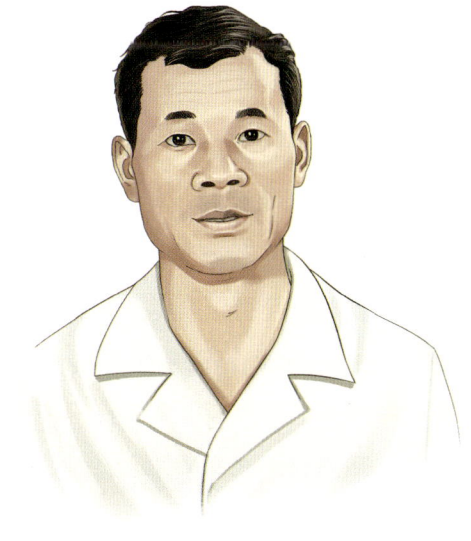

罗健夫坐在旁边，左手托着下颌，摇摇头说："不，古人说，'纸上得来终觉浅，绝知此事要躬行'。我们还是仔细测试验证一下。"

"那，多麻烦……"

罗健夫耐心地说："搞科学，哪能怕麻烦呢！"

在他的带动下，组里同事把30多个换能器逐一编号，按加工过程中的两个主要阶段，对频率特性进行了详细的测试，并绘出40多张特性曲线图。由于做了这项工作，使大家对这种器件有了较深的认识，掌握了它的特点，在以后装调超声压焊机时，避免了盲目性，少走了弯路。后来，北京电机厂的一位老工程师指着罗健夫画出的一张张曲线图，向几个青年技术人员赞叹地说："这才叫搞科学研究，严格、严肃、严密，我们都应该学习老罗这种科学态度、科学作风。"经过近三年的苦战，国家急需的超声压焊机终于研制成功了。

1969年年底，他负责的非标准设备研制组又承担了图形发生器的研制任务。图形发生器是用电子计算机控制，制作半导体大规模集成电路掩膜版的专用设备。这种掩膜版，是一种高精度、分辨率要求很高的底版。如果用人工，要放大几百倍，画图、刻版、照相、再初缩、精缩成1∶1，制作周期须用半年到一年，且质量无法保证。若图形发生器试制出来，只需要给计算机输入设计好的版图对角两点的坐标，按程序曝光形成图形，几小时后，就可以制出需要的初缩掩膜版。在微电子学领域，其意义是重大的。没有它，要研制和发展半导体大规模集成电路，几乎是不可能的。

当时，要研制它，一无图纸、资料，二无样机，不仅需要尽快掌握电子线路、自动控制、精密机械、应用光学、集成电路工艺等多方面的专业知识，而且还要精通计算机。罗健夫作为一个学原子核物理，后来也只搞过电子管稳压电源、超声压焊机的人，对图形发生器是很陌生的。况且，那个年代的科研和生产条件很差，但为了发展祖国的国防科研事业，填补中国电子工业的一项空白，他勇敢地带领全组同事承担了这项任务。从此，他便踏上了攀登科学高峰的崎岖小路，开始度过使他生命更加迸发光辉的4000个日日夜夜。

罗健夫　激流中奋进　逆境中攀高

咬紧牙关全心奉献

建设社会主义精神文明，犹如奔向共产主义前程的万里长征。这个长征，也有"雪山""草地"，也要克服艰难险阻，冲破围追堵截。罗健夫这个普普通通的共产党员，1951年参军时抱定的"牺牲个人的一切"的决心，1959年入党时写下的"忘我无私地工作"的誓言，矢志不移，本色不变。

虽然在追求真理上罗健夫可以说是绝对的认真负责，并且勇于攀高，然而在对个人功劳和得失上，却十分云淡风轻。在科学上，"重要的是研究出来的'东西'，而不是研究者'个人'"，这就是他的座右铭。

在呈报科研成果的表格上，他总要求不要写自己的名字。奖金，他常常对自己应得的那份儿一分不要，全部上交组织。中国电子学会设备组邀请单位一位有学识的同事参加学术指导活动，领导决定让他参加，他婉言谢绝，把这份荣誉让给了别人。这期间，一位同事到外单位搞协作，忘记了一个设计公式，写信向罗健夫请教，老罗不仅告诉了其公式，而且把自己呕尽心血、积累多年的全部技术资料统统寄去。

报考高级工程师，这本来应是每个科技工作者的正当愿望，但罗健夫也为个别人争职称的歪风感到愤然。按他的水平和贡献，考取高级工程师是不成问题的。但是，两次报考机会，他都有意避开了。领导动员他，他说："考职称不是选劳模、评先进，我水平不够，以后再说吧。"许多同事听了感动地说：讲水平、论贡献，咱们都比老罗差，人家不报，咱还争什么？

调工资，这关系到每个职工的切身利益。当时，罗健夫早该属于应调对象，但他还是坚决地让出了调资名额。其实，罗健夫夫妇生活并不轻松，甚至可以说生活压力很大，日子过得很紧巴，夫妇俩每月工资总共才130元。可每每到这种时候，总会有人为调资吵吵闹闹得不可开交，于是他提出:"国家有困难,我家生活不困难,我不调!"看到老罗做出了表率,一些干部、职工也纷纷找领导请求:"不要调我。"单位领导除了批准4名领导干部做表率外,看到老罗态度最真诚、最坚决,特意批准了这个"兵"的要求。罗健夫知道这个消息后,异常激动地说,"我感到这是党对一个党员的最大信任,是我精神上的最大安慰!"

出国深造,这本是难得的考察学习机会,当然也不乏个别人想乘机捞点"外快"。1978年,组织上派他去日本实习,在国外期间,他是实习小组组长,一分一分地抠着开销,将节约下来的40%的费用全部上交国家。不仅如此,他将公费与自费一笔一笔泾渭分明地做着账,发票清楚地分开,凡是自费发票统统丢掉,不给国家添一分钱的负担。

罗健夫就是这样,每时每刻都在用自己的行动带领身边人树立新风;每时每刻都向着更高的精神境界进行着思想长征!

逆境之中勇攀高峰

1981年10月,正当Ⅲ型图形发生器研制进入最紧张的阶段时,罗健夫感到胸部隐隐作痛。这时,工作需要他去北京搞协作。一进北京,病痛加重。他抓了几服中药,晚上一边熬药,一边查阅资料。白天在工作室里,他一只手顶着胸部,一只手操作机械。同事们看他疼得厉害,劝他休息休息。他却笑笑说:"没关系,贴块伤湿止疼膏就好了。"单位领导多次写信催他回去检查治疗。他却说:"这里需要我,我不能走。"就这样忍着病痛坚持了3个月,直到春节前夕才回到家里。

在组织的再三催促下,1982年2月6日上午,他匆匆去看了病,又硬挺着上班了。傍晚,得知罗健夫确诊为癌症的医生匆匆来到家中,约他第二天再去检查,不料老罗仍未回来。

慢慢地,罗健夫看大家总是阴郁着脸,甚至时常对他闪躲,加之自己身体的感受，也一点点地猜出了大概。有一天他主动嗔怪车间领导："要因人而异嘛，像我这样的人，应该早告诉我，我好安排一下工作。"不久，他在医院正式得知确诊的消息。面对这沉重的打击，老罗异常镇定，他问医生："我相信唯物主义，对癌症并不畏惧，请说吧，我还有多少时间？"随后嘱咐同去的同事："现在，每分每秒对我都宝贵！"

但罗健夫的病情却在急剧恶化，他胸腔的肿瘤竟把胸骨顶得隆起，皮肤烧灼般剧痛。就这样，他依然坚持去上班。直至组织上强硬"命令"他在家休养，他才终于同意。他对爱人陈显万说："我不能工作了，你再不工作怎么行？"硬是把爱人推去上班。而他自己，为修改Ⅲ型图形发生器的图纸，又一头扎进了资料堆！

1982年4月，罗健夫的病情急剧恶化。老罗承受着难以言状的折磨，他总是不由得皱着眉，咬着牙，甚至全身被冷汗湿透。

"健夫，打打止痛针、吃片安眠药吧？"他的爱人心疼地劝慰道。

"不，那东西刺激脑神经，我要保持头脑清醒，还可以想想'Ⅲ型'研制中的问题，给大家当当参谋。"

一位和罗健夫共同研制图形发生器的同事要出差，特意来向他道别。这时的罗健夫呼吸已相当困难，说话吃力，体质极虚。可他硬撑起身子，拼足力气，气喘吁吁地和这位同事谈了两个多小时，从Ⅲ型图形发生器的设计逻辑，到调试中可能出现的麻烦，以及怎样处理这些难题，讲得那么详细，思考得那么缜密。简直难以想象，一个没有工作任务在身的垂危患者，却对党的事业那么尽心，那么认真！

为党的事业奋斗终生

1982年6月16日，罗健夫同志逝世了，终年47岁。按照他生前的遗愿，遗体做了病理解剖，医生们惊异地发现：他周身布满癌瘤，胸腔里

科学家精神 奉献篇

的肿瘤比心脏还大，胸骨已酥脆，一碰就碎了。医务人员都哭了，并用最凝练的语言评价了这个患者："很少见这样的病，更少见老罗这样的人，他真是特殊材料制成的！"

看看罗健夫1959年4月16日在入党志愿书上写了些什么吧："我决心把自己的一切（连同生命）献给党，献给党的事业，忘我无私地为人民利益工作。我要更加努力学习政治理论，彻底铲除一切资产阶级思想意识，确立共产主义世界观和人生观，使自己永远成为一个真正符合共产党员标准的人。我还要用共产党员的态度对待工作，掌握现代化科学知识和劳动本领，以便在建设社会主义和迈向共产主义的大道上，胜任党交给我的一切任务。"

这段话语，并没有什么警句。但是，看看罗健夫一生的实践，他写的"献出一切（连同生命）""忘我无私"等，哪一句没有实现？哪一句经不起检验？

他有太多的事迹、太多的精神值得后辈学习。他不是高高在上毫无破绽的圣人，不是智力超群成果颇多的奇才，他更像人们身边的老前辈，他的无数精神还在科研工作者身上延续着。通过了解他的故事，再一次汇总他这些平实却无比高尚的精神、无比高尚的品格，从中学习他、感受他，并且推广这优秀的思想境界、生活作风。这就是从党员到群众乃至全国人民都应学习并为之感动的罗健夫！

（撰稿：西安微电子技术研究所）

参考文献

[1] 刘军，王玉年. 他用生命实践了入党誓言[N]. 工人日报，1982-09-07（04）.

[2] 邱文仲，刘军，庞文清，等. 罗健夫：中国工人阶级先锋战士[N]. 工人日报，1982-11-05（04）.

钱七虎
孜孜不倦六十载
为国铸盾永冲锋

钱七虎（1937年10月—），防护工程学家，中国工程院院士。我国现代防护工程理论的奠基人、防护工程学科的创立者。长期从事防护工程及地下工程的教学与科研工作，创建了中国防护工程学科，建成了国家重点学科、重点实验室和创新研究群体。系统建立了土中浅埋结构核爆炸荷载的相互作用计算理论、城市人防工程毁伤评估方法、防护工程抗高速、超高速钻地弹打击的设计计算方法和深部岩石非线性力学理论，研制出我国第一套空中核爆炸荷载模拟试验装置，研发出多种新型防护材料和系列高抗力复合结构。在国内倡导并率先开展了深部非线性岩石力学基础理论，以及深部防护工程抗核武器钻地爆炸毁伤效应的研究。提出防护工程建设转型、建设超高抗力深地下防护工程、战略通道桥隧并举、能源地下储备等多项发展战略建议。曾获国家科学技术进步奖一等奖、何梁何利基金科学与技术进步奖等奖项。2019年获国家最高科学技术奖。

科学家精神 奉献篇

生于乱世，历经国难

1937年是淞沪会战爆发、日本侵略者占领上海的一年。那是中国人民都要铭记的日子，人民流离失所，民不聊生，母亲在逃难途中的一艘小船上生下了他，因在家中排行第七，取名为"七虎"。

七虎在战火纷飞的年代长大，目睹了抗日战争、解放战争、朝鲜战争，他深刻地体会到了"落后就要挨打"，幼小的七虎下定决心，要为中华之崛起而读书，报效祖国。也正是童年的这段经历，使未来的他对国家安全如此的重视。

品学兼优的七虎在高中毕业时获得了选派到苏联学习的好机会，但此时国家正急需一批军事人才。他放弃了出国的机会，毅然留下，一头扎进了我国防护工程研究领域。

潜心铸盾，科学报国

1964年，随着一朵巨大的蘑菇云在罗布泊的戈壁沙漠骤然升起，中国第一颗原子弹试爆完成，这意味着中国成为有核国家。在大家开心祝贺之时，钱七虎身着防护服，飞快冲进核爆中心的勘察爆炸现场，他可不是研究原子弹，而是如何"破"原子弹的"解"，从而为国家铸就坚不可摧的"金钟罩"，这是国家交给他的任务。钱七虎曾说："我们在地下要建能够扛炮弹、炸弹、钻地弹、原子弹、氢弹这些武器破坏的工程。这些工程是我们国家积极防御战略的基石，是我们国家安全的最后一道防线。"

世间万物，相生相克，有矛必有盾。"如果说核弹是锐利的'矛'，那么防护工程则是坚固的'盾'。"钱七虎曾这样表示。20世纪70年代初，飞机洞库门的相关计算均采用手算的方式，计算精度差、效率低且容

钱七虎 孜孜不倦六十载 为国铸盾永冲锋

易出错。钱七虎受命设计空军45米跨度洞库门，率先引入了有限元计算方法。那时，钱七虎从未接触过最先进的大型晶体管计算机，就连计算机的操作说明书对于他来说都是一本"天书"。他的同事们都不看好他能完成这个艰巨的任务。然而，两天后，当他再次站在大家面前，

说的第一句话是："可以上机操作了。"两天时间，钱七虎拿着这本"天书"，把自己关在了房间里，他不仅看懂了，而且把程序都编出来了，这简直就是见证奇迹的时刻。

钱七虎首创提出使用气动式升降门方案来缩短防护门的启闭时间，然而，实验结果却不尽如人意。他并没有放弃，而是迎难而上，每一次失败，他都寻找原因，细心总结，拿笔详细记下起因、经过、结果、失败原因、进步程度、存在的差距等，然后再次实验，失败了也不气馁。那段时间，钱七虎像打了鸡血一样，一头扎进机房，除了吃饭睡觉，就是实验，下定决心，一定要攻破难题。终于，功夫不负有心人，历时两年多，他成功了。他解决了防护工程中的难题，并设计出了当时国内抗力最高、跨度最大的飞机洞库门。

然而"矛"不断升级，"盾"有时抵挡不住了。钱七虎迎难而上，带领团队开展抗深钻地武器防护的系统研究，并创造性地提出了建设深地下防护工程的总体构想。经过十几年的潜心研究，钱七虎和团队攻克了一个个难题，为我国战略工程造了一座"地下钢铁长城"。

为了掌握一手资料，钱七虎总是亲自深入地下数千米深的作业面去

实地考察。煤矿的支巷里潮湿、闷热、粉尘遍布，温度高达 40 ℃，时年 70 多岁的钱七虎在这样的环境中坚持了 1 个多小时，通过观察获得了许多宝贵信息。

防护工程建设离不开理论体系的支撑。钱七虎趁热打铁，开始编著《有限单元法在工程结构计算中的应用》一书；20 世纪 80 年代，在国内首次发表了防护系统工程论文，开创了国防与人防工程软科学研究领域。"反复做，不断钻研，不知道的东西经过学习变成知道的，得到了无上的愉快。"这就是钱老数十年如一日投身科研、化苦为甜的原因吧。

心系国家的战略科学家

钱七虎不仅是中国国防工程领域的开拓者、引领者，也是一位战略科学家，将科研延伸到国家经济发展的方方面面。钱七虎说："做科研工作，不能仅仅着眼当下，更应该站在国家的全局进行前瞻思考，哪些事情对国家和人民有利，我们的兴趣和爱好就要向哪些事情聚焦。"

现如今，交通拥堵、尾气漫天等一系列城市病充斥着现代人的生活。因为土地不够，造成"城市病"，然而想要缓解这个问题，就要在城市里大面积扩展地面道路建设。这显然无法实现，尤其是在寸土寸金的一线城市，更别提开展城市规划的改造项目了。为了解决这一问题，钱七虎将目光转向了地下空间。"目前我们地下空间的开发利用，还远远没有作出它应有的贡献，潜力还没有发挥到位。"钱七虎在接受采访的时候提到。20 世纪 90 年代末，钱七虎就率先提出：中国城市人多地少，在大城市人均道路指标普遍较低和建设用地严格控制的情况下，发展地下快速道路建设非常适合我国国情。2000 年，他主持编撰了关于我国地下城市空间利用的专著《中国城市地下空间开发利用》，并且指导北京、深圳、南京、青岛等十几个城市的地下城开发利用的评审。目前，我国北京、上海的"地下城"建设已经超过了发达国家，达到全球领先的程度了，可以称得上是这方面的"强国"。

地下交通问题解决的不仅仅是地上拥堵的问题，更是环境问题，这就是钱七虎提到过的"城市减肥"。在此之前的环境治理措施治标不治本，并没有很好地解决PM2.5超标及雾霾严重的空气污染问题。治本必须转换思维，换一种解决问题的方式，要找到问题的根源——汽车尾气的排放，然后进行科学地抑制。钱七虎认为：科学地抑制意味着要符合中国国情，通过限行、限购的方式过于急功近利，弊端很多，不利于转变经济发展方式，也不利于利用消费内需牵引经济发展。科学地抑制交通，要考虑到城市规模，因地制宜，大城市的城市资源不足以支撑这么多人口了，就要抑制人口，扩大可用面积。这可以总结为：科学抑制城市交通需求，科学提高城市交通供给能力，科学治理城市空气污染。

科学家的愧疚

钱七虎一生致力于科学研究，奉献国家，舍小家顾大家，不为名与利。为了国家的"地下钢铁长城"，与妻子袁晖分居两地长达16年；为了编写教材，无暇照料孩子学习，导致儿子高考失利，只上了中专。这是钱七虎的遗憾。

那一年，钱七虎接到任务，到西安的工程兵学院任职，他与爱人的婚礼，是借回北京参会的机会，一天匆匆完成的。他深知自己工作性质的特殊，即使是最亲密的爱人，也不能告诉她自己的工作任务。他临走前只给家人留下了一张纸条——"我有任务，走了。"之后就进入了不分昼夜的工作，几个月与家人失去联系。

因为工作需要，钱七虎没有时间与爱人相见，更不能让爱人去探亲。16年里，爱人独自负担起养儿育女和照顾老人的责任。1982年，钱七虎把母亲接到了身边，可是由于工作繁忙，他没有时间陪伴母亲，"我没有带她到饭店吃她喜欢吃的东西，也没带她坐一次飞机，想到这些我心里就很难受，没尽到孝道"。

钱七虎遗憾地说："我对爱人和孩子真的很愧疚。那些年，我和他们唯一的联系就是写信。"但袁晖却说："他这个人吧，嘴上不怎么说，但实际上，对家里人、对孩子还是很关心、很爱的。这种爱不是那么显山露水，却让人感觉到踏实。" 对爱人、对家人、对孩子的愧疚是钱七虎的遗憾，爱人的理解与支持是支撑他为国家尽心尽力奉献一生的不竭动力。2019年1月8日，在北京的人民大会堂，一位满头银发的老人在万众瞩目中，从习近平总书记手中接过了2018年度国家最高科学技术奖奖章、证书。此时，人民大会堂掌声如潮。

这是我国科技领域的最高荣誉。他是我国现代防护工程学科的创立者、中国工程院首届院士，陆军工程大学教授钱七虎，一位为了祖国奉献、付出了一生的人，他是一名军人、一名科学家，而此时他只是一位面带微笑的慈祥老人，时间在他身上留下了岁月的痕迹，他为祖国付出了六十余载的时光，那个少年已白发苍苍。他始终牢记着：奉献是军人的本职，科技强军是军队科学家的使命。

国家最高科学技术奖的奖金是800万元，钱老先生将此全额捐出，分文不取，这笔钱是为了资助西北和少数民族的贫困学生上学用的，又将会有多少个孩子，寄托着钱老的希望，怀揣着科学报国的理想，知识改变命运。2020年的这次疫情，钱老又捐出了650万元给武汉灾区。

"我这个人知足常乐，帮助别人，我自己很高兴，也健康长寿。"一个功成名就本该安享晚年的院士，将他的积蓄捐出，将国家对他的奖励无私地给予社会困难群众。如今，83岁的钱老先生依然奔波在祖国一线，带学生，做科研，生龙活虎。

（撰稿：薛祺）

参考文献

[1] 葛江涛，于晓伟. 地下快速路如何解决交通问题：中国工程院院士钱七虎访谈录[J]. 经济与社会发展研究，2014（5）：9-11.

[2] 祖一飞，喻思南，云利孝. 钱七虎：为国防工程铸就"金钟罩"[N]. 文萃报，2019-03-19（04）.

[3] 张晔，张巍，李浩. 以心血锻造和平之盾：记2018年度国家最高科技奖得主钱七虎[J]. 科学之友（上半月），2019（3）：12-14.

[4] 钱七虎：一生只做一件事 为国铸就"地下钢铁长城"[EB/OL].（2019-04-19）[2020-07-12]. http：//www.12371.cn/2019/04/19/VIDE1555663681534122.shtml.

林俊德
生命最后一刻还在工作

林俊德（1938年3月—2012年5月），爆炸力学工程技术专家，中国工程院院士。长期从事空中爆炸冲击波、地下爆炸岩体应力波、爆炸地震波、爆炸安全工程技术、强动载实验设备与实验测量技术等研究工作。参加过众多重大国防科研试验任务，带领项目组解决了多项关键技术课题，曾获国家发明奖、国家科学技术进步奖等奖项。2019年入选"庆祝中华人民共和国成立70周年大型成就展"1970—1979年英雄模范人物。

这是一幅令国人敬佩的景象：他头戴氧气面罩，身上插满医疗管子，消瘦的脸颊上满是憔悴，脖颈上深刻的皱纹、腮帮上些许褐斑表现出他此刻的羸弱。但透过面罩，他的眼神中透露着坚忍、坚毅，他在同时光赛跑，与生命抵抗，做着最后的冲锋。

此刻的他早已全身透支，在病危的情况下，他用颤抖的手握着鼠标缓缓移动，口中喃喃着电脑中的资料，身旁的医疗仪器告警声不断，但他毫不在意。尽管视线已经模糊，他却对科研项目的资料进行着最后的整理。

终于，他再也不能支撑住自己羸弱的躯体，在医护人员和家人的搀扶下，回到了病床……

2012年5月31日20时15分，他的脚步终于停下了，这样一颗满怀爱国热情的赤诚之心停止了跳动。而留给人们的，永远是冲锋的背影。

时间没有留给他一丝丝的从容，来不及完成笔记本上的提纲。临终前，用虚弱的语调再三叮嘱旁人："死后将我埋在马兰。"

在他的遗体告别仪式上，将士们用挽联为他送行："铿锵一生，苦干惊天动地事；淡泊一世，甘做隐姓埋名人。"而他正是爆炸力学工程技术专家林俊德。

潜身数十载，为国铸核盾

20世纪50年代，刚刚成立的中华人民共和国面临着复杂的国际形势，美苏两个超级大国对中国不断进行核威胁，严重威胁着新中国的安全。党中央当机立断，做出了研制核武器的战略决策。一批批海外专家、学者教授、高校学子满怀爱国热情，积极响应祖国号召，从四面八方奔赴核试验基地。而在这些前行者中，同样有着林俊德默默前行的身影。

1938年3月13日，林俊德出生在福建省闽南山区的一个贫困农家。儿时，父亲早早地离开人世，母亲含辛茹苦地拉扯5个孩子，生活十分艰苦，他还曾被迫辍学。但困苦的条件并未击倒他，他的心中始终饱含着对祖国的深沉热情，这股热情让他坚定前行。终于，新中国成立后，他依靠政府助学金重返学校，并最终以优异成绩考入浙江大学。他深知是新中国给了自己不断前行的动力。就是这样，1960年他在了解到党中央的重大决策之后，携笔从戎，怀着对新中国的满腔热忱来到了大西北的广袤天地。

科学家精神 奉献篇

伴随着火车的轰鸣声，在重复了几个同样的黑夜到达罗布泊之后，年仅二十几岁的林俊德被眼前的景象惊呆了。荒漠无垠的戈壁横亘在天地之间，这片被称为"死亡之海"的罗布泊，早已失去了往日汪洋的迹象，没有人群的熙攘、绿色的点缀，只有死亡一般的宁静。到了夜晚，又仿佛钻进了巨大的坟墓，在无尽的漆黑中没有一丝的人间灯火。极大的昼夜温差与落后的基础条件同身体上的不适交织在一起，不断地冲击着每个人的心理防线。

抛却恶劣的环境因素，研制核武器，又谈何容易？面对西方国家严格的技术封锁，他们没有任何的参考文献或实物参照。1959年，中苏关系急剧恶化，苏联撤走在华科学家后将图纸全部销毁，扬言称道："没有苏联的援助，中国人就是一百年也无法研制成功原子弹等核武器。"与此同时，国内科学家对该领域几乎一无所知，相关科研条件和科研设备也是一穷二白。在这样的环境下，林俊德和众多科学家面临着极大的困难，中国的核试验一度陷入了困境。首先摆在他们面前的就是核试验冲击波测试工作，作为核武器试验结果分析的重要载体，冲击波蕴藏着丰富的试验数据，但如何在高危险环境下安全监测核爆炸产生的冲击波成了一个关键命题。林俊德主动请缨，积极参与核试验冲击波机测仪器的研制。他常这样说道：成功的关键，一个是机遇，一个是发狂。而这个机遇对林俊德而言，正是摆在面前的核试验冲击波机测仪器的研制工作。

那天，窗外黄沙漫天，风声萧瑟。秋冬的西北戈壁凝固了，寒流从平缓的帕米尔高原袭来。零下几十度的低温下，全部被冰霜所覆盖，只有远处的几棵胡杨凌乱地插在地上。房间里，林俊德数十次的演算都相继以失败告终，他放下手中的笔杆，在窗前暗自踱步。面对窗外的戈壁，他陷入了沉思：数十次的演算难以推出正确的结论，实验难道就此搁置？他的脑海里不断浮现出儿时家徒四壁但母亲仍努力生活的场景。数十年的艰难困苦真正打磨了他，他没有忘记自己来到大西北的初衷，更没有

林俊德　生命最后一刻还在工作

忘记向党中央和全国人民许下的承诺。

凭借着在哈军工扎实的理论储备，林俊德的研究小组发现了电机动力的弊端，决定以机械动力作为重点突破方向。为此，他找来了很多的闹钟，在其中汲取研制灵感。同时，决定自行设计一个适用于冲击波的大功率发条。在克服了恶劣环境困难和众多科研技术难题之后，林俊德带领众多科研工作者终于在1963年成功研制出第一台核试验冲击波机测仪器样机，为核试验的成功进行奠定了坚实的基础。

1964年10月16日15时，随着罗布泊一声巨响，巨大的蘑菇云腾空而起。现场总指挥张爱萍将军立即向周恩来总理报告，我国第一颗原子弹爆炸成功。

周总理在电话里谨慎地问道："怎么证明是核爆成功？"现场一片肃静，要知道美苏等国家的核试验只得到很少的数据。此时，程开甲带着林俊德匆匆赶到，说："冲击波的数据已拿到，从实验数据可以证明，这次爆炸是核爆炸，当量是两万吨。"张爱萍看着眼前这个年轻人，激动地拍着他的肩膀说："你们立了大功了。"而正是林俊德带头负责研制的钟表式压力自计仪，获得了当时能够证明核爆炸的重要数据之一。而那一年，林俊德也不过才26岁。

林俊德在西北大漠隐姓埋名，五十余载未曾离开，将自己生命中最宝贵的时光都献给了祖国的国防事业，将自己最辛勤的汗水挥洒在祖国的西北大漠上。当《人民日报》深夜红字报头刊发原子弹爆炸成功的消息时，身处西北大漠的林俊德的脸上终于绽放出会心的笑容。

埋头名未扬，许国铸辉煌

原子弹的爆炸成功并没有让林俊德的脚步停下，他又立即投入氢弹的研发工作。第一颗原子弹爆炸之后，1966年年底，首次氢弹原理性试验开始进行。林俊德同样奉命研制测量高空冲击波的压力自计仪。同样的课题、同样的任务，但这次却面临着更大的困难。本次试验位于高空，冲击波的测量同样位于高空。仪器要在零下60 ℃的低温下工作，但当时还不具备模拟低温的实验条件。为了更加真实地模拟仪器的使用环境，林俊德和同事们背着沉重的测量仪器，在海拔几千米的山顶工作了一宿。

冬天寒风凛冽，戈壁地区昼夜温差极大，山顶上更是冰封雪冻。寒风像针一般深深刺进每个人的身体里，手被冻僵、腿脚麻木、身子不停哆嗦……但艰苦的环境条件并未阻止他们，后来他们采用高空气球放飞试验的方法解决了问题。经过不断地艰难探索，终于赶在试验前研制出高空压力自计仪，为飞机投放氢弹安全论证提供了科学依据。

由于任务的特殊性，核试验的测量时刻都与危险相伴。简陋的防护服无法从根本上抵挡高放射性环境。但林俊德曾这样说道：自己是搞核试验的，一不怕苦，二不怕死。研究爆炸力学的他，一辈子几乎都在和炸药打交道。为了能够尽快拿到第一手的试验资料，掌握最为精确的试验数据，他每次都尽可能地离爆炸现场甚至爆心近一点，经常要在核爆后的第一时间去抢收数据资料。有一次，车坏在路上，为了能够加快司机修车速率，他主动摘下自己的防护罩，证明没有危险，加快修车速率，只为能够尽快拿到第一手数据。林俊德将个人生死置之度外，这种工作上的"发狂"，不仅是源于对工作极端负责的态度，更能表现出他对这份事业的挚爱，愿意投入自己的全部乃至生命。

林俊德善于啃硬骨头，乐于啃硬骨头。林俊德在自主创新上有一股不屈不挠的拼劲，他始终瞄准最前沿课题进行攻坚，努力占领一个又一个的技术高地。20世纪80年代，为了限制我国核武器的发展，西方国家签订了禁止外太空核试验的条约。为适应我国地下核试验爆炸力学的测量需要，基地需研制某种力学装置，而该种装置当时在国外已经相当成熟。有人建议借鉴他人设计，但林俊德果断地说："科研的核心是创新，要做就要比别人做得好。"于是，经过两年多的反复设计与实验，不断改进测量方法和技术，林俊德最终带领同事们成功研制出了性能优良的力学实验装置。

驱驰名节重，淡泊素心存

当中国第一颗原子弹爆炸成功之后，功成名就的林俊德放弃了东部优渥的生活条件，选择留守大漠，而这一守就是40余年。在2001年成功当选中国工程院院士之后，60余岁的他仍然主动冲锋在科研第一线。他又主动担纲国防科研试验装备的研制任务，带领攻关小组连续解决困难，并力排众议取得了重大突破，成功研制新型国防装备，为我国国防科技和武器装备发展倾尽心血。

而在功成名就之后，林俊德并没有居功自傲，仍淡泊名利，潜心学术。他自己给自己制定了"三个不"：一是不是自己研究的领域不轻易发表意见；二是装点门面的学术活动坚决不参加；三是不利于学术研究的事情坚决不干。2005年，某大学邀请他作为名誉教授。他这样说道："我们研究领域虽然接近，可是距离太远，鞭长莫及的，我给不了指导，这挂名教授我还是别当了。"

在林俊德的办公室中，没有琳琅满目的荣誉证书、奖牌。当林俊德连续两年被推荐申报何梁何利基金科学与技术进步奖，领导向他征求意见时，都被他婉言拒绝。与此同时，林俊德不断践行着"行胜于言"的行为准则，他主持完成了众多科研项目，排报奖项名次时，却总把自己往后放，说："干工作时可以叫上我，其他的就不用再考虑我了。"

但在2012年5月4日这一天，林俊德终于还是倒下了，他不幸被确诊为胆管癌晚期。原本可以通过手术延长生命，但他断然拒绝了。后来，他病情恶化，被迫转入重症监护室。随后林俊德询问医生自己还能活多久，但当医生说出不到一个月的生命期限后，他表现得非常坦然。尽管家人们愈发伤心，但面前这个为国家付出一生的男人，是全家人真正的骄傲。了解到自己的病情后，他再三推脱，要求回到普通病房，因为对他而言，在重症监护室里无法工作，实在是没有任何的意义。他这样说道："我的生命即将结束，越是在这个时候，我更要将时间花在工作上。生命期限我无法把控，但手里的工作我可以进行把控。"于是之后就出现了一幕令国人落泪的画面：已经极度虚弱的林俊德插着输液管、戴着氧气罩，在家人和护士的搀扶下坐在电脑前做着生命的最后冲刺。5个小时之后，2012年5月31日20时15分，为国奉献一生的林俊德就这样永远地离开了人世。

林俊德无私奉献、至死拼搏的精神值得敬佩。在他的心中，他早已将自身的命运紧紧地与国家命运系在一起，而国家的利益永远在自身利益之上，他愿意完完全全地将自我献给他热爱的祖国。在林俊德奋斗的50余年里，他为我国国防科技事业不断作出贡献，今日我国这番成就，离不开那一群为我国国防科技事业默默奋斗的工作者们，也离不开为国家前途命运奋斗至死不渝的林俊德。

林俊德默默无闻、虚名薄利的品德值得敬佩。在林俊德为我国核试验钻研的50余载里，他和其他的科研工作者一样隐姓埋名、默默无闻地为我国的科研事业作出自己最大的贡献，他们的心中都有着一个共同的理想信念，那就是让中国终有一日真正地强大起来。

"大漠、烽烟、马兰。平沙莽莽黄入天,英雄埋名五十年。剑河风急云片阔,将军金甲夜不脱。战士自有战士的告别,你永远不会倒下。"这正是他壮美一生的真实写照。纵观林俊德的一生,他是个失败者,他一生愧对父母、妻子和孩子;他是一个成功者,唯一没有愧对的就是自己的祖国。

遥远的西北戈壁中,有一种花名叫马兰,它在有生命绝地之称的罗布泊大漠扎根绽放、倔强生长。而在万千马兰花中,有一棵名叫林俊德。

(撰稿:黄子龙)

参考文献

[1] 陈明华. 林俊德纪念馆即将开馆 展示时代英模传奇一生 [EB/OL].(2019-05-16)[2020-07-09]. http://www.mnw.cn/quanzhou/yc/xw/2160809.html.

[2] 黄从军,张利文,王泽勇. 隐姓埋名,播种东方巨响:追记总装备部某基地研究员林俊德院士(上)[N]. 中国青年报,2012-09-24(01).

蒋筑英
用奉献照亮追光之路

> 蒋筑英(1938年8月—1982年6月),中国科学院长春光学精密机械研究所第四研究室代理主任、副研究员。主要研究方向为光学检验,在光学传递函数、色度学、光学检测、软X射线等多方面都作出了显著的贡献。2009年被评为"100位新中国成立以来感动中国人物",2019年荣获"最美奋斗者"称号,入选"庆祝中华人民共和国成立70周年大型成就展"1980—1989年英雄模范人物。

满腔热血赤子心

蒋筑英,浙江杭州人,1938年出生在贵阳。尽管是战乱年代,父母却希望他能成为一个对国家有用的人,一到年龄便送他去读书。日本投降后不久,蒋筑英一家回到杭州。1956年,蒋筑英以优异的成绩考入北京大学物理系。在北大期间,他学习刻苦,不仅认真学习专业课程,同时还掌握了英、俄、德、日、法五门外语。

1962年，蒋筑英迎来了人生中的一大转折。大学毕业时，他不知道该到什么地方工作，开明的母亲很希望他回杭州或上海工作，但是为了祖国的需要和儿子的前途，她也鼓励蒋筑英到长春工作，因为长春是祖国光学事业的重要基地。最终，蒋筑英怀着满腔的爱国热情，毅然选择了长春，来到了中国科学院长春光学精密机械研究所工作，并考取了著名光学科学家王大珩的研究生。

迎难而上攀高峰

蒋筑英对国家和科学的热爱，让他迸发出巨大的能量。20世纪60年代初，国外科学家开始使用光学传递函数来评价光学系统质量，并逐步应用于实践。这是应用光学的理论难题，也是实用性很强的一门基础技术，当时在我国这还是个空白。在读研究生的时候，导师王大珩就建议蒋筑英以光学传递函数理论为研究课题。

光学传递函数理论是法国人杜费尔于1946年最早提出的，1949年塞德第一次运用，在1962年的国际光学第六次会议上得到世界公认。为了攻克这个新课题，蒋筑英废寝忘食地工作，全身心地投入这个五彩斑斓的光学世界。1964年，他终于取得了重要的突破。当日本东京第七次国际光学会议上刚刚出现第一批光学传递函数的专题报告时，蒋筑英在一海之隔的上海也发表了我国第一篇光学传递函数论文。这时他还是研究生，只有25岁。他用两年时间走完了别人要多年才能走完的路程。

然而，理论突破只是一个基础，研制光学传递函数测试装置才具有真正的实际价值。为此，蒋筑英白天进行实验和设计，晚上查阅国内外文献。这是一项极具开创性的工作，要克服重重难关，有的人在巨大的困难面前退缩了，蒋筑英却说：科学研究的道路本身就是不平坦的，不会一帆风顺，

科学家精神 奉献篇

居里夫人把自己关在小木屋里，节衣缩食，4年之后才发现镭，我们还没搞到一年呢，要打起精神，继续干！最终，经过700多个日日夜夜的奋战，1965年，蒋筑英负责的我国第一台光学传递函数装置研制成功。

蒋筑英在颜色光学方面作出的贡献也是卓著的。他在色度学方面发表了5篇重要学术论文，在颜色光学领域做了多方面的探索，解决了许多实际问题，提出了很多重要见解。长期以来，我国在彩色电视、彩色电影、彩色印刷上存在一个突出的问题，就是彩色还原不好，影像的颜色不纯正。在彩色电视上，当时人们常常看到，影像就像长了绿毛似的，人面呈现紫茄子色。虽然国家组织过全国性的会议，但问题也没得到很好的解决。蒋筑英深深感到这是影响电视、电影、印刷事业发展的实际问题。他下决心要与同事们一起攻克这个技术难关。经过努力，在阅读了国内外大量资料的基础上，他成功地编制了"彩色电视摄像机校色矩阵最优化程序"，并据此制作校色矩阵板，这在国内是个创举。北京应用蒋筑英的研究成果进行试验，鲜艳准确的色彩立刻显示出来，克服了过去的毛病，很快在国内推广。

不计得失奔波忙

在人们的印象中，蒋筑英是一个从来闲不下来的人。不论是搞科研，主持学术会议，还是协助工厂破解难题，帮助研究所里解决大大小小的事情，20年如一日，哪里需要他，哪里就有他的身影。为了工作他经常

蒋筑英　用奉献照亮追光之路

奔走在北京、上海、天津、沈阳、大连等地，常常连续出差，昼夜赶路，有时下车连口水都来不及喝就去察看仪器，解决问题。而且，他也极善于利用时间，工作之余为计算机房修理冷冻机、更换宽行打字机的光源等都是常事。

因为通晓五国语言，蒋筑英是长春光机所外文翻译方面的"专家"，找他帮忙的人很多。而且，他在科研中翻译外文资料时，一旦遇到对别人有用的资料，也常常主动翻译出来，誊写清楚后送给人家。因为常常泡图书馆，他对馆内的文献情况很清楚，为方便大家查阅，他主动到图书馆编制书目，又到情报室帮助编辑《光学设计与检验》资料索引，他还把自己多年积累的大量文献卡片送给情报室，供大家查阅资料时使用。后来，他发现中国科学院图书馆的光学资料不好查找，他就设计了一个书目编排方案给人家寄去。他自己收集和撰写的宝贵资料，只要别人来找，他也都慷慨地贡献出来，从不计较个人得失。

鞠躬尽瘁只为国

蒋筑英一心为公的高尚情操，源于他对党的无限热爱，对社会主义的无限忠诚。"文革"中，他对极"左"路线敢顶敢斗，对不正之风敢于批评，对受到不公正对待的同事敢于仗义执言。他自己的父亲长期蒙冤入狱，而这些，丝毫没有动摇他对党的信任和对社会主义的信念。科研之余，他认真学习马克思、列宁、毛泽东的著作和中央文件，坚决要做一个思想进步的知识分子。1979年，在一次出国前，他向党支部递交了入党申请书，可是直到1981年父亲被平反后，他的党员梦才出现转机。1982年5月26日，党支部讨论了他的入党问题。刚刚填完入党志愿书，组织上还没有来得及讨论，他又接受了新任务，去成都参加X射线天文望远镜空间模拟装置的验收工作。当时，蒋筑英已经带病工作很多天了，但他依然将病情置于脑后。在出差前一天，他又收拾了新建的试验室，修好了院里被损坏的柏油路面，帮助同事家里修理了下水道。

到达成都的第一天早晨，蒋筑英感觉腹部疼痛，但他还是没有休息，用手按着肚子工作了一整天。第二天下午由于病情加重才住进医院。可是，由于病情急剧恶化，经抢救无效，蒋筑英于1982年6月15日17时零3分逝世，终年43岁。

蒋筑英的一生是光荣的一生，对国家对亲人没有任何要求，有的只是付出和贡献。他没有遗言，留给世人的只是对事业的责任感和对他人的一片赤诚。1982年7月7日，中共吉林省常委会一致通过，接收他为中国共产党党员。在他的追悼大会上，全国十几个省市近百个单位发来了唁电、唁函。党和国家领导人对蒋筑英的事迹给予了充分肯定，聂荣臻元帅亲书"知识分子的优秀代表蒋筑英"！

（撰稿：中国科学院长春光学精密机械与物理研究所）

郑守仁
殚精竭虑为长江
一生丹心铸三峡

郑守仁（1940年1月—2020年7月），水利水电工程专家，中国工程院院士。从事水利工作以来，先后负责乌江渡、葛洲坝导截流设计、隔河岩等工程现场全过程设计，主持三峡工程设计总成及现场勘测、设计、科研工作，为我国大型水利水电工程建设和长江治理与保护作出突出贡献。他负责或主要参与的工程设计项目曾获国家科学技术进步奖特等奖、国家优秀设计金奖。2019年荣获"最美奋斗者"称号。

生命与三峡融为一体，赤诚永铸大坝之内。

2020年7月24日，被誉为"大坝的基石""当代大禹"的中国共产党优秀党员、中国工程院院士、三峡水利枢纽工程设计总工程师、水利部长江水利委员会原总工程师郑守仁，因病医治无效在武汉逝世，享年81岁。

郑守仁院士从事水利工程设计50余年，长年驻扎施工现场，以工地

科学家精神 奉献篇

为家,是新中国成立 70 周年"最美奋斗者",为三峡工程设计、施工,葛洲坝工程大江截流及围堰设计施工等我国大型水利水电工程建设作出了突出贡献,获得国际大坝委员会终身成就奖、国家科学技术进步奖特等奖、国家优秀设计金奖等 40 余项省部级以上奖励。

殚精竭虑为长江,音容笑貌在耳畔。犹记 2019 年 9 月 25 日晚,刚刚获得新中国成立 70 周年"最美奋斗者"称号的郑守仁院士,已是重症加身。他半躺在床上虚弱地说:"我现在关心的不是我的身体,而是三峡工程能不能经得起历史检验。三峡工程经过了 10 年试验性蓄水,10 年跟踪,经受了汶川地震等各种考验,各项指标完全正常,对环境没有产生不利影响,已经取得良好效益。这一辈子把三峡工程搞完了,也算是了了我的一个心愿。"他缓慢地讲述,句句不离"三峡"。

数十年如一日,直到生命尽头,郑守仁院士将这辈子的命运与中国水利事业紧紧相连,与三峡工程紧紧相连,赤子之情令人泪目。

坚定忠诚的政治品格,担当负责的奋斗精神,勇于创新的科学态度,淡泊名利的高尚情操,扶危助困的人文情怀,甘为人梯的品德风范,郑守仁院士的崇高品质影响着一代又一代长江委人。

"情"系水利:一生献身祖国治水事业,不居功、不争名

郑守仁的童年经受了淮河水患之苦,也目睹了淮河上第一座水利工程润河集水利枢纽工程的建设,他立志要当一名水利工程师,变水害为水利。

1963 年,郑守仁从华东水利学院河川枢纽及水电站建筑专业毕业,分配到长江委工作,从此一生与水利结缘。他的脚步从陆水到乌江渡,从葛洲坝到隔河岩,直至三峡……

"设计画的一条线,工人干得满身汗,国家花钱成千上万。"这是

郑守仁 殚精竭虑为长江 一生丹心铸三峡

郑守仁挂在嘴边的话。他在主持的葛洲坝、隔河岩、三峡等工程建设中，一再强调对工程设计要优化优化再优化，节省国家投资，减轻工人劳动强度。

1974—1981年，郑守仁在异常艰苦的条件下，担负起葛洲坝导流围堰和大江截流设计的重任，"住的芦席棚，餐餐'瓜瓜椒'，十里工区路，天天两腿走。"在艰苦的条件下，郑守仁提出"钢筋石笼"龙口护底方案，大大减少进占抛投料的流失，确保大江截流一举成功，令世界为之震惊。

带着丰富的实践经验，1986年，郑守仁全面主持隔河岩工程设计工作。1993年5月，隔河岩电站首台机组安装基本就绪，提前发电指日可待，可工区突降大暴雨，保护厂房基坑的电站尾水叠梁闸门严重漏水。

"不及时排除险情，厂房基坑的损失将不可估量！"郑守仁连续昼夜坚守，最终体力不支昏倒在现场。

医生诊断后埋怨他："你的血管快破裂了，再拖延一点时间，后果不堪设想！"

可郑守仁人在医院，心却牵挂着隔河岩，病情稍稍好转，他又奔回了工地。最终，工程险情解除！

隔河岩工程一次蓄水成功，提前半年发电。郑守仁作为功臣，被授予工程技术人员中唯一的"隔河岩工程特殊贡献奖"。

1993年，郑守仁获得"隔河岩工程特殊贡献者"奖励，可以获得奖金5万元，这个数字在那个年代无疑是天文数目，但郑守仁毫不犹豫地捐献出去了。其中，3 万元资助工地职工子女求学，1 万元支援山区小水电建设，1 万元寄回母校设立教育基金。

不居功、不争名，郑守仁一生都低调地为人处事。2006 年，郑守仁荣获湖北省科学技术突出贡献奖，50 万元奖金他还是捐献出去。每逢遇上洪涝灾害，他总是带头捐款，汇款单上只写着"长江委一职工"。他的稿费、讲课费等，也都用于集体福利事业或送给生活困难的同事。据不完全统计，郑守仁累计将各类奖金、稿费 158 万元全都捐献于公益事业。

情之所系，行之所至。50 余年的水利工程设计，郑守仁以党和人民的事业为己任，始终以榜样力量带动整个长江委团队，从一名普通工程师成长为中国工程院院士，以一片丹心和坚实的脚印，助力我国水利事业实现了新的跨越。

"情"系三峡：三峡工程的质量是千年大计，一定要对国家负责、对人民负责、对工程负责、对历史负责

1993 年，已年过半百的郑守仁，迎来人生中最大的挑战，也是一生最大的荣耀——担任长江委三峡工程设计代表局局长，作为前方技术总指挥，担当三峡工程设计总成及现场勘测、设计、科研的重任。

"千年大计，国运所系"，三峡工程的质量关乎中华民族的千秋大业。作为设计总成单位的总工程师，神圣的使命感和高度的责任感让郑守仁把三峡工程质量看得高于一切。

郑守仁反复叮嘱设计人员，要牢记当年葛洲坝工程建设时周总理"战战兢兢，如临深渊，如履薄冰"的谆谆教诲，以科学严谨的态度，竭尽

郑守仁　殚精竭虑为长江　一生丹心铸三峡

全力把三峡工程设计工作做好。

右岸一期土石围堰优化设计，是进军三峡的第一仗。

围堰是右岸一期工程的生命线，也是施工准备阶段的重点项目。一期土石围堰建设的成败或快慢，不仅直接影响右岸工程的进展，更关系大江截流的整体计划。按传统的清基方法，不仅投资巨大，而且工期长。

郑守仁结合长期工程实践积累，和团队反复研究试验，提出优化土石围堰的设计方案"排淤挤淤"和"内堵外排，保留粉细砂"的基础处理方案，确保一期土石围堰顺利建成。

经专家鉴定，郑守仁开展的"三峡一期土石围堰基础处理及施工方法优化研究"在当时节省近6000万元工程投资，同时使混凝土纵向围堰浇筑工期提前了10个月，为三峡工程大江截流奠定了坚实基础。

在三峡工程设计中，郑守仁带领设计人员攻克一道道技术难关，创下十几项优化设计成果，推广应用一系列新技术、新工艺和新材料，创造了显著的经济和社会效益。一期混凝土纵向围堰节省混凝土24万多立方米，二期工程左导墙节省混凝土16万多立方米，三期上游土石围堰节省土石方10万多立方米。据不完全统计，经优化设计，仅主体工程就节省混凝土100多万立方米，节约投资约3亿元。

三峡工程建设过程中要对长江进行两次截流，世所罕见。郑守仁提出的技术方案两次都取得圆满成功。三峡工程大江截流设计获国家优秀设计金奖，其技术成果荣获国家科学技术进步奖一等奖。

1997年的大江截流是在葛洲坝工程形成的水库中实施的，水深超出一般的特大型工程截流水深的两三倍，江底还有20多米的松软淤沙，截流难度可想而知。面对难题，郑守仁多次组织专家"会诊"，反复进行模型试验，首创"人造江底，深水变浅"的预平抛垫底方案，大江截流有惊无险!

继大江截流之后，郑守仁又带领团队成功实现2002年三峡导流明渠截流，被两院院士评为"2002年中国十大科技进展新闻"之一。

在三峡工程建设中，一期土石围堰地基淤沙处理技术，大坝建基岩面高程的确定，大坝建基无盖重固结灌浆技术，大坝混凝土设计按强度控制转变为按耐久性和强度双重控制，在确保工程安全和工程质量的前提下修改完善设计、不断优化工程运行调度方式发挥综合效益等重大技术问题都离不开郑守仁的身影。

郑守仁对三峡的"情"，是对水利工程的系统认知和精准考量，是对水利事业的爱，是对国家的忠诚和对党的忠诚。

他对三峡工程质量的要求一丝不苟，对三峡工程所有重点部位的基础验收都要亲自到现场，编写了130多万字的《水利枢纽工程质量标准及监控》一书，强调要把确保工程安全和工程质量放在优化设计的首位。

对每一块大坝基础、每一项分部工程、每一次工程验收，郑守仁都严格把关。当看到多头转包、施工质量没有保证时，他立即找到有关负责人，直抒己见，要求"喊停"，不怕得罪人。

工程验收时，郑守仁更是丁是丁、卯是卯，凡不符合设计要求的地方，绝不"少数服从多数"。对发现的工程质量问题，除了向各有关单位反复强调进行处理外，他还提出技术处理措施补救，不留隐患。

三峡工程是当今世界最大的水利枢纽工程，在工程规模、科学技术和综合利用效益等许多方面都堪称世界级工程的前列。

郑守仁曾动情地说："三峡工程的质量是千年大计，一定要对国家负责、对人民负责、对工程负责、对历史负责。"

郑守仁以海纳百川的胸襟，博采众长，他对张光斗、潘家铮等水利水电领域著名权威、学者、专家十分敬重，常常虚心请教，对他们提出的问题一一答复，对他们的意见和建议一件件落实。

郑守仁与水利界泰斗张光斗先生为三峡工程常有书信往来，张先生对他谦虚、诚恳的态度评价很高。由中国工程院院士文伏波等退居二线的

郑守仁　殚精竭虑为长江　一生丹心铸三峡

老专家组成的长江委科学技术委员会是郑守仁十分倚重的"智囊团""聚宝盆"。这些老专家为三峡工程的论证、上马倾注了毕生的聪明才智，是不可多得的宝贵财富。因此，郑守仁每年都要请他们来三峡工地考察、咨询，这些老专家的点拨、提醒，让他受益匪浅。

技术民主、科学决策是郑守仁的一贯作风。他曾说过："建水利工程不是解数学题，不是靠个人的力量，靠的是一个群体。"

每遇重大技术问题，郑守仁都要组织开会讨论，集思广益，充分听取各专业、各方面意见，然后慎重做出决策，并主动承担责任。

据统计，郑守仁主持召开三峡工程现场设计讨论会2500多次，形成会议纪要6800多万字。撰写的现场设计工作简报500多期，400多万字，是一部最真实、详细的三峡工程建设史和备忘录，为确保三峡工程的设计质量和施工质量奠定了坚实基础。

"情"系国家：一生报效祖国，将博大无私的爱献给人民

50多年来，郑守仁不忘初心，始终践行着入党誓言，以工地为家，春节、国庆等节假日都在工地值班，在全国水利系统内罕见。他的作息时间表上没有白天、黑夜，除了吃饭、睡觉，就是工作、工作。

2001年国庆前夕，郑守仁作为全国先进工作者赴京参加盛会。可他却坐卧不安，此时三峡建设正进入施工高潮，他放不下工地上的事。郑守仁焦急地找到带队的同事，要求提前返回工地。当绚丽的礼花升腾在天安门广场时，郑守仁已悄悄踏上了返程的列车……

长期驻守工地极为简陋的生活方式，让郑守仁积劳成疾。2005年8月，郑守仁患重病住进医院，同事都为他的病情担忧，可他担忧的却是三峡大坝右岸混凝土浇筑。

手术前的一个双休日，趁医生不在，他心急如焚地从医院跑回三峡工地，亲自到施工现场找施工部门负责人强调："要千方百计采取措施，做好混凝土温控防裂，要让全国人民放心。"

结束手术回到病房，病房又成了临时会议室。"右岸大坝预计年底全线达到高程185米的目标能否实现？""三期浇筑拆模了没有？地下厂房的施工洞打进去多少？"禁不住郑守仁的询问，在病房里大家更多的是商议三峡工程的要事。

三峡工程建成投运后，郑守仁仍抱病坚守三峡工地，日复一日、争分夺秒地整理总结三峡工程有关资料，230万字的《长江三峡水利枢纽建筑物设计及施工技术》已出版。

为了长江，为了祖国的水利事业，郑守仁把对亲人的爱深深埋在心底，把博大无私的爱献给了祖国和人民。他身边的陪护人员说，郑守仁院士对三峡大坝，比对自己孩子还好。

1969年2月，春节刚过，郑守仁告别刚满半岁的女儿，南下贵州，参与乌江渡水电站建设。

每年女儿生日之时，郑守仁总会提醒妻子：一块儿吃碗面吧，算是遥祝女儿生日快乐。对无暇顾及的女儿，对年迈体弱的老岳母，对一直陪伴左右、吃苦受累、多病而又刚强的妻子，郑守仁的心里都有说不出的歉意和感动。直到2019年春节，他才离开三峡工地赴苏州与女儿一家过了一个久违又迟到的团圆年。

半个多世纪以来，郑守仁不忘初心，不论多难、多苦，始终勇担治江工程建设的使命，他的精神是长江水利人受用不尽的精神财富，更是新时期水利行业精神的具体化身。

对三峡工程深厚的"情"、对水利事业的"爱"，桩桩件件，都饱含着郑守仁报效祖国的赤子之情。这是与党和人民血脉相连的悠悠深情，更是推动民族复兴实现中国梦的烈烈豪情。

郑守仁　殚精竭虑为长江　一生丹心铸三峡

2020年9月,水利部在全国水利系统广泛开展向郑守仁同志学习活动,号召水利系统广大干部职工向郑守仁同志学习,弘扬其先进事迹和崇高精神,见贤思齐,担当作为,凝聚新时代水利改革发展的强大力量。

大师远去,荣光永存。我们怀念先贤的最好方式,就是再次出发,全力投身长江大保护的伟大实践,共同建设美丽中国!

（撰稿：水利部长江水利委员会宣传中心　杨莹）

南仁东
匠心筑梦　为"天眼"奉献一生

　　南仁东（1945年2月—2017年9月），国家重大科技基础设施FAST工程首席科学家、总工程师。他潜心天文学研究，坚持自主创新，主导提出利用我国贵州省喀斯特洼地作为望远镜台址，从论证立项到选址建设历时22年，主持攻克了一系列技术难题，为FAST重大科学工程建设发挥了关键作用，实现了中国拥有世界一流水平望远镜的梦想。曾荣获"改革先锋""人民科学家""最美奋斗者"等称号，2019年入选"庆祝中华人民共和国成立70周年大型成就展"2010—2019年英雄模范人物。

　　仰望天空，作为一个天文学家，南仁东非常清楚，无数来自宇宙边际的信号，经历了成千上万光年的漫长路程，也许就在他抬头的这一刻划过地球。这其中蕴含着揭示宇宙奥秘的线索，南仁东渴望能在中国大地上建造一个科研重器，来捕获这些信号，让祖国在地球上的天文史中再

南仁东 匠心筑梦 为"天眼"奉献一生

划出浓重的一笔。为了这个科学梦想,他奉献一生。

从工人队伍中走出的科学家

1963年,南仁东以吉林省高考理科第一名的成绩被清华大学无线电系录取。清华大学毕业后,他被分配到吉林省通化无线电厂,正是这段工厂车间学徒经历,才使南仁东对产业"工人"有了新的认识,也才明白了什么叫"一丝不苟""严丝合缝"。

1969年,通化无线电厂接到上级任务,要求研究便携式小型收音机。工友们立即想到可以让南仁东来主导科研小组。南仁东在清华学习的专业是真空及超高频技术,在校学习时,作为非机械专业的学生去参加机械制图比赛时,却超越了机械专业学生夺得第一名。南仁东临危受命,熟悉任务要求后整天忙碌在车间里,上班下班都是简简单单的一身工作服。他边学边干,将所学知识在生产线上对号入座,把现实的难题去与机器的实际运转磨合,他设计的模具样板到机器上丝毫不差。要是插件接头接触不良,他就改进插头镀金,亲手干电镀,亲自搞模具。24岁的南仁东和工厂的技术员、工人们一同研发的收音机一次性通过了测试。后来南仁东设计、绘图制作的模具,在长春塑料三厂可以免测,直接上机生产。这是南仁东在科研和生产实践

中迈出的第一步。这也是他与工人师傅互相配合，第一次实现了把知识变成技术，把科技变成产品，进而变成商品，进入千家万户的过程。

1970年，南仁东所在的无线电组装车间从厂里分离出来，成为独立的无线电生产企业，接到了研制10千瓦电视发射机的任务。当时另一名大学毕业分配而来的技术员刘绍禹认为，要完成这项任务不可能。南仁东便回答道："怎么不可能，半导体收音机，我们不是也干下来了吗？""怎么不可能"——这句话是南仁东精神里面探索、创造的内在力量。他认为世上一切的发明创造都是把不可能变成可能。在他看来"有条件要上，没条件创造条件也要上"是他一生中秉承的信念。

开启"天眼"激越时代

南仁东1968年毕业于清华大学，后于中国科学院研究生院获硕士、博士学位，曾在日本国立天文台任客座教授。1982年，他进入中国科学院北京天文台工作。1993年，在日本东京召开的国际无线电科学联盟大会上，科学家们提出，在全球电波环境继续恶化之前，建造新一代射电望远镜，接收更多来自外太空的讯息。南仁东坐不住了，他不能忍受中国在这一领域再被别人甩下，一定要抓住这个赶超的契机。他提出，"在中国境内建造直径500米、世界最大的单口径射电望远镜"。这是个大胆的设想，已不仅是一个严密的科学工程，还是一个难度巨大的建设工程，涉及天文学、力学、机械工程、结构工程、电子学、测量与控制工程，甚至岩土工程等各个领域。几乎没人看好这个设想。能不能找到合适的地方，施工难度能不能克服等一系列突发情况都是未知数。"别人都有自己的大设备，我们没有，我挺想试一试。"这是南仁东面对质疑的答案。

1994年4月，我国500米口径球面射电望远镜（FAST）选址工作正式启动，南仁东和他的同事们开始了长达10余年的预研究工作。为了在

南仁东 匠心筑梦 为"天眼"奉献一生

贵州找到最适合建造 FAST 的位置，南仁东当时几乎踏遍了贵州所有洼地。他带着 300 多幅卫星遥感图，跋涉在中国西南的大山里，有的荒山野岭连条小路也没有，当地农民走着都费劲。南仁东曾亲眼见过窝凼里的泥石流，山洪裹着砂石，连人带树都能一起冲走。在下窝里考察的过程中，常常突遇瓢泼大雨从天而降。即使他在攀爬的路上不小心摔倒了，滚了下来，他也没有丝毫怯意。他认为这是在选址当中很平常的一件事。10 多年间，他寻遍了贵州大山里的上百个窝凼，踏遍了乱石密布的喀斯特石山，他常常像农民那样穿一条短裤，腰上挂一把柴刀。有的地方没有路，只能从石头缝中深一脚、浅一脚地挪过去。"有的大山里没有路，我们走的次数多了，才成了路"。"天眼"工程台址与观测基地系统总工程师朱博勤回忆，十几年下来，综合尺度规模、电磁波环境、生态环境、工程地质环境等因素，最终在 390 多个备选洼地里选中了条件最适宜的大窝凼。

1994—2005 年，南仁东的足迹遍布贵州上百个窝凼，当平塘县克度镇绿水村大窝凼的圆形喀斯特洼坑出现在他眼前时，他觉得此前的一切艰辛都值了。这个适合建造 FAST 的"窝凼"——几百米的山洼被四面的山体环绕，正好挡住外面的电磁波。

访山归来，南仁东心里有了底，正式提出利用喀斯特洼地建设射电望远镜的设想。自始至终，南仁东从不以科学家自居，而是一名真真切切的老工人。在深山寻址的他，与农民在一起，分不清哪个是南仁东；在建设工地上的他，与工人在一起，也分不清谁是南仁东。

默默无闻的战术型老工人

度过了举步维艰的最初 10 年，FAST 项目渐渐有了名气，跟各大院校合作的技术也有了突破进展。2006 年，立项建议书最终提交。通过最后的国际评审时，专家委员会主席冲上前紧紧握住南仁东的手："You did it（你做成了）！"夜以继日付出，让这个恢宏的望远镜工程在南仁东的头脑中逐渐成形。

2007年，FAST终于正式立项。南仁东更拼命了。这个巨大的工程需要攻克太多难关，南仁东常常无暇顾及自己的身体。为了节省时间，中午他总是随便吃点饼干、方便面充饥。遇到特别有难度的事，南仁东会长时间沉默不语。FAST开始建造时，南仁东总能很快找到问题的关键所在，从最初讨论到每一个细节设计，所有关键技术他都了如指掌。

在进行FAST工程钢索设计时，FAST上的钢索需要伸缩变形，这就需要计算钢索的耐疲劳程度，刚开始团队其他成员根据FAST 30年的寿命初步预估，钢索需要承受约600万次拉伸。南仁东却算出了另一个答案：200万次。后来大家经过多次计算模拟，发现南仁东是对的，600万次的估计远超出寿命所需，是不合理的。

钢索应该用什么样的钢，钢索接头部分用什么技术解决、用什么样的工艺支撑FAST的外形，这些问题南仁东都一清二楚。每一步都关乎项目的成败，他的付出有时甚至让学生们觉得"太过努力了"。连夜要赶项目材料，课题组几个人就挤在南仁东的办公室，逐字逐句地推敲，经常干到凌晨。

毕生心血筑"天眼"

大窝凼，一个封闭的山沟，实现了南仁东建设世界一流水平远望深空望远镜的梦想。为了FAST的建设，南仁东从宏观把握到技术细节，事无巨细，执着坚持。长时间的工作压力，压垮了他身体的免疫系统，令他原本健壮的身体不堪重负。由于患病后声带受损，南仁东的声音变得非常沙哑，说话必须吃力地靠着气往上顶，但他仍然坚持参加每次工程例会。即便后来得了癌症，南仁东心里还是放不下"天眼"。第一个化疗疗程结束，他就马上投入工作中。

在关键技术无先例可循、关键材料急需攻关、核心技术遭遇封锁的重重困境下，在从提出想法到项目落成的 22 年时间里，南仁东带领老中青三代科技工作者克服了不可想象的困难，最终实现了由跟踪模仿到集成创新的跨越。2011 年正式开工以后，随着支撑框架建设、反射面面板拼装、综合布线工程、馈源支撑系统升舱试验、主体工程、全系统联合调试的相继完工，这只"慧眼"终于开启。这个凝聚了南仁东 22 年心血的结晶，为中国科学家探寻未知宇宙和生命起源开启了"天眼"，也将中国天文学研究推向了一个更为深广的世界。

"FAST 就像是他亲手拉扯大的孩子一样，他看着它一步一步从设想到概念，从概念到方案、到蓝图，再到活生生的现实。"FAST 工程馈源支撑系统副总工李辉回忆，2014 年，馈源支撑塔刚开始安装，南仁东就立志要第一个爬上所有塔的塔顶。最终建成后，他的确一座一座亲自爬了上去，"他在用自己独特的方式拥抱望远镜"！2016 年 9 月 25 日，FAST 竣工进入试调试阶段，FAST 正式"睁眼观天"。利用这一世界最大的单口径球面射电望远镜，人类可以观测脉冲星、中性氢、黑洞等这些宇宙形成时期的信息，探索宇宙起源。它与号称"地面最大的机器"的德国波恩 100 米望远镜相比，灵敏度提高了约 10 倍；比被评为人类 20 世纪十大工程之首的美国"阿雷西博"305 米望远镜，综合性能提高了约 10 倍。

时势造英雄，越是复杂的工程，越能锻炼队伍。"做一项大的科学工程，大部分是没有先例的，需要一个核心人物，南仁东就是这样的角色。他是技术的核心推动者，是团队中掌握新技术最快的人，从宏观把握到技术细节，都免不了他来操心。去院里汇报项目进展，从未出过任何差错，而且每次都提前一小时到达会场，努力负责的程度超乎想象。"他的学生岳友岭这样回忆自己的老师，"他是科学家中的科学家。"

2017 年 10 月 10 日，中国科学院国家天文台发布了这个科研重器——

我国 500 米口径球面射电望远镜（FAST）取得的首批成果。FAST 望远镜探测到数十个优质脉冲星候选体，其中 6 颗通过国际认证。然而，在这个成果公布之前的 9 月 15 日，身为 FAST 首席科学家、总工程师的南仁东与世长辞。

"仰望星空，脚踏实地"，南仁东践行了这 8 个字，更将其化为一股精神——胸怀祖国的精神、勇于创新的精神、坚毅执着的精神、甘于奉献的精神。

（撰稿：李晗）

参考文献

[1] 詹媛. 南仁东：不忘初心逐梦"天眼"[J]. 中国人才，2019（1）：23-25.

[2] 张波. 南仁东的"天眼"之梦 [J]. 大众科学，2019（1）：30.

[3] 林落. 基础研究领域科学家 南仁东：二十二载铸"天眼"[J]. 科学新闻，2017，1（1）：51.

[4] 詹媛. 南仁东：不忘初心，逐梦"天眼"[J]. 黄金时代，2019（1）：23-25.

[5] 易小燕. 南仁东：为"中国天眼"燃尽一生 [J]. 科学大观园，2019（1）：72-73.

[6] 林汐. 中国"天眼之父"：南仁东 [J]. 现代班组，2020（5）：53.

朱有勇
把论文写在大地上

> 朱有勇（1955年11月—），植物病理学专家，中国工程院院士。长期从事生物多样性控制植物病害的基础、应用基础和示范推广研究，初步揭示了生物多样性控制病害的基本规律和基本原理。在国际上创建了"水稻遗传多样性控制稻瘟病理论和技术""生物多样性控制植物病害理论"，经过国内外数千万亩的示范推广，获得了显著的经济、社会和生态效益。曾获何梁何利基金科学与技术进步奖、联合国粮农组织国际稻米年科学研究一等奖、国家科学技术发明奖二等奖等奖项。2019年荣获"时代楷模"称号。

朱有勇学农爱农为农，敢做"顶天"科研，三十年光阴岁月浇灌科研种子，长成参天大树问鼎植保领域。他勇做"立地"事业，将自己深深扎根在祖国的云岭大地，通过科技示范扶贫、教育培训扶智等方式，带领澜沧"直过民族"拉祜族农民走上生态脱贫致富之路、绿色发展之路。

朱有勇用丰硕的科研成果谱写了一曲新时代的扶贫之歌,他真正地做到了将论文写在祖国大地上!

敢做"顶天"科研,潜心浇灌科研种子

一场位于云南省澜沧县的直播竟吸引了 50 多万名网民的观看,直播间中一位头戴草帽、脚穿军训胶鞋的"农民"正是这次直播的主角。只见他正在一边挖土豆,一边在电商平台向大家自豪地展示着手里的土豆:"你们看!我手中的冬季马铃薯,芽眼浅、皮光亮、个头大……"当天挖出的近 25 吨土豆在一个小时的直播里销售一空。很多人大概都想不到这样一位带货能力强的"农民"竟然是中国工程院院士——朱有勇!在学术界,朱有勇是公认的生物多样性控制病虫害研究的开创者和集大成者;在农民眼中,他是一个最在行不过的庄稼好手,是知农民冷暖、懂农民所想的贴心人;在学生眼中,他是一位学农爱农为农、令人敬佩的老师和关爱后辈的长者;而在自己眼中,他不过是一名普通的植物病理研究者。

20 世纪 70 年代,朱有勇从云南的山村里以优异的成绩考入云南农业大学。初入农业领域,他的研究生导师段永嘉先生问了他一个问题,然而正是这个问题让他花费了数十年去破解。段永嘉先生问他:"追溯世界农业历史,依赖化学农药控制病害不足百年,在几千年传统农业生产中,利用什么控制病虫害?"从小在农村长大的他,深知农民疾苦和科学种田的重要性,他也更知道控制病虫害对于农业多么至关重要,但是当时的他未能回答这个问题。怀着对科学研究的热情以及专注而坚毅的治学精神,朱有勇开始了 30 年的漫漫科学探索之路。当时如果在农田里大面积种植单一品种会导致病害加重,为了减轻病害人们开始大量地使用农药。农药用量的大幅增加不仅破坏了生态环境的平衡,而且对食品安全和粮食生产都构成了潜在危机。为了解决这一问题国外不少专家提出基因、生物学、

朱有勇　把论文写在大地上

杂交等方法，但在实际操作过程中以上方法都因技术难度太大，几乎没有成功的例子。朱有勇也一直在潜心钻研用何种方法能够控制农作物病害问题。20世纪80年代，云南的稻瘟病灾害很严重，因此他的身影常常穿梭在云南各个村子的农田里。朱有勇在石屏县的一个村子里调研时偶然发现单单种植一个品种的田里病害很严重，然而栽种着不同水稻品种的田里稻

瘟病却很轻。当他注意到这一现象时，他开始思索存在着这种差异的原因。勤于钻研的他想到水稻不同品种的间作可能会影响稻瘟病的发病率。同时他又在思考会不会是有些品种天生就对稻瘟病有抗体呢？如果是这样，把几种水稻混合种在一大片田里，就能抗多种病害了。

　　朱有勇似乎看到了解决当年老师所提问题的一丝曙光，他开始着手解答这一问题，但是没想到为了交出这一份满意的答卷竟然花费了30多年。他明白他只是提出了一个大胆的想法，但是真正回答那几个问题，还需要知道这种方法是否能控制病害、控制病害的机理，以及它能否得到推广应用从而造福农民和国家。他不局限于品种概念，借助传统间套作技术，开始了利用生物多样性控制病虫害的尝试。为了确证作物多样性时空优化配置是控制病害的新途径，朱有勇做了近千次的试验，往往都没有时间休息，一般吃完饭就开始工作，更不会因其他方面的干扰打乱自己的工作计划。就是凭着这股倔劲，他克服了不计其数的困难。30年来他的假期只有大年三十和大年初一、初二那几天，甚至有几年，春节假期朱有勇也是在

实验室泡方便面度过的。但他丝毫不在意，因为他知道攻克这个问题对于农民和整个国家来说都具有非凡的意义。

最终朱有勇通过机理研究，在传统技术的基础上，进行了品种搭配、空间配置和时间优化的技术创新，建立了一系列作物多样性控病增产新技术，最终确证了作物多样性时空优化配置是有效控制病害的新途径。在2000年，他的成果《水稻遗传多样性控制稻瘟病理论》发表在国际权威期刊《自然》上，并且是作为封面文章发表。这篇文章在国内外产生了较大影响，在植保领域更是引起了巨大的轰动。朱有勇在国际上率先创建了"水稻遗传多样性控制稻瘟病理论和技术"与"生物多样性控制植物病害理论"。他所发明的"遗传多样性控制水稻病害"技术使全国将近6000万亩的农田受益，"物种多样性控制作物病害"技术已在国内外应用于3亿多亩旱地作物。这两项技术都可以减少60%的农药用量，并使产能增加20%~30%，带来了显著的经济、社会和生态效益。

回顾这30多年，在布满荆棘的科研道路上，正是因为朱有勇有坚定不移的信念、赤诚不变的初心和刻苦钻研的精神，才使得他终于交付出了一份让人惊艳和感动的答卷，而那些答卷上的点点字迹都化为了造福农民的成果。

科研之光点亮脱贫致富路

朱有勇说最喜欢别人称呼他为"农民教授"，出生于云南个旧的他是个地道的农村娃，少年时当过知青，往后的时光都是与农田做伴。正是这份对农民和农村天然的眷恋和报效祖国的初心，使得朱有勇在1996年完成在悉尼大学两年的分子植物病理学有关项目研究后，决定带着妻女回到云南农业大学，毅然谢绝了悉尼大学对自己的再三挽留。回到祖国的怀抱以后，他全身心地将自己的研究成果投入农业实践，先后开展了

朱有勇　把论文写在大地上

香格里拉干冷河谷生境特色酒庄研发和低海拔河谷生境冬季马铃薯产业研发等农业项目，帮助当地农民实现增收，提升当地整体经济水平。

2015年，脱贫攻坚的号角吹响，朱有勇作为一名共产党员，更是积极响应党的号召。朱有勇坚定地选择了一个最穷的地方——距昆明约600公里的澜沧县。澜沧拉祜族自治县地处云南西南部，是全国唯一的拉祜族自治县，也是全国52个挂牌督战的脱贫攻坚县之一，贫困程度深，贫困面大。当朱有勇来到澜沧县时没有片刻休息就带领团队走进田间地头和深山密林开展实地调研。他总是在清晨带领团队在田间观察记录，晚上还会召集大家一起讨论白天遇到的问题。朱有勇和团队依据澜沧县自身的资源和优势，运用科学技术和科研立项，助推当地产业发展。同时落地的还有"院士、公司、基地、农户"的"4+"科学化、标准化、产业化扶贫模式，即院士、专家和公司抱团帮助农户解决技术、物资及销售方面的问题，农户专心学技术搞种植，大家齐心协力脱贫致富。在他的带领和号召下，有许多院士专家都直接为农户授课，用群众听得懂的语言讲理论、教生产，手把手地在田间地头指导农户种植，直至学懂学会。

2016年年初，朱有勇初次来到蒿枝坝村，这个村子属于绝对贫困村，农民收入以种植业为主。了解这个美丽而贫困的拉祜族山寨后，他想帮助乡亲们的愿望更加迫切。他不光想让这里的人们脱离贫困，他更想让他们过上小康生活！为了实现自己心里的承诺，他在一年多的时间里深入蒿枝坝村达14次，大半时间是在村里度过的。他还带领由云南农业大学50名教授、博士和硕士组成的团队参与扶贫，他们居住的村民活动室被村民们称为"科技小院"。朱有勇在调研中发现澜沧县境内有大面积退耕还林的思茅松，林下经济大有文章可做。随后，他又给澜沧县带来了一项"能转化到土地里"的创新科研成果——林下有机三七技术。朱有勇设想要让中药材回归山野林中，规模化、标准化生产有机三七，因此他规定林下有机三七种植坚持"不准施用一粒化肥，不准使用一滴农药"的品质控制标准，从生产过程保证了药材质量。这种技术占用农地面积小，生产成本不高，对农民负担小，但是产品价格高、经济效益好。依托林下有机三七技术，朱有勇为边疆民族地区探索出一条绿水青山和金山银山的绿色发展之路。每年到了试验田里三七出芽的时候，朱有勇都会与团队成员蹲守在田边收集资料，即使在脚踝扭伤的状况下，他依然会坚持到扶贫点实地察看。在朱有勇和扶贫干部的不懈努力下，林下三七的每亩干重产量为 50～80 千克，每亩林下三七可收入 5 万～15 万元，澜沧县脱贫攻坚成效已逐步显现。

朱有勇深谙"授人以鱼不如授人以渔"之道，因此他考虑扶贫不仅要从项目资金上扶持，更要从人才和智力上入手。为此他在云南农业大学、澜沧县成立专家扶贫工作站和云南澜沧院士专家咨询服务站。"两站"着力推动"政产学研用"结合，助力脱贫攻坚。他还积极协调争取资金和教育资源，建设了普洱市职业教育中心澜沧县分中心，在学校开设马铃薯班、蔬菜班、林下种植班和大专班，从蔬菜种植、网络营销等方面为贫困县培养农业技术骨干。朱有勇团队不仅将最新的科研技术带给了拉祜山寨，还在全国首创中国工程院科技扶贫技能实训班。院士专家培养了近千名乡土人才，这些学员回乡以后在脱贫致富中发挥了带头作用，变成一颗颗脱贫致富的"种子"洒遍澜沧大地，形成脱贫攻坚的"星火燎原"之势。

朱有勇立足平凡的岗位，将科研种子植根在云岭大地上，以初心灌溉这片贫困地区，使它生根、发芽、结果。他亲力亲为用对乡土和科研的热忱书写了学农爱农为农，潜心服务"三农"奋斗篇章。2015 年澜沧县的贫困率高达 41.17%，而到了 2019 年年底该县的贫困率已经下降到 1.63%，实现了从深度贫困的"民族直过区"到"云南省科技扶贫示范县"的跨越。朱有勇看着农民脱贫致富，心里感到特别欣慰。老百姓也给了他最朴实的回馈，每当农民家里吃杀猪饭时，大家都排着队去请他。

从农家子弟到大学校长，朱有勇潜心攻克世界难题，30 多年光阴终使科研种芽萌发为庇荫大树;从工程院院士到"农民教授",朱有勇汇聚科研成果的点点星光照亮了广袤的云岭大地脱贫致富之路。他虽然立足于平凡的岗位,却有着崇高的追求,这种追求百折不挠,这种力量持久深沉。他真正做到了将科研论文写到了祖国大地上,他是这个时代当之无愧的楷模!

(撰稿:王思惟)

参考文献

[1] 张勇. 科研上追求"顶天",实践中甘于"立地":云南各界为"时代楷模"朱有勇点赞[N]. 光明日报,2019-12-13(04).

[2] 陈鑫龙. 朱有勇:把论文写在大地上[N]. 云南日报,2019-08-04(03).

李保国
太行山上新愚公

李保国（1958年2月—2016年4月），经济林专家，山区治理专家。毕生致力于太行山区生态建设和科技富民事业，每年深入基层200多天，让140万亩荒山披绿，带领10万农民脱贫致富。常年高强度工作让李保国积劳成疾，2016年4月10日凌晨，58岁的他心脏病突发，经抢救无效去世。习近平总书记作出重要批示，称赞他是新时期共产党人的楷模，知识分子的优秀代表，太行山上的新愚公。曾荣获"时代楷模""改革先锋"等称号。2019年荣获"人民楷模"称号，入选"庆祝中华人民共和国成立70周年大型成就展"2010—2019年英雄模范人物。

35年，可以让荒山秃岭变成绿水青山；35年，可以让贫穷落后变得富裕兴旺；35年，可以让一个人变作一面旗帜。千年前，愚公在太行山脉誓与天公决胜负；千年后，在这片土地上，李保国成了"太行新愚公"。

李保国　太行山上新愚公

李保国是教授，更像农民——脸庞黝黑、笑容憨厚，一身尘土、两脚泥巴，扎在人堆里，和农民没啥两样。但就是这样的"农民教授"，以信仰为帆，大山筑梦，与农民为伍，与果树为伴——他用人生最宝贵的35年，扎根太行深处，每年"务农"200多天，致力于山区生态建设和科技富民事业，成为一个被太行山永远记住的人，也让这座英雄辈出的大山更加厚重。

他是一粒种子，深深扎根太行深处

李保国1981年大学毕业后留校任教。当时正值河北省委、省政府组织开展太行山综合开发研究。刚刚走出农门的他第一时间报名，放弃安逸的城市生活，和安建昌、于宗周教授一起扎进太行山，搞起了山区开发研究。

当时的太行山，水旱灾频繁，交通不便，三分之二的地区人均年收入不足50元，十分贫困。李保国跟课题组的同事们选择了极度贫困的浆水镇前南峪村作为开发试点，搞起了"小流域综合治理"。如果能把这里治理好，其他山区也就有希望了。前南峪的山体现了太行山的普遍特点：土层薄、不涵水，土壤瘠薄、有机质少，再加上干旱少雨，基本上年年种树不见树，年年造林不见林。为了摸清当地山区的"脾气秉性"，李保国每天早上五点起床上山，晚上七八点才返回。山当餐桌地当炕，躺在地上啃干粮是常事，就是在这样艰苦的条件下，他愣是跑遍了山上的山头地块、沟沟坎坎，晚上还要挑灯夜战、分析数据，寻求破解之道。

树木存活的唯一途径就是加厚活土层，土从何来，如何保证加厚的土层不被雨水冲蚀，一个个难题在白天的翻山越岭中，在夜晚柴油灯的陪伴中不断得到解决。1981年开始尝试，1986年爆破整地技术基本形成。4年后，整套石质山地爆破整地技术体系历经10年孕育，终于破壳而出。

基于山势，通过爆破每隔4米开一条宽1.5～2米、深1米的条状沟，把周围的土层集中充填到沟里。下雨时，雨水也会汇流到沟中。这样通过"聚集土壤，聚集径流"的"两聚"造林理论，使干旱山地改造具备了树木存活的基本条件。苹果、板栗等经济林木在前南峪的荒山上开始扎根生长。然而，可想而知，蚕桑专业出身的李保国能够把爆破搞得有模有样，成为专家，需要付出多少的辛苦和努力。

由于当时各方面条件的限制，整地所用的炸药需要纯手工制作，不仅要自行确定硝铵、煤油、锯末的配比，还要在农村杀猪用的大锅里炒制，混合比例和炒制方法哪一个都不能出问题。爆破整地时，为了保证爆炸深度、范围合适，同时不对周围环境造成破坏，需要反复研究打眼深度、放药量及二者的相互组合，经过近万次的爆破试验才得到准确适用的数据。不管是炸药制作还是爆破试验，危险都如影随形，意外随时可能发生。有一次，他和课题组的同事们在一片土地安装了几十眼实验炮。随着"嘭嘭"的闷响，炸点连续起爆，但细心的李保国发现有一眼没响，李保国上阶查看时爆炸正好发生，他直接就被崩了个大跟头，全身是土。

谈到这段经历时，李保国在意的不是生活的艰苦，不是工作的危险，更多的是对妻儿的愧疚。从1岁多就带在身边、一待就是4年多的儿子"小流域"，还有一同扎根太行山的妻子郭素萍，甘愿被自己"拉下水"。为了自己的治山梦想，这个家付出得太多太多。

功夫不负有心人。前南峪经过十几年的开发治理，"光山秃岭和尚头，洪水下山遍地流"的荒山秃岭早已不见踪影，"山顶洋槐戴帽、山中果树缠腰、山底梯田抱脚"的"生态经济沟"随处可见，这里被誉为"太行山最绿的地方"之一，并获得联合国"全球生态环境建设五百佳"提名。1996年8月、2016年7月，河北省中南部山区遭遇两次特大暴雨，与太行山区很多地方发生严重滑坡和泥石流灾害的情况不同，李保国治理的前南峪"过洪无灾"，而且"生态经济沟"里蓄存的都是清水。以"蓄、集、整、改、排"为一体的标准化"太行山片麻岩区防洪减灾工程技术"治理成效在全国引起轰动。

他是一棵树，绿遍太行山川

1996年的大洪水中前南峪葱茏依旧，而与之相距几十公里的内丘县岗底村就没这么幸运了，洪水冲毁了村里200多亩保命田，山上的果树也遭受不同程度的伤害。同时岗底村又是幸运的，李保国来到了这里。面对这个满目疮痍的小山村，农民出身的他被深深触动。1996—2003年，他连续9年常年吃住在村里，成了岗底的"编外村民"，白天钻果园查看情况，晚上用黑光灯观测虫情，夜间研究解决方案，一整套无公害苹果栽培配套技术也随之研发出来。他设计开发了苹果生产的128道工序，亲手培养的191名村民获得国家颁发的果树工证书，首次实现了优质无公害苹果生产的标准化，果农像工厂里生产标准件一样生产苹果。岗底村还在国内建立了第一个苹果类食品安全追溯系统，实现了从果园到餐桌全程监控。富岗苹果成为2008年北京奥运会专供苹果，先后获得昆明世博会银奖、中国驰名商标等12项国家级荣誉。

回首这条苹果致富路，李保国不仅自掏腰包，还得苦口婆心。苹果套袋，村民不愿掏钱买纸袋，李保国掏出了5万元钱；果树整形修剪，村民舍不得锯掉，李保国急了就跟他们嚷。这样才能把技术"死盯、盯死"地让农民落实到位，当取得效果后，农民才会真正自觉落实。

1999年，在岗底苹果生产逐渐走上正轨的同时，李保国得以腾出手来，应邀来到了临城县凤凰岭。面对"石头蛋子"堆成的"乱石岗子"，李保国坦陈这里是太行山治理的一块硬骨头。这也激起了他的斗志，"这地方可以治理"。在大家的一片质疑中，李保国的话掷地有声。随后一个多月里，他带着技术团队从土壤、气候、水利条件和市场需求等多个方面展开研究，确定出种植核桃的发展方向。

传统核桃品种杂、品质差、产量低，为了选育出优质核桃新品种，2000年，李保国亲自从美国加利福尼亚大学引进6个核桃品种和11个山核桃品种，从国内其他地方引进13个优良核桃品种，进行了一次又一次的嫁接组培实验。为了掌握核桃开花授粉的第一手资料，从3月下旬开始，他每天背一个水壶，从上午10点盯到下午4点，中午在树底下啃两个馒头就算一顿饭了。一个多月，天天如此，别人心疼想替换他片刻，他一口回绝："关键时刻我必须盯好，错过了，要耽误一年时间。"2003年夏，正在进行人工干预实验，突降大雨，李保国用伞护住核桃新苗，自己则任凭雨水浇打。经过5年辛苦地努力，李保国成功培育出国内优质品种——绿岭薄皮核桃。继而，李保国创造了核桃的矮化密植技术，实现了壮枝挂果，管理方便，连年丰产，被中国工程院院士、北京林业大学校长尹伟伦教授认定为国内首创。2009年，"太行山优质核桃产业化技术及深加工系列产品开发"项目获河北省科学技术进步奖二等奖。2011年，国家林业局在绿岭举办了首届中国核桃节，把这项标准化管理规模化发展的模式推向了全国，仅在邢台市，薄皮核桃年产值就超过20亿元。

太行山板栗集约栽培技术、优质无公害苹果栽培技术、绿色核桃栽培技术等36项农业实用技术，在与农技人员的交流中，在农技推广的培训中，通过李保国朴实易懂的话语，转化成实实在在的生产力。富岗苹果、绿岭核桃、浆水板栗等一系列名优产品成为山区群众致富的"聚宝盆"，邢台县前南峪村、内丘县岗底村、临城县绿岭果业、平山县葫芦峪等16个山区开发先进典型迅速成长并不断发挥示范带动作用。他先后取得研究成果28项，培训人员9万余人（次），技术推广面积1826万亩，带动省内外10万山区农民增收58.5亿元，把最好的论文写在了巍巍太行山上。

他是一朵花，永远盛开在太行百姓心间

"我是农民的儿子，最见不得百姓穷。""老百姓需要什么，我就研究什么。"从内丘县到临城县，从邢台县到南和县，从浆水镇到前南峪，从岗底村到南沟村，从凤凰岭、狐子沟再到村后脑、树莓谷，许多乡镇、村庄，都曾出现过他矫健的身影，都镌刻着他深深的足迹，都浮现着他朴实可亲的笑脸。农民教授，科技财神，太行新愚公……太行山上，从李保国帮助过的农民口中，不时听到对他的各种称呼。这也是他一直留在人们心中的形象。

"常年给山区的农户和企业提供技术指导，每年至少也得有几百万的收入吧？"类似的问题李保国不知回答过多少次，"我始终认为，农业是公益事业。给农民服务是公益，给农业企业服务也是公益。"农业企业发展了，在自身盈利的同时，还能够辐射带动周围山区的发展，最终还是对农民有利。不但不从企业、农户拿钱，很多时候，下乡往返的路费、请专家来培训的费用等，他都是自掏腰包。2013年正月初六，他去富岗乡指导苹果春季修剪，连续十几天，每天有6户村民邀请他做客吃饭。有一次下乡遇到交通堵塞，一户村民把自家的院墙拆了两个大口子，保证车辆顺利前行。村民的热情使他感到的是成就背后依然沉重的担子。

不管是熟悉的还是不熟悉的，只要农民有需要，李保国都会热心帮助。手机里将近900个电话号码，农民有三四百个。"井陉核桃""曲阳核桃"

"洛阳高核桃""平山苹果""宁夏苹果"……素不相识的求助者就这样被存入通讯录，以便随时指导。常人眼中的教授，背景应该是书斋、讲台、学生，李保国的背景却是大山、村庄和乡亲。

2007年，李保国在张家口黑龙山林场做技术指导时，突然觉得憋气，嘴唇发紫，被确诊为疲劳性冠心病，心脏造影显示他75%的血管狭窄，连心脏支架都做不了，只能做搭桥。大家都劝他去医院好好治治，可他说忙，就是不肯去，劝急了，他就说："活着干，死了算。"

多少人劝他："慢一点，慢一点。"他总说不行，"在这个点讲完了，还要去下个点呢。"多少次，李保国上午在基地指导完，午饭都顾不上吃，带上干粮就往下一个点赶，"我晚吃会儿不要紧，不能让农民等我。"在基地，他爬沟过坎，大步流星；讲课示范，他精神百倍，毫无病态；回到保定的家，他却常常连上楼的力气都没有了。

有一次，他一天跑了石家庄的4000亩果园。"我累点不算什么，如果我的技术能让这些果树早点进入盛果期，一亩地增收几千斤苹果，一斤就按两块钱算，那也不得了呀。一个人辛苦一天，增收几千万元，多值，多有成就感！"

在李保国的帮助下，内丘县岗底村摘掉了"穷帽子"，有人就问杨双牛："你们一年给李保国多少钱？"

"李老师从来不要农民的钱。"杨双牛说。有一年，李保国在岗底村忙到腊月二十三，才赶回保定过年。临走时，杨双牛给他准备了2000元钱，想让他买点年货，他死活不肯收。2003年，富岗公司改制，杨双牛对李保国说："你辛辛苦苦搞服务，送你个股吧。"李保国手一摆，斩钉截铁地说："可不能！这事你以后也不要再说了。"李保国说："不为名来，不为利去，一心为百姓，农民才信你，才听你。"

种果植林，昔日山区成富境；视农为己，民心深处有丰碑。在他人生中的最后一个春节里，李保国对友人说："一代人有一代人的担当，走太行山道路不是一代人的事。靠科技的力量走好这条路，不能迈四方步，不能小步跑，要像接力赛，一棒一棒跑下去。咱这一棒跑得好，下一棒就好跑了。"梦想在延续，精神在延续，接力在延续。一花盛开带动万花争艳。岗底村果树高级技师杨双奎，是李保国教授生前培养出的"土专家"，如今已是十里八乡的技术"大拿"，农忙下地，农闲上课，经常为果农提供免费培训。像他这样拿到高级技师证书的村民，在岗底村有5位，另有190余位村民拿到初、中级证书，60余位拿了大专文凭，而且还都在考本科。"把我变成农民，让农民变成我"，李保国的生前誓愿，正在变成现实。

李保国生前工作的河北农业大学，也在"沿着李保国的路走下去"。从2017年起，河北农业大学与保定市联手按照"六个一"模式打造"太行山农业创新驿站"。目前，50个太行山农业创新驿站在学校50支全产业链专家团队的指导下运行稳定，涵盖蔬菜、果品、杂粮、中药材、养殖、苗木、盆景等十大类35个特色农业产业，100多项新科技、新成果在驿站得以转化、应用、推广，带动7万农户增收。同时，以助力脱贫为目标的26支李保国扶贫志愿服务队、122支服务小队，传承"李保国精神"，继续活跃在李保国教授奋斗过的田间地头，帮扶区域覆盖全省100多个县（市、区），直接参与师生近6万人次，为的是让太行山区山更绿水更美，让父老乡亲的日子越过越甜。

（撰稿：中共河北农业大学委员会宣传部）

罗 阳
忠魂永驻海天间

> 罗阳（1961年6月—2012年11月），我国第一代舰载机歼-15飞机研制现场总指挥。2012年11月25日，罗阳随我国第一艘航空母舰辽宁号出海执行歼-15舰载机首次起降训练任务后，突发心肌梗死、心源性猝死，以身殉职。因公殉职后，习近平总书记作出重要指示，要求广大党员、干部学习罗阳同志优秀品质和可贵精神。曾获"革命烈士""航空报国英模""改革先锋""最美奋斗者"等称号，入选"庆祝中华人民共和国成立70周年大型成就展"2010—2019年英雄模范人物。

天高九重，大海无垠。

在太平洋上，我国第一艘航空母舰——辽宁号，劈波斩浪，勇闯深蓝，无畏前行；在航母甲板上，随着起飞助理下蹲屈身，右手臂迅速上扬，享有"飞鲨"美誉的歼-15舰载机在航母甲板上呼啸而起，一架架直冲云天，

罗　阳　忠魂永驻海天间

傲视海空。

2012年11月24日，歼-15舰载机首次在航母辽宁号上起降成功，实现了"机舰合璧"。然而，刚刚成功完成这项艰巨任务的歼-15研制现场总指挥、中国航空工业沈阳飞机工业（集团）有限公司（以下简称"沈飞"）董事长、总经理罗阳，却于翌日突发心肌梗死、心源性猝死，不幸以身殉职。

国人一片愕然，罗阳究竟是个怎么样的人？他生命的最后时刻发生了什么？他身上又有哪些不为人知的故事呢？

让我们一同走进罗阳最后的八天七夜：2012年11月18日至11月25日。

11月18日：时间永远不够用

"030207"。这一串数字，是罗阳在辽宁舰上宿舍的门牌号码，6平方米不到的舱室略显狭小，最后的八天七夜里，罗阳大部分工作、记录、分析都是在这里完成的。

刚刚来到舱室，罗阳匆匆把行李放下，没有做任何调整，就直接抓紧时间到各个舱位了解情况，到塔台、到机库……忙碌中，时光飞逝，海浪在夕阳下照耀下像一片片金色的麦田，连绵起伏，金光闪闪。

罗阳整理完材料时，已是深夜。酸疼乏力的感觉再次从身体各处袭来，这种似曾相识的疲惫感仿佛把他再次拉回到了昨天夜里。

昨晚，当罗阳从珠海参加完第九届国际航空航天展览会飞回沈阳时，已经是夜幕四合、万家灯火。

接过司机小王递过来的大衣，罗阳说："走，直接去基地。"

小王一愣，诧异道："您走了十几天了，不先回家瞅一眼？"

"今晚不行了，明天一早就要上舰。"

科学家精神 奉献篇

小王停顿了一下,心中苦涩地说道:"我前天去看望老人了,她老人家还问您什么时候回来呢,想儿子了……"

罗阳默默无语。小王知道罗阳心里最牵挂的是老母亲。

每次出差回来,再忙,罗阳也要去看望一下母亲,哪怕只坐几分钟,他才放心。唯独这一次,他实在来不及去看望母亲,直接从机场去了歼-15飞机试验基地。这是唯一的一次,以前从未有过,可他不曾想到以后再也没有机会了。

小王掉转车头驶上高速公路,他通过后视镜看见罗阳斜靠在后座上,满脸疲惫,不久,便传来轻微的鼾声。

太累了,小王心疼罗阳,不由自主放慢了车速,他想让罗阳好好休息一会儿,哪怕仅仅多睡几分钟也好。

"小王,怎么这么磨叽?"后座传来了罗阳的声音。

"100多迈了,你睡一小觉吧。"小王打着马虎眼。

"别蒙我了,现在最多也就80迈。加点速,基地那边同事们估计还没睡,都还等着呢。"罗阳说。

小王不得不轻轻地踩了下油门。不当家不知道柴米贵,一个拥有16 000多职工的大企业董事长,总有永远操不完的心。更何况,他是多个型号新型飞机的研制现场总指挥。

小王为罗阳开了10年的车,他回忆说:"一年365天,除了大年初一休息一天,其他时间罗阳都处于工作状态。他每天都要提前半个小时到单位。有时出差回来,半夜才把他送到家。加班对于他来说是家常便饭的事儿，晚上九点、十点、十一点，凌晨两点回家都很正常。"

细心的小王发现，这两年罗阳脸上的笑容少了，头发也稀疏了。时间对于罗阳来说永远都不够用！

11月19—21日：这是一场硬仗

罗阳依旧停不下来，白天，他手里拿着小本子，逐个细致地检查航母上的所有监测点，不放过任何一个系统的检测；晚上，他又参加海试协调会，及时和参试人员沟通情况。

为了掌握第一手资料，在每一次舰载机训练过程中，罗阳几乎是零距离地观察舰载机每一个起降动作。然而航母舰载机着舰与陆基飞机降落是完全不同的。舰载机着舰是以最大速度着舰，如果拦阻索没有挂上，还得将飞机拉起来，直接复飞。因此，在舰载机着舰的时刻，发动机的轰鸣声可以用"震耳欲聋"来形容。

时任沈飞公司党委书记的谢根华回忆说："那时，稍微站得近一点，两个耳膜就仿佛要被撕裂一样，整个胸腔承受着巨大的压力，心脏像是要跳出来。"正是在这样的极端环境下，罗阳依然选择近距离观测舰载机着舰，最近的时候不足20米，常人根本不无法想象他脆弱的心脏到底承受着怎样的冲击。

看着歼-15舰载机在训练过程中每个动作都近乎完美，罗阳的脸上露出了难得的笑容，回忆起歼-15舰载机研制的点点滴滴，一切好似就在眼前。

那一年，随着中央正式批准航母工程立项。与航母配套的舰载机工程也紧锣密鼓地上马，舰载机的研制进入了倒计时。

舰载机项目有三大特点：一是新，采用了大量的新技术、新材料、新工艺；二是难，由于许多工艺和材料过去从未接触过，生产难度大；

三是急，绝大部分制造任务要在一年多时间内完成，而以往的型号研制生产周期往往需要 3～4 年。

这是一场硬仗，一场史无前例的攻坚仗。只许胜，不许败！

"缩小和发达国家航空技术的差距，没有别的办法，就是奋力追！"这是罗阳写下的誓言，也是全体航空人践行航空报国初心使命的真实写照。

那些日子，大伙都吃住在厂里，日夜攻关。工程师回忆说："罗阳老是到现场来，他的手里总是拿着两个本子，一个是所有攻坚项目进度表，另外一个是密密麻麻的计算数据和他对技术难题的解决思路。他对大家说：'你们还得要进一步打开视野，将目光瞄准世界最前沿的地方，尽可能地采取最新的工艺。'原先我们采用的方法已经很先进，但就是满足不了设计要求。罗阳建议采用当今最新的技术，经过试验，果然满足了工艺要求。"

最后，舰载机折叠翼的研制方案改了一遍又一遍，零部件做了一套又一套，一次次地从头做起，可航空人不灰心，一往无前地拔掉一颗颗技术上的"钉子"。中国人终于为自己的舰载机插上了收放自如的灵活翅膀。

一个难关接着一个难关。

歼-15 舰载机的另一个关键部件是阻拦钩。舰载机在航母降落时，靠阻拦钩勾住飞行甲板上的阻拦索，舰载机才能瞬间减速。阻拦钩全部是新材料、新工艺，工艺要求极高。罗阳在生产动员会上曾经说过："阻拦钩的生产周期，决定了我们能造多少架飞机。"

歼-15 的阻拦钩的钩杆，用的材料是过去从没用过的高强度钛合金，工艺要求极高，长度工差不许超过毫米级。连续几个月不间断研制，就是达不到设计要求，真让阻拦钩给"阻拦"住了。

摸索、探讨、实践、失败；再摸索、再探讨、再实践……

攻关小组的成员们至今仍记忆犹新，"罗总和我们整整摸索、探讨了小半年，顺时针焊，逆时针焊。通过不断地摸索，我们找到了最佳的焊接坡口。那些日子，我们焊枪不离手，几小时几小时连续不断地焊，我们的身体已经达到了极限，但心中始终琢磨怎样才能焊得更好"。

五年艰难拼搏！

五年殚精竭虑！

冲破千万个难关和险隘，在罗阳的领导下，沈飞公司已经逐渐拥有一整套达到国际先进水平的飞机装配、整机试验、飞行试验的技术，设备和制造生产线，特别是在钛合金机械加工和大型复杂结构件的数控加工等技术，已经跨入世界一流行列。

11月22日：百年圆梦在此一役

天空扬起了雪，缥缥缈缈，如幻如梦。

舰上的人不经意间变得沉默起来，大家井然有序地布置着明天起降试飞任务所需工作，心中好似被什么填满了，却不愿开口，只等明天得胜归来。

一种大战前的宁静弥漫着整个辽宁舰。

夜深了，罗阳却辗转反侧，难以入眠。张永义副司令员在海试协调会上的讲话又在耳旁回响："这是所有海军官兵和50万航空人期盼已久的一个日子！"

航母，这是一个绵延了近百年的中国梦。

1999年5月，罗阳随中国航空代表团出访美国。在圣迭戈海军城，他们登上了美国海军的"小鹰"号航母参观。作为一名航空专家，罗阳的目光落在了非参观区内的那一架架排列整齐的舰载机上，在阳光的照射下，银灰色的F18舰载机，发出一种瓦蓝色的光，刺痛了他的眼，也刺痛了他的心。罗阳的嘴角抿得紧紧的，心头不由得变得有些沉重起来……

1912年5月2日，英国飞行员查尔斯·萨姆森第一个从航行中的战舰上起飞，翻开了舰载机作为一种新型武器的历史篇章。据估算，全世界所有航母上舰载机数量在1250架左右，其中美国超过1000架，俄罗斯、英国和法国排列其后。

而中国呢？

差距实在是太大了，当时我国的航母和舰载机连"零"都还没有突破！

参观时，有人提议以F18舰载机为背景拍一张照片作为纪念，罗阳拒绝道："照片就不照了，将来我要在我们自己生产的航空母舰上，跟我们自己生产的舰载机拍照！"

美国一行，罗阳更强烈地感受到最尖端的核心技术靠买是买不来的，国防现代化靠等也是等不到的！

三代航空人半个多世纪来创业图强、潜心求索，为的就是航母舰载机圆梦的这一天！

"哗——哗——"涨潮了，可以听见浪头拍打船舷发出的令人振奋的涛声……

11月23—24日：刀尖上的舞蹈

雪霁初晴，朝霞满天。

辽宁舰乘风破浪航行在预定海区。

我国航母舰载战斗机首次起降试飞任务正式拉开了帷幕！

罗阳和几位航空专家早早就来到舰岛三层的连廊上，他觉得自己像是一位走进高考考场的考生，他是代表50万航空人来填写这份答卷的，心情难免无法平静。

舰载机起降是世界性技术难题，被比作"刀尖上的舞蹈"。从300多

罗　阳　忠魂永驻海天间

米的高空俯瞰，整个航母就像大海中漂浮的一片小小的树叶，高速飞行的舰载机，必须精确地降落在航母甲板跑道上，并且瞬间勾住阻拦索，不然就会出现严重的危险。

罗阳只觉得自己的心揪紧了，热血一个劲儿地在翻滚。他知道这不仅在考验试飞员的心理素质与技能，同时也在考验舰载机的性能与质量。

9时08分，惊心动魄却又精彩万分的一幕出现了：

500米……300米……100米……

电光火石之间，疾飞如箭的"飞鲨"，在阻拦索系统的作用下，滑行数十米后，平稳地停了下来。

"成功啦！"

"成功啦！"

舰岛上发出了一片热烈的欢呼声。

24日，精彩的"刀尖上的舞蹈"还在海天间继续上演，又有3架"飞鲨"在辽宁舰着舰，并滑跃起飞。令人魂牵梦萦的歼-15舰载机成功着舰、滑跃起飞，这是我国海军和航空工业发展史上的一个重要里程碑，标志着中国航母工程取得了决定性胜利。

下午4时许，罗阳拨通了妻子的手机。他心中有好多话想对妻子说，兴奋、喜悦、感慨、憧憬，各种情感五味杂陈，可当妻子的电话接通了，一时之间他却说不出口，最后只是简简单单说了几句。

罗阳不曾想过，电话另一端，妻子已经哭成了泪人。

对于罗阳的妻子王希利而言，与罗阳相遇、相识、相知的每一幕，都是甜蜜的，也是酸楚的。她回忆说："我们结婚的这些年，家里的事从来指望不上他，甚至连换个灯泡他都顾不上，我也不忍心耽误他宝贵的时间，工作在我们家从来都是第一位的。不是我们一家，航空制造这个行业的家属都在默默无闻地奉献。外人不了解，也不理解。"

罗阳这次出差时，罗妈妈感冒了，王希利忙完了工作，还得照顾好老人，每天都疲惫不堪。而罗阳十几天一个电话都没有，正当王希利忐忑不安之时，屋里的电话铃声响了。

王希利拿起话筒，里面传来了罗阳的声音，"你在家，太好了"。

电视上王希利已经看到歼-15成功起降的画面，于是问道："任务完成得怎么样？"

罗阳兴奋地说："任务完成了，我很欣慰！"他顿了顿又问："家里怎样？"

一听到问家里情况，王希利多日来积压的情绪彻底被触动，眼泪刹那间夺眶而出，心中的委屈、苦涩一股脑涌了出来，再也抑制不住，她心疼罗阳说："你这么忙，这么累，到底为什么啊？"

罗阳淡淡地回应道："工作嘛。"

电话两端都陷入了沉默。

过了好久，罗阳才说："多去看看妈妈，多给孩子打电话啊！"这就是罗阳最后的交代。

放下电话，王希利呆呆地坐着，不知为什么，泪水一个劲儿地往外流……

挂断电话后，罗阳突然觉得累了，胸部隐隐发闷。他慢慢走回房间，靠在床上，摸摸嘴角，不知道什么时候，嘴上竟然长出一大片口疮。

倦意忽然像潮水一样涌了上来，终于能睡个好觉了。

11月25日：忠魂永驻海天间

9时，辽宁舰停靠码头，码头上传来了阵阵锣鼓声，人们在拥抱，在欢呼，在庆祝。

远处，罗阳显得有些委顿，他没有和同事们拥抱，没有像他们那么激动，只是略带倦意地回到了宾馆。

当大家察觉出他身体不对劲时，已经晚了。

9时40分，当离医院还有不到50米时，罗阳已经停止了呼吸。

同事们手忙脚乱地将罗阳抱到担架上，那时已经来不及进急诊室了，就在门诊大厅里，医护人员对罗阳实施紧急抢救。

大家都不敢往坏里想，也不愿往坏里想，大家都在期盼着奇迹的出现。

中午12时48分，罗阳由于突发心肌梗死、心源性猝死，经多方抢救无效，因公殉职，享年51岁。

此刻，医院走廊的电视上还播放着歼-15舰载机成功起降的镜头。辽宁舰成为罗阳生命的终点，歼-15成为他航空报国的最后见证。

国之栋梁，如星陨落。

苍天垂泪，大海呜咽。

25日夜，在航空工业同事们的护送下，载着英雄遗体的车队从大连返回罗阳工作了30年的沈阳。

三十功名尘与土，八千里路云和月。沈大高速，从来没有如此的沉重、如此的漫长、如此的壮烈。

当车队驶进沈阳市区时，罗阳的姐姐想让罗阳向妈妈最后告个别。于是，浩浩荡荡的车队，熄灭大灯，缓缓驶向沈阳干休所。

对于母亲，罗阳总是带着一种深深的歉意，因为忙，他无暇照顾母亲。只要有一点点闲暇，罗阳都会绕道去干休所看望母亲。

每当告别时，罗阳在楼下都会仰起头，深情地望着站在窗口的母亲；每当告别时，母亲都会趴在窗口向儿子慢慢地挥着手。

"回头仰望，招手告别"，已经成了干休所一幅动人的画面。

此时，老人像是有了什么不祥的预感——她突然觉得有些心绪不宁，她几次侧耳细听，期盼着楼道里能传来儿子那熟悉的脚步声，然后是轻轻的敲门声……她几次拿起电话，想跟儿子说点什么，却欲言又止。在迷茫的夜色中，干休所五楼那间熟悉的屋子里，灯光一直亮着，那是妈妈留给儿子的灯光!

然而,可敬的罗妈妈啊,您可知晓?此刻,您的儿子就在窗外,他是来与您作最后的告别。

多希望,你只是小憩;

醉一下,再挑灯看剑;

梦一回,再吹角连营。

可如今,当舰载机横空出世、翱翔海天,你却猝然离去,让国人看到了我国航空事业崛起的艰辛步伐,也让国人看见了长空之翼背后的血肉之躯。习近平总书记在罗阳殉职后作出重要批示,党和国家先后追授罗阳"全国优秀共产党员""革命烈士"等荣誉称号。祖国终将选择那些忠诚于祖国的人,祖国终将记住那些奉献于祖国的人。当航母再次驶向苍茫起伏的大海,我们依然能记起他最后的身影——航母舰岛之上,波光潋滟之处,罗阳面向飞行甲板上那架迎着朝霞疾驰欲飞的舰载机,投下最后深情的一瞥。

[撰稿:中国航空工业沈阳飞机工业(集团)有限公司]

王逸平

舍身忘我
研发"首选新药"

王逸平（1963年2月—2018年4月），心血管药理学家，中药现代化的开拓者，现代中药丹参多酚酸盐主要发明人之一。长期致力于心血管活性化合物的药理作用、分子机理研究以及心血管药物的研发，为我国新药研究作出了突出贡献。曾获得国家技术发明奖二等奖、中国科学院杰出成就奖等。2018年被追授为"时代楷模"，2019年荣获"最美奋斗者"称号。

王逸平生前系中科院上海药物研究所研究员、博士生导师、药理室心血管药理实验室研究组长、所党委委员、党总支书记，兼任中国药理学会理事、《中国药理学报》编委。王逸平长期患克罗恩氏病，靠自己注射止痛针坚守在科研岗位上，2018年4月，他原定到武汉参加学术会议，工作人员没有在机场接到王逸平，电话打到他的实验室，学生们打开他办公室的门，发现他躺在沙发上，永远离开了他钟爱的新药研发事业，在沙发前的茶几上放着已使用过的注射针筒和两支解痉针剂。

选择决定了人生的方向和道路。王逸平把党的要求、国家的需要、人民的期盼作为自己的人生选择和奋斗目标，并坚持始终。他在入党申请书中写道，要"将个人成才与国家利益相结合，并服从于国家利益，把自己的才能无私地奉献给社会主义现代化建设事业"。他说"药学研究的每一份付出，每一点进步，都能为百姓生命健康带来一丝希望"，"选择了新药研究就是选择了科学长跑"，为此，他用一生的行动来践行承诺，在药物所工作30年，始终坚持研发创新药物的科研方向，并与生命的时间赛跑。

丹心一片家国情，新药研发追梦人

心血管疾病是严重危害人民健康的重大疾病，为此王逸平长期从事心血管药物的药理作用机制研究及心血管药物研发。早期，他先后开展了对关附甲素在抗心肌缺血上的作用机制研究和以银杏叶成药的天保宁的临床药理研究等工作。由于科研能力和成绩突出，他在31岁就成为药物所当时最年轻的课题组长。

1994年起，王逸平与宣利江合作，率领研究团队历经13年不懈努力，终于成功研发了现代中药丹参多酚酸盐，该项目被列为国家发改委中药现代化示范项目，已在全国5000多家医院临床应用，2000多万名患者受益，累计销售额突破250多亿元，被评为最具市场竞争力的医药品种，成为我国中药现代化研究的典范。王逸平无愧为中药现代化的开拓者。

在进行丹参多酚酸盐研究的同时，1997年开始，王逸平持续21年主持抗心律失常新药硫酸舒欣啶的药理学研究。2018年1月完成Ⅱ期临床试验并已获得了中国、美国、英国、法国、德国、意大利和日本等国家的发明专利授权。

王逸平　舍身忘我　研发"首选新药"

王逸平先后承担了科技部"创新药物和中药现代化"专项、中科院重大专项、863课题等一系列重大科研项目，取得了丰硕的科研成果。他还领导团队构建了包括心血管疾病治疗药物先导化合物筛选、候选新药临床前药效学评价、药物作用机制研究等完整的心血管药物研发平台体系，为全国药物研发企业完成50多个新药项目的临床前药效学评价，为企业科技创新提供了强有力的技术支撑。

新药研究的道路充满荆棘和坎坷，没有哪一个新药不是经历了无数次的失败才成功的。在这样一条无比艰险的探索之路上，王逸平却孜孜以求着"做全世界临床医生首选新药"的梦想。他在毕业典礼上勉励毕业生时说：碰到困难和低谷，要时刻提醒自己要坚持"再战一个回合"，能够坚持"再战一个回合"的人，是不会被打垮的。他就是这样始终"不忘初心"，坚持自己最初的选择，从关附甲素到银杏叶胶囊，再到丹参多酚酸盐、硫酸舒欣啶；从药理研究到申报临床，再到新药审批上市，王逸平凭借着"再战一回"的毅力和勇气面对挑战和磨难，一路前行。

对王逸平来说，新药研究之路如此，人生之路亦如此。1993年，年仅30岁的王逸平被确诊患有克罗恩氏病，即肠道炎症性疾病，同年手术，切除了一米多的小肠。曾经学医的王逸平非常清楚，克罗恩氏病目前无法治愈，反复发作，只能靠药物控制，且极易引起并发症，他的健康从此只会越来越恶化。好几次外出时突然发病，腹部剧痛、便血虚脱，几乎昏迷，他只能用手机向家人和同学求助，等亲友赶到，

科学家精神 奉献篇

他已经瘫软在地,每次都是被抬回家的。然而症状稍微缓解,他又继续上班工作。因为患克罗恩氏病,怕引起腹泻,平时他不敢多喝水,时间久了,他又得了肾结石,从此两种疾病引发的剧烈疼痛交替折磨着他。随着病情的不断加重,王逸平的身体日益虚弱,体重不足百斤。

然而,病痛没能改变王逸平做新药的初心,他以锲而不舍、永远奋斗的精神,在长达25年的时间里,一次又一次地战胜病痛,一个又一个地攻克科研难关。然而他除了自己记录病情外,很少跟别人提起自己的病况。当他因新药研发取得的重大成果,赢得全所职工和研究生赞誉和钦佩的时候,绝大多数人却不知道他的病情日益严重,健康状况每况愈下,以至于他突然离去,几乎所有的人都不敢相信,为之震惊。更可贵的是,在众多成绩和荣誉面前,他总是悄悄地把奖状和证书塞进文件橱,把奖金捐献给党组织,然后又默默地以重病之躯迎接又一个新药研发的挑战,开始又一次的"再战一个回合"。

在追逐人生梦想,与病魔顽强的抗争中,对王逸平来说最宝贵的就是时间。研究生说他比学生更勤奋,"早上7点半不到就到所里了,晚上往往要10点半以后才回家";老所长建议他半天工作半天休息,他却说"到了实验室反而可以减轻我的病痛";妻子说"女儿读中学后,他从来没有参加过家长会;女儿在国外读书4年,更是从来没有去看过她,一直没有时间"。为了赢得更多宝贵的科研工作时间,王逸平在办公室冰箱中常备着止痛针和急救药,他总是通过服药和自己打针来缓解病痛。2018年年初,王逸平感觉自己的病情持续加重,而激素药物已经无法控制,但他仍不肯改用生物制剂,因为那是最后一道屏障。他选择通过加大服用剂量来延长激素药物的治疗时间,此时他想的是:"再争取十年时间,我可以再做出两个新药!"就这样,在与时间的赛跑中他坚持了25年。

虽然王逸平没能再争取到十年时间,但他在科研生涯中充分展示了一名"党员科学家"的可贵精神和优秀品质。

王逸平没有海外留学背景,是我们国家自己培养的一名优秀的科学家。生前他没有任何"帽子",曾经备受没有名气、缺少设备、经费不足的困扰,但他坚持立足国内,坚持新药研发,没有设备就下班后借用别人的仪器做实验,加班加点日夜奋战。1994年31岁的他开始丹参多酚酸盐项目研发,一直到2005年拿到新药证书,他说没有时间出国留学。2005年后他继续开展硫酸舒欣啶的研发,其他新药项目也不断开展,他觉得在国内做新药更有价值,没有必要出国。曾经发论文是科研成就的主要衡量指标,王逸平说:"发文章是名利双收最简单的路,若是人人都挑简单的路,新药这条艰难的路有谁来走呢?"他倔强地坚持在新药研发的路上摸索前行,不为名利所动。

铸造科研创新之魂,牢记创新为民之使命

丹参入药,在中国有着千百年历史,然而有效成分是什么一直是个谜。如何让中药瑰宝重现价值,王逸平从解开有效成分这个谜团入手,对100多种丹参水溶性组分和化合物进行反复检测,终于发现了丹参乙酸镁的生物活性特别强。他大胆推测,这可能就是丹参最主要的有效成分,并提出了以丹参乙酸镁为质量控制标准来研制丹参多酚酸盐粉针剂的方向。最终的临床试验证明,丹参多酚酸盐粉针剂可治疗冠心病、心绞痛等疾病,且疗效显著。他还大胆尝试,作为中药注射剂,创造了"第一次用近100%的有效成分研制中药注射剂""第一次用丹参乙酸镁作为丹参注射剂质量控制核心""第一个采用运动平板试验评价临床疗效"等多个"第一"。对此,国外权威评论"该药成功上市意味着中国的生物医药产业,可以通过对具有悠久临床应用历史的传统中药进行化学成分的深入研究,来开发创新药物。与从头开始的合成新化合物相比,

该途径更加快捷，成本低廉"。

坚守科技报国初心，心血化良药造福百姓

有企业家问王逸平："有的类似药物的有效成分控制只有40%，就开始申请做临床试验了，你为什么要将单一成分提高到80%、总有效成分做到接近100%？"他回答简单干脆："对患者负责。"丹参多酚酸盐Ⅰ期临床试验，为了快速获得药代的数据，王逸平撸起袖子，让护士埋针点滴，自己以身试药，他说："一个好药，一个安全可靠的药，你要敢用到自己身上。"丹参多酚酸盐研发是个漫长的过程，十几年耐住寂寞，抵挡诱惑，每年工作汇报，每次他讲的几乎都是丹参，时间一长难免引起疑问。然而他却仍专注于整个研发过程中不断地解决问题，就是拿到新药证书后，还继续跟踪从实验室到工厂生产，规模放大后会发生什么变化，出现什么问题，具体到某个环节上的一个参数控制上，生怕从实验室到生产车间转换过程中出现问题。企业在生产中遇到问题，只要有电话过来，都会放下手里的工作，立即赶过去解决问题。他像呵护自己的"孩子"一样呵护着新药，关注它的整个生命周期，这个药越是得到认可，他就越感到责任重大，就越要不断完善。丹参多酚酸盐粉针剂上市后，为了方便患者用药，他又开始口服制剂的研发。因为丹参口服不吸收，利用度低，尝试了10多种方法都没有彻底解决问题，曾有人劝说，国家法规要求也没这么严格，就这样吧。但他坚持以临床药效为标准，本着对患者负责的精神，口服制剂研究又坚持了16年，凭着"咬定青山不放松"的劲头，直到临终前，口服丹参制剂终于有了突破，可他却看不到结果了。因为治疗房颤至今没有有效药物，王逸平还希望用硫酸舒欣啶来治房颤，研究也取得了突破性进展，一位与他合作的临床医生说，这是一个他实现做"全世界临床医生首选的新药"愿望的药，就差一点可能就成功了。

在坚持做好一个药的同时，王逸平却经常果断地终止成药性不好的项目，哪怕投入再多人力物力也毫不犹豫地放弃转让，他觉得要对企业负责，也是对患者负责。就这样，"寻找治疗疾病新药，为患者解除病痛"是一直压在王逸平心上的责任，更是他科研的动力。

连接科研合作纽带，凝集体之力共创新药

丹参多酚酸盐的研发与宣利江等课题组成为最紧密的合作伙伴，俩人也成了最亲密的朋友。无论碰到什么难题，不管是药理的还是药学的，他们都会共同来解决，从不计较，更不埋怨，在长期合作中达成了一个共同的认知，即无论哪方面的问题解决不了，结果都是药做不出来。对王逸平来说，除了新药以外，其他都是次要的。他与企业合作的时候不看重转化的收益，更关注的是与企业合作共同推进新药研发进程，使新药早日成功上市，造福病患。他真心帮企业解决问题，在他的横向合同中，经常是需付出的成本和企业支付的收入基本是持平的，很多时候是先帮企业做些预实验，有了方案，确定可以做了之后才签订合作协议收款。甚至到了项目款项付款的时间节点，他也都为企业着想，考虑到企业的实际情况，提出不催款，企业付款可以缓一缓。他总说：企业既然全力以赴在做药了，我们就要全力一起达成目标。他是药物创新研究院新药研发大团队代谢及心血管领域的首席科学家，他大力支持各分部研究中药、民族药的团队项目，给予无私的帮助，对需要先由研究院总部的药效平台对候选品种进行药效再评价后才决定是否立项的项目，他事先都不收取费用，帮助完成了相关项目的药效评价工作。王逸平逝世后，昆明植物所的一位年轻的科研人员打电话给科研处，诉说了王老师给予他的帮助，帮他筛选了许多化合物，并提供了报告，却没有签订合作协议，也没有收费。就这样，王逸平无论是与所内外研究团队，还是与企业、

临床医院都建立了良好的合作关系，赢得了信任与赞誉。他的突然离世，使很多合作者们都痛感失去了"科研的另一半"。

培育科研未来人才，言传身教耕耘新药梦

作为博士生导师、中科院上海药物研究所学位委员会副主任，他十分注重对学生全方位的培养。他认为，我国的复合型高等药学人才缺乏，以"出新药"为目标，药物所培养出的人才应该兼具基础研究和新药研发的能力，要让学生更多了解临床研究、新药申报、政策法规等方面的知识，增加新药研发管线下游环节的实战经验。他非常细心了解了每个学生的家庭情况、学习情况，从实验基础开始，手把手地带教学生。他十分耐心将实验原理流程仔细给每一个学生说一遍，然后亲自演示，并在学生做实验的过程中当场指出需要改进的地方，就连移液枪之类的基础技能也都要求反复练习，反复比对结果，有差异的一定要到找出原因为止。他告诫学生，研究工作一定要经得起检验，不但自己组里能重复出数据，而且在别人那里也能重复出来，定性定量的结果才有说服力。他说做科研必须有素养，这是决定你一辈子的事。他鼓励组里职工读研究生，大家都说他是个为别人着想的人。研究生们有时候对实验中的问题仅仅是流于表面的总结，而他则会为此而彻夜不眠。动物实验由于个体差异性大，有时实验结果不理想，他从不责怪，而是组织大家讨论，然后自己晚上回去找原因，经常睡觉睡到一半就爬起来想，最后找到解决办法。他还把这些实验中的经验与教训，归纳起来，形成实验室的各种操作规范。他每天上班比学生早，下班在学生后面走，周末学生们到所里，抬头总能看到 5 楼西北角他的办公室的窗是开着的。王逸平用自己在新药研究上不畏艰难、勇于创新、坚忍不拔的优秀品质为身边的职工和研究生作出了榜样，时时刻刻影响和鞭策着青年人积极向上，不断进取。在他的精心培养下，许多研究生的综

王逸平　舍身忘我　研发"首选新药"

合素质都很强,成为优秀的科研人才。一名博士生获得中科院院长优秀奖,还有一名博士生在2015年诺华国际生物科技菁英训练营上海赛区中脱颖而出,作为唯一的中国学生参加了瑞士巴塞尔诺华总部举办的全球菁英训练营。

从30岁到55岁这段人生中最美好的时光,王逸平是在为解除人民病痛研发新药的艰难探索中度过的,也是在与自己的疾病漫长的斗争中度过的。他以坚定的信念、坚强的信心、坚韧的毅力实现了自己的人生选择和追求,体现了对党忠诚、信念坚定的政治品格,心系群众、为民造福的宗旨意识,执着追求、矢志创新的科学精神,坚韧不拔、严谨求实的工作作风和淡泊名利、甘于奉献的高尚情操。习近平总书记在"两院"院士大会上寄语科学家要"干惊天动地事,做隐姓埋名人"。王逸平正是这样一位用自己朴实的言行,铸就不平凡的科研人生的党员科学家。

(撰稿:中国科学院上海药物研究所　厉骏)

钟　　扬
扎根大地的人民科学家

钟扬（1964年5月—2017年9月），教育部长江学者特聘教授。长期从事教学科研工作，在植物学、青藏高原生物多样性适应机制等方面取得一系列重要研究成果，并为西藏大学的人才培养和学科建设作出了杰出的贡献，获得国家技术发明奖二等奖、教育部自然科学奖一等奖等奖项。2018年荣获"时代楷模"称号，2019年荣获"最美奋斗者"称号，入选"庆祝中华人民共和国成立70周年大型成就展"2010—2019年英雄模范人物。

"我曾经有过许多梦想，那些梦想都在遥远的地方。我独自远航，为了那些梦想。"在纪录片《播种未来》的开篇，钟扬说起这句话时，身后的经幡被风鼓动着作响，仿若奏起一曲来自雪域高原的英雄赞歌。

2017年9月25日，钟扬在赴内蒙古城川民族干部学院出差途中遭遇车祸，不幸逝世，年仅53岁。

他逝世的第二天，新华社、人民日报、光明日报、解放日报、中央电视台、东方卫视等媒体做了大量报道，近400家微信公众号发布纪念文章，这部记录他事迹的短片当日全网点击量超过1200万次。

尽管告别仪式在银川举行，仍有300多人不远千里，从四面八方赶去送别。他们中的一些人，在告别仪式上压抑不住悲痛，低声哭泣，仪式结束后在现场徘徊，久久不忍离去。钟扬的骨灰抵达上海后，近百名师生等在机场，站在雨中，迎接他，陪他最后一程。场面感人，催人泪下。

为什么有那么多人被他感动？因为他是跋山涉水、扎根青藏高原的"人民科学家"，是情系西部、胸怀天下的"优秀援藏干部"，是爱生如子、播种未来的"好老师杰出代表"——他用一生行动追随心中的梦想。

建造来自世界屋脊的"种子方舟"

"他大口喘着气带着我们往山上爬，不放过任何一个岩石间的裂缝，不放过任何一棵峭壁旁的小草。"西藏大学生态学博士刘天猛，至今无法忘记钟扬带着他们寻找拟南芥的身影。

拟南芥是一种细长而直立的小草，花苞绽放时，会开出米粒大小的四瓣小花。外表不起眼的它，却是植物学家最珍爱的模式材料，高原上的拟南芥尤其珍贵，一旦找到，就可以分析高原植物的起源进化过程。

功夫不负有心人，在钟扬的指导下，他的两位学生利用每个周末的时间到雅鲁藏布江流域探寻，终于在2013年找到一种全新的拟南芥生态型。目前，该种生态型已被无偿提供给国内外科研机构，成为新的植物功能基因组和分子进化的研究材料。

拟南芥，只是西藏1000多种特有植物中的一种。

"一个基因能够拯救一个国家，一粒种子能够造福万千苍生。青藏高原这个占我国领土面积1/7的地区，植物种类占到了1/3。有些地方甚至

100年来无人涉足，植物资源被严重低估。"钟扬曾在一次公开演讲中这样介绍。

他要来寻梦，深扎青藏高原，收集种子，努力为人类建一个来自世界屋脊的"种子方舟"。

对钟扬来说，采集种子是一件乐事。"作为一个植物学家，我最喜欢的植物是蒲公英，如果发现它开花并且结了种子，我会用手抓一把，一摊开里面一般有200颗。我最讨厌的植物是什么呢？椰子。那么大一颗，8000颗的样本数量，我们需要两卡车把它们拉回来。"钟扬调侃道。

然而，在西藏野外探寻，惊喜总是与惊险并存，需要克服的可不止"九九八十一难"，高原反应随时出现，一次次挑战生理极限；七八天吃不到热饭，饿了啃一口干粮，渴了就从河里舀水喝，晚上住在牦牛皮帐篷里，严重缺氧导致煤油灯很难点亮，冬天盖三床被子也无法抵御寒冷；没有水就不洗脸，没有旅店就裹着大衣睡在车上，突遇大雨冰雹就躲在山窝里……"那次，我和扎西次仁跟着钟老师去采集高山雪莲。我们从海拔5200米的珠峰大本营出发向更高的山地挺进时，钟老师出现了严重的高原反应，头痛欲裂、呼吸急促、全身无力，随时都会有生命危险。"钟扬的博士生、西藏大学理学院教授拉琼回忆。

大家都建议钟扬待在帐篷里，而他却说："我最清楚植物的情况，我不去的话，你们更难找。你们能爬，我也能爬。"

最终，钟扬带着学生在海拔6000多米的珠峰北坡采集到了被认为是世界上生长在海拔最高处的种子植物——鼠麹雪兔子，也攀登到了中国植物学家采样的最高点。

"我们不能因为高原反应就怕了是吧，科学研究嘛，本身就是对人类的挑战。"16年间，钟扬带着学生采样的足迹遍布西藏最偏远、最艰苦、最荒芜的地区，经历了无数次生死一瞬。他们的车曾被峭壁滚落的巨石砸中，曾在荒原里抛锚，没有食物，几近绝望，但钟扬采样的脚步却从未停歇。

他背着经典的黑色双肩包，穿着磨白了的"29块钱的牛仔裤"，戴着晒变色的宽檐帽，迈着长期痛风的腿，带领团队跋山涉水，每年行程数万公里，收集了上千种植物的4000万颗种子，占西藏高等植物的1/5，为国家储存绵延后世的基因宝藏。

成为青藏高原的藏波罗花

"世上多少玲珑的花儿，出没于雕梁画栋；唯有那孤傲的藏波罗花，在高山砾石间绽放。"这是钟扬生前最喜欢的一首藏族诗歌。他就像这青藏高原的藏波罗花，深深扎根，顽强绽放，把生命最宝贵的时光，献给了祖国最需要的地方。

在2009年正式成为中组部援藏干部前，钟扬已经自发援藏许多年。他的想法很简单，就是想把事情做好，从不计较能否获得经费保障。

一边插着氧气管，一边连夜修改申请报告，2002年，钟扬帮助西藏大学教师琼次仁教授成功申报国家自然科学基金。这是西藏大学拿到的第一个国家自然科学基金项目。这极大地增强了藏大老师们的科研信心，也极大增强了藏大老师与钟老师之间的友谊。

两年后，琼次仁不幸罹患癌症，弥留之际，他紧紧拉着钟扬的手说："我走时，你抬我，你来抬我。"琼次仁的话，体现了

这位藏族同胞给予朋友的最高信任。

在援藏过程中，钟扬感受到东西部在科技人才上的巨大反差。当时西藏大学的生态学科可以说是"三个没有"：学科没有教授，教学科研团队中没有博士学位，课题申请没有基础。他意识到，这片神奇的土地需要的不仅仅是科学家，更需要教育工作者，于是，钟扬萌生了打造高端人才援藏新模式的梦想，想借鉴东部教育模式，发展西部教育，为西部培养人才、建设学科。

熟悉钟扬的人都知道，他的生活极其简朴，总是背着旧书包、戴着一晒就褪色的太阳帽，花29元在地摊上买的牛仔裤，穿了很多年，破了好几个洞，他就自己找块蓝布补起来，补丁又磨破了还不扔。这样一位不舍得给自己多花一分钱的"吝啬鬼"对西藏大学的师生却很慷慨。

他私人出资发起了"西藏大学学生走出雪域看内地"活动，先后组织了80多个藏大学生赴上海学习交流，帮助他们开阔视野；面对藏大教师申报国家级项目没经验、不敢报、没人报的现象，他不仅义务帮助修改项目申请书，还为每人提供2000元的申报补助；藏大与武汉大学首批联合培养的9名硕士研究生家里都很困难，他就给每个人补贴生活费、报销火车票……

16年间倾注心血，16年后硕果累累。在钟扬的帮助下，西藏大学创造了一个又一个"第一"。他申请到了西藏第一个理学博士点，为藏族培养了第一位植物学博士，那是一位名叫扎西次仁的青年人，目前已担任西藏种质资源库主任。他的同门师弟、钟扬培养的第二位藏族博士拉琼，现在也成长为西藏大学理学院教授。

钟扬还带出了西藏第一个生物学教育部创新团队，尤其是带领西藏大学生态学科入选国家"双一流"学科建设名单，不仅填补了西藏高等教育的系列空白，更将西藏大学生物多样性研究成功推向世界，为西藏生态学的未来发展奠定了坚实基础，为我国西部生态学科建设和少数民族人才培养作出了杰出贡献。

迷恋教书育人的三尺讲台

2000年，受复旦大学生命科学学院教授陈家宽的邀请，钟扬毅然放弃中科院武汉植物所副所长的位置，来到上海，加盟复旦。基于他对植物学的研究经历，钟扬和团队老师们敏锐地预见到，生态学可能对上海、对国家更重要，于是，他们一起转入生态学领域。

角落布满蜘蛛网，有些窗户的玻璃都是破的，钟扬和陈家宽的第一次见面，就发生在一派萧条景象的实验室中。在20世纪90年代商业大潮的冲击下，当时复旦大学的生态学科人才流失严重，学科没有一位中青年的教授，研究方向不明确，研究课题很少。但这难不倒他们，他们下定决心要振兴复旦的生态学科。

在国家211和985工程支持下，他们凝聚研究方向，积极申请国家课题，引进培养人才，通过9年的不懈努力，建成生态学国家重点学科，又与北京师范大学的生态学科力量强强联合，建成生物多样性与生态工程教育部重点实验室。

钟扬在植物学、青藏高原植物多样性与适应机制等前沿领域取得一系列重要成果，在 *Science*、*Nature*、*PNAS* 等重要国际学术刊物上发表论文百余篇，先后获得多项国家级和省部级奖励。

埋头教学科研的同时，2003年起，钟扬开始担任生命科学学院常务副院长，诸多改革措施，使研究生培养质量和学院管理水平大为提升。然而，2008年院班子换届时，有人推荐他出任院长，他却婉拒了。他说，学院应该全球招聘院长，这样可以提升国际影响力。

他总将名利看得很轻，最眷恋的还是做一名老师。"我相信，如果有下辈子，钟扬还会选择做老师，因为他最喜欢的就是做老师。"陈家宽忆起钟扬时说。

"在商场，顾客是上帝，在老师心里，就要把学生当上帝。"钟扬曾半开玩笑说。他曾经花 30 多小时为学生修改一篇论文，细到每一个标点符号，也会为学生仔细标记好英文文献的学习重点。

培养学生方面，钟扬还有一个特点，就是将那些基础较为薄弱、研究没有方向、毕业出现问题的学生收到自己名下，一个个谈心，悉心指导。他会根据每位学生的特点为他们量身定制个性化的发展规划，不让一个人掉队是他的目标，他也做到了。

众所周知，野外采样对生态学研究非常重要，钟扬却招收过一名患"肌无力"、行动不便的学生，带了他整整 6 年，指导他做生物信息学的数据分析。毕业时，学生激动地说："钟老师，是您改变了我的人生，谢谢您……"如今，这名学生已成长为中科院的副研究员。

当钟扬的工作重心转到西藏时，他承认，自己的招生名额渐渐倾向这所他心目中的"世界最高学府"。

钟扬的学生、复旦大学生命科学学院博士生徐翌钦回忆道，实验室里的很多学生是钟扬从少数民族地区招进来的。这些学生刚开始都是抱着试一试的想法联系了他，他就鼓励道："读我的研究生基础差一点没关系，我帮你补，你只需要有一颗热爱植物学的心。"

任教 17 年，钟扬为复旦大学和西藏大学培养了 100 位研究生和博士后。他的学生"各显神通"，有做科学研究的，有做科普的，有从事创新创业的。

"培养学生就像我们采集种子，每一颗种子都很宝贵。"钟扬曾说。

结语

"任何生命都有结束的一天，但我毫不畏惧，因为我的学生会将梦想之路延续,而我们采集的种子,也许会在几百年后的某一天生根发芽,到那时,不知会完成多少人的梦想。"在钟扬的心中,谋划的不仅是当下,还有长远的未来。

始终不忘科研报国之初心,牢记民族复兴之使命,始终不忘立德树人之初心,牢记人才培养之使命,钟扬的追求始终是科学与教育、国家与人类。

他曾说:"梦想,不论多么遥远,总驻守在每个人心底,只要心在不断飞翔,路就不断向前延伸。"

"不是杰出者才做梦,而是善梦者才杰出。我是钟扬,一名工作在青藏高原的生物学家,一名来自上海的援藏教师。"纪录片《播种未来》的最后,钟扬走在学生们的身后,桥两侧的经幡随风飘动。他回过头,略带高原红的面庞笑容依旧和蔼宽厚。

(撰稿:复旦大学生命科学学院　陈浩明)

邢 继
创新为舵　坚守为桨
铸就自主先进核电

邢继（1964年10月—），中核集团"华龙一号"总设计师，他开拓创新、矢志超越，奋力走在科技前沿，为我国核电事业发展作出卓越贡献。他主持我国首座自主百万千瓦级核电站设计（岭澳二期），解决"翻版加改进"中的技术难题；主持制定形成改进型百万千瓦核电标准设计，为核电批量化自主建设奠定基础；创新性提出能动加非能动的设计理念，带领团队自主研发我国先进核电技术——"华龙一号"，打破国外核电技术长期垄断和知识产权的限制，使我国一跃进入核电技术先进国家行列。被授予"最美奋斗者""最美科技工作者"等荣誉称号。

2019年1月，在一篇题为《大国博弈不能无核电》的文章里，邢继写到，核电作为最为复杂的能源系统，其发展不仅能够带动核燃料循环全产业链的发展，推动做强做优核工业，同时还能有效带动其他大量相关高技术产业发展，促进传统产业改造升级，大幅提升我国装备制造与科技自主创新能力。

正是基于对核电发展重要性的认识，邢继和他的伙伴们，以创新为舵，以坚守为桨，在自主先进核电这条路上艰苦跋涉，跨越了千山万水。

不经一番寒彻骨，怎得梅花扑鼻香

1964年，我国第一颗原子弹在罗布泊成功爆炸，这一年出生的邢继，一定想不到，自己大学毕业后会入职曾经是两弹研制重要支撑单位的核二院（中国核电工程有限公司的前身）；更不会想到，自己以后会结缘核电，为之辗转反侧、奉献一生。

1987年，圆满完成两弹相关任务的核二院已经响应党中央的号召，走向了市场，承担了全国1/3啤酒厂的设计任务，民用建筑、火电厂、垃圾处理厂也是核二院的拳头产品，设计任务非常饱满。这一年，从哈尔滨船舶工程学院毕业的邢继，入职核二院，开始接触工业设计。

1990年，在核二院跟着师傅们设计了很多啤酒厂、火电厂的邢继，被院里选派去大亚湾核电站参加核电设计，这是他第一次见到真正的核电站。当时的中国，核电刚刚起步，上下游的中高端装备制造业非常落后，核电建设所需要的水泥、电话线都是从国外进口的，而先进的管理理念，更是无从谈起。

在大亚湾核电站，邢继不仅真正地参与了核电站的工程建设和施工，而且感受到了现代企业管理制度的优势，以及中国核电与发达国家的差距。从那时起，他就意识到自主核电研发能力对于国家和民族极其重要——核电研发设计和建设能力是国家实力的综合体现，象征着国家的科技自主创新能力和装备制造能力。

在大亚湾的3年，邢继像海绵吸水一样认真学习，善于钻研的他很

科学家精神 奉献篇

快便从核电研发设计的"门外汉"变成了专家,法方工程师放心地把各种难题交给他来处理。3年中,他处理了3000多个难题,积攒了一大柜子资料。

结束了大亚湾的工作,邢继加入秦山二期项目中,成为负责厂房总体布置设计的设总,也是核二院最年轻的设总。秦山二期是我国首个完全自主设计的商业核电站,当时中国还不具备核电管理经验,不知道怎样组织一个项目,甚至连如何出图、图纸应该是什么样子都没有固定的标准,很多技术要求都不确定,邢继的首要任务是把设计组织起来。为此,他编制了40多本设计与技术管理程序,规定了出图规范和各种技术标准,并和团队一起开发了一些设计工具和管理工具,实现了我国最早的三维设计技术应用。

秦山二期的自主设计,培养了一大批工程设计人员,对核电站设计的一些关键技术有了全面掌握,成为华龙型号探索中非常重要的基础。

经过秦山二期的淬炼,加上从大亚湾到岭澳一期的积累,核二院具备了百万千瓦级核电自主研发设计能力。在岭澳二期建设中,国家提出要实现4个"自主化",第一个就是设计要完全自主,总体设计和核岛总包设计的任务落到了核二院,邢继成为项目总设计师。

岭澳二期采用的是法国M310改进型的技术,是我国第一个完全自主百万千瓦级核电站。在岭澳二期,实现了自主设计、自主制造、自主建设、自主运营这4个"自主化"的目标。同时,邢继和团队通过反复的研究和论证,提出了14项重大改进,以及上百项小的改进。

邢　继　创新为舵　坚守为桨　铸就自主先进核电

在核电领域，每一项改进都意味着夙兴夜寐、呕心沥血。

当时，核级阀门还不能实现国产化，只能从国际上采购，法国供货商的阀门虽然质量好，但报价非常高，业主从成本角度考虑，决定采购亚洲某国供货商的阀门，价格会大大降低。但是供货商的变化导致阀门的设备性能、外形尺寸都和原来设计的不一样——阀门大了，重心也高了——这样如果地震来了以后，对地震的响应会与原来的阀门完全不同。因此，设计团队需要对大量的管道重新进行力学分析。

在核电站的设计中，管道的力学分析需要确保系统能够在各种工况下安全运行，甚至要满足抗震的要求，所以必须要做抗震分析，这是一项专业性非常强且非常复杂的工作。

在岭澳二期提供咨询和技术支持服务的法国专家用3个月的时间做了研究，形成分析报告，得出结论：如果更换阀门的供货商，产生的管道力学分析任务和秦山二期力学分析全部的工作量相当，会导致工程进度至少拖期一年。

看了法方的报告后，邢继考虑再三，决定从工作组织方面入手，在不拖期的前提下满足业主节约成本的需求。

邢继组织业主和施工单位研究工程的进度计划与设计进度更好匹配的方法；组织力学研究人员和设计管理人员研究力学问题的分类方法，提高力学分析的效率。大家开足马力，加班加点，在进度一天都没拖的情况下，完成了供货商的更换。

听到这个消息后，法国技术人员感慨"不可思议"。

类似这样的挑战还有很多，只有设计团队自己知道，为了完成这些挑战和改进，他们付出了多少，又承受了多少委屈。那个春节，团队在总结工作时，男儿有泪不轻弹的大家哭成了一片。

岭澳二期实现了百万千瓦级核电自主化，全面具备了自主设计的能力。在这个项目的基础上，"十二五"期间，国家开展了核电批量化建设，这是中国核电建设历史上最大的一次批量化建设。可是，岭澳二期的技术还是法国技术，从大亚湾到秦山，再到岭澳，建造世界先进水平的、完全具有我国自主知识产权的百万千瓦级核电站的梦想，已经深深驻进邢继心里。

山重水复疑无路，柳暗花明又一村

"'华龙一号'的研发设计前前后后十多年，多少次面临夭折，是邢总坚持的最高设计标准给了我们方向，也是他的无畏坚守给了我们勇气，即使多次面临绝望，我们也未曾放弃。""华龙一号"全球首堆落地并进展顺利时，研发设计团队的张利感慨万千。

"自主知识产权先进核电"10个字的背后，是创新指引，是大力协同，是永不放弃，更是日日夜夜的心血煎熬。

自主研发与国外引进，从我国核电发展之初就一直存在这样的争论：自主研发，所需人力、财力巨大，研发周期长，不知道是否能够成功，但一旦成功就会拥有自主知识产权，实现出口，并且能够拉动上下游装备制造业整体升级；国外引进技术，很快就能落地，可是核心技术受制于人，不能出口。

20世纪初，全盘引进的倡导者以统一技术路线为理由，启动了中国巨大规模的全盘引进，自主核电技术几乎无立锥之地，研发设计人员除了要面对技术上的种种不确定外，还要面对国际、国内的双重质疑。国际上，对中国瞧不起，总认为中国的技术是偷来的；国内，对自主技术不自信，不敢推介。

中国核工业是在国外技术的封锁中艰难起步的，自力更生是刻在核工业人骨子里的基因。在重重围困之下，核工业人坚持不懈。1998年，中核集团启动了自主百万千瓦级核电型号研发的工作，后来欧美推

邢　继　创新为舵　坚守为桨　铸就自主先进核电

出 AP1000、EPR 等第三代核电技术，在安全性、经济性方面都提出了更高的要求，中核集团借鉴经验，形成具有三代特征的自主核电技术 CP1000。2009 年，邢继成为 CP1000 型号的总设计师，提出能动加非能动的安全设计理念。这就是"华龙一号"的雏形。

所谓"能动"，就是靠电来驱动安全系统，保障核电站运行。如果在极端情况下，核电站断电了，这时"非能动"就能派上用场，依靠重力、温差和压缩空气等自然力来驱动安全系统，通过蒸发、冷凝、对流、自然循环等自然过程带走热量。两者融合，既有"能动"的成熟高效，也有"非能动"在丧失电源情况下的独特优势。

另外，单堆布置、采用双层安全壳也是 CP1000 的两项突出特征。然而，对于 CP1000 采用双层安全壳这一重大改进，大家产生了严重的分歧。

当时，CP1000 计划在 2011 年年底开工，型号研发的周期非常短，国内之前的核电设计没有用过双层安全壳，需要解决很多技术问题。双层安全壳是否能成功，很多专家心里并没有底。但对邢继来说，答案只有一个：最高标准。

在专家评审会上，专家们对是否采用双层安全壳设计争执不下，邢继请求发言，他说："我们的技术人员，当然知道挑战有多大，我们有信心实现这个目标，我们希望通过自主创新来推动核能技术的发展，如果能够在双层安全壳的确定上支持我们的创新，这无疑会点燃我们工程师、研发设计人员内心中的创新激情。"

短暂的沉默后，会场响起热烈的掌声，时任中核集团副总经理、主管 CP1000 研究的余剑锋当场拍板采用双层安全壳设计，并且希望邢继和团队瞄准国际上最先进的核电，以高标准严要求来确定自主核电的发展。

受到巨大鼓舞的团队很快完成了研发工作，并且向国家核安全局上报了初步安全分析报告 PSAR，完成了初步设计。2011 年年初，国家核安全局启动了这个项目的许可证安全评审，研发设计团队松了一口气。

2011年3月11日，日本福岛核事故发生，国务院立刻颁布"国四条"。按"国四条"要求，CP1000属于将要开工还没有审批的项目，需要按照国际上最高的安全标准来建。"我们重新论证后，当时就得出一个结论，CP1000不能满足国际上最高安全标准的要求。这就意味它被判了死刑。"邢继说。

从哪里跌倒，就从哪里爬起来。没有时间悲伤，邢继带领研发设计团队迅速将重心转移到新型号研发当中，吸纳日本福岛核事故经验反馈，设计团队对设计方案重新审视、调整，最终以177组燃料组件堆芯、冗余安全系统、能动与非能动相结合的安全措施为主要技术特征，采用国际最高级别的安全要求和最新的技术标准，即ACP1000。

2013年4月，在国家能源局和国家核安全局的指导下，为步调一致抢占国际核电市场，在ACP1000技术的基础上，中核集团和中广核集团将各自的百万千瓦级技术进行融合，形成我国具有完整自主知识产权的三代核电自主品牌"华龙一号"，寓意中华复兴，巨龙腾飞。

2014年8月21—22日，"华龙一号"接受由国家能源局、国家核安全局牵头组织的评审。专家组一致认为，"华龙一号"安全性、经济性和成熟性满足三代核电技术要求，设计技术、设备制造和运行维护技术等领域的核心技术具有自主知识产权，是目前国内可以自主出口的核电机型。专家组建议，尽快启动示范工程。

2014年年底，"华龙一号"通过了国际原子能机构反应堆通用设计审查。专家认为，"'华龙一号'在设计安全方面是成熟可靠的，满足IAEA关于先进核电技术最新设计安全要求；其在成熟技术和详细的试验验证基础上进行的创新设计是成熟可靠的。"

2015年5月，"华龙一号"全球首堆示范工程福清核电5号机组正式开工建设。

邢　继　创新为舵　坚守为桨　铸就自主先进核电

不要人夸好颜色，只留清气满乾坤

在"华龙一号"落地过程中，邢继和团队坚持核心设备自主研发，为打造"华龙一号"自主品牌，中核集团联手高校及科研机构，联合大型国产制造企业，联动民营企业，带动上下游产业链整体升级，成为国内核电行业开放合作的典范之作。

核电站是最复杂的系统工程之一，工程量很大，如果是新首堆的核电站，涉及新工艺、新设计、新设备带来的大量设计变更，往往会陷入拖期怪圈。近十几年来，世界范围内的三代核电首堆都拖期，而且基本拖期5年左右。但在"华龙一号"全球首堆的建设中，中国人创造了三代核电首堆建设最佳业绩，打破了拖期怪圈，掌握了核心的技术是最大的武器。

因为研发团队掌握了自主技术，遇到问题的时候，团队有能力在第一时间以最高的效率去解决问题，"华龙一号"首堆建设创造了设计变更平均处理周期1.5天的世界奇迹。

面对新工艺、新设备、新材料，作为总设计师，要统筹这么多事项，邢继的生活犹如上了发条，在福清和北京两地跑，基本围着"华龙一号"转，各种技术难题不知碰到了多少。

首都机场起飞，3个小时的航程，福清机场落地。5年多来，平均每两周，邢继就要飞一次这条航线。

每次到了现场，邢继都会用自己的手机不停地拍，记录需要解决的问题，更重要的是，记录需要优化改进的事项。

"从'华龙一号'落地的那一刻起，我们就要不断否定华龙，去研发更符合国家需要的新堆型，我们不断突破舒适区，走进核心技术的无人区，持续改进、持续创新，保持'华龙一号'旺盛的生命，引领标准、引领发展，为我国能源供给提供有力支撑。"邢继对研发设计团队谆谆叮嘱。

从福清核电5号、6号机组，到卡拉奇3号、4号机组，再到漳州核电1号、2号机组……每一台"华龙一号"堆型都有变化，不断优化、完善，日臻完美。

从"华龙一号"型号研发之初，就布局了知识产权和标准体系建设两件事，"知识产权的保护是毋庸置疑的，只有形成自己的知识产权，才能保护我们的权益；而标准是话语权，不仅要输出我们的核电，还要按照我们自己的标准去建设，这样才能完全不受制于人。"

"华龙一号"共形成专利700余件，软件著作权120余项；形成了一套完整的、自主的型号标准体系，涵盖核电厂前期、设计、设备、建设、调试等全生命周期，可有力支撑"华龙一号"批量化建设和"走出去"。

对邢继来说，更值得欣慰的是，通过"华龙一号"的型号研发，培养了一大批自主研发设计、安装建造、采购调试等方面的人才，形成了超过10万人的核电相关技术人才队伍；而通过"华龙一号"首堆牵引，成功带动了上下游中高端装备制造业的整体升级，真正实现了"中国创造"。

目前，全世界有超过70个国家已经和正在计划发展核电，到2030年计划新建机组将超过200台。应对气候变化，减少碳排放，核电正在成为推动中国兑现碳中和承诺的主力军，而"华龙一号"，有望成为我国核电建设的主力堆型。

（撰稿：中国核电工程有限公司　王丽丽　曾师斯）

孙永才
为"复兴号"飞驰在新时代

> 孙永才（1964年11月—），教授级高级工程师，我国轨道交通装备技术创新和产品升级换代的主要组织者和学科带头人，享受国务院特殊津贴。在原铁道部、国家铁路局、中国国家铁路集团有限公司的牵头组织下，成功研制了以复兴号中国标准动车组为代表的谱系化轨道交通装备产品，为交通强国提供了强大的装备支撑。荣获"改革先锋""最美奋斗者"等称号。

2020年6月21日，由中车四方股份公司研制的时速600公里高速磁浮试验样车在上海同济大学磁浮试验线上成功试跑，标志着我国在高速磁浮技术领域实现重大突破，我国轨道交通事业向制造强国、装备强国梦想又迈出了关键一步。新中国成立70年来，我国铁路运营里程从1万多公里增长至近13万公里，高速铁路从0跃升至2.9万公里；从时速43公里的"绿皮车"到时速350公里的"复兴号"动车组，从冒着黑烟的蒸汽机车到最大功率1万kW的电力机车，铁轨延伸之处，城市圈、高铁圈、经济圈开始涌现。在波澜壮阔的时代画卷中，孙永才心中的装备强国梦想正在一步一步变为现实。

扎根梦想：立志投身我国轨道交通事业

孙永才从小生活在吉林农村，1980年到县城读高中以前，没有看见过真正的火车，对火车的认识都是在《铁道游击队》《戴手铐的旅客》等电影中了解的。上高中时，他才有机会看到真正的火车。每次面对奔驰远去的机车，都会激发起他无限的憧憬，从那时起，他就立志献身轨道交通事业，所以他报考了大连铁道学院，想着将来不仅能坐火车，还能造火车。

大学期间，孙永才多次乘火车往返于长春和大连之间，600多公里的车程，每次绿皮车都要"晃"足14个小时，而且大部分时间是站着，慢、热、脏、挤，坐一趟火车下来感觉非常难受。当时，我国铁路运力严重不足——铁路客运平均时速仅为43公里，铁路货运日装车量只能满足最高铁路货运需求的1/3，严重制约国民经济发展。放眼国外，欧洲、日本的高速列车时速可达300公里，美国、澳大利亚等国家的重载列车可达4万吨。他常常想：什么时候我们能够坐上更快更舒适的火车？什么时候我们能赶上发达国家的水平？从那时起，他心里就扎根下一个朴素的理想：毕业后，要投身我国铁路事业，改变我国铁路的落后面貌。因此，在校期间，他刻苦学习，并光荣地加入了中国共产党。

1987年7月大学毕业后，孙永才被分配到有"机车摇篮"之称的大连机车车辆厂机械二车间，主要负责柴油机机体加工及相关件的工艺服务。时值我国内燃机车转型升级的攻坚时期，怀揣着拉近我们与世界距离的梦想，一入厂，他就全身心"泡"到柴油机技术研究中，与工友们一起研究工具工装，破解生产瓶颈，提升产品质量，短时间内掌握了机体加工工艺，老师傅们都亲切地称他为"才子"。1996年8月，孙永才担任机械二车间副主任，正值多款新型柴油机研制生产交叉进行的关键时期，经过科学调度和合理组织，产品产量由月产10台提升到近30台。

激荡热土：奉献浇灌轨道交通装备梦想

重载运输是国际公认的铁路运输尖端技术之一。我国20世纪80年代才开始发展重载运输，比欧美发达国家和地区晚了30多年。实现追赶和超越，成为我们这一代铁路人的使命和责任。1997年，我国铁路跨世纪大提速的序幕正式拉开，此后10年间，从"大重量、高密度、中低速度"到"快速度、大重量、高密度"，中国铁路发展迈入全新时期。2004年年初，国家通过《中长期铁路网规划》，一场波澜壮阔的铁路建设热潮快速启动，轨道交通装备领域迎来了技术引进消化吸收再创新的历史契机。完成工厂改制的大连机车车辆有限公司成为原铁道部的重点扶持单位之一。

当时，孙永才任大连机车车辆有限公司副总经理，主管技贸结合和技术引进工作。按照"先僵化，后优化，再固化"的思路，首先要完完整整地理解消化引入的技术，不折不扣地执行标准要求；其次要

在"知其然更知其所以然"的基础上进行改进和优化，实现再创新；最后在此基础上把再创新成果转化为完全适应国内车辆指导研发制造的标准要求，实现先进技术从"为我所用"到"唯我适用"。

技术引进的道路有多么艰辛，只有亲身经历的人才能体会。2005年，原铁道部启动300台7200kW大功率交流传动内燃机车招标。事关工厂未来发展，孙永才带领团队做了事无巨细的准备，并与外方厂商组成联合体参加竞标。然而，我们与外商的技术引进谈判并不顺利，外方不愿意把技术原原本本地教给我们。2005年的北京盛夏，酷暑难挨，他带领40多人的团队，白天与外方谈判，"寸土必争"；晚上研究合同的细节条款，反复推敲。在谈判细节上，大家经常模拟中外双方激烈辩论，为一个细节争论不休。40多天的时间里，孙永才和他的团队每天只能睡3～4个小时。谈判的关键阶段，甚至两三天彻夜不眠。经过多轮的艰难磋商，外商最终在项目合同上签字。这场谈判，为顺利引进先进技术、实施自主创新奠定了重要基础。

在技术引进过程中，类似这样啃"硬骨头"的故事比比皆是。孙永才深深知道，签订技术引进合同只是万里长征的第一步，掌握核心技术才是关键。要摆脱国外技术控制，实现国产化，自主创新才是核心密码。此后近4年时间里，在原铁道部的指导下，他带领技术研发团队，联合铁路局和科研院校，投入"大功率机车关键技术研究及装备研究"项目，在大功率柴油机、牵引变流装置等关键技术领域联合攻关。2008年，具有完全"中国基因"的大功率交流内燃机车、大功率交流电力机车两大技术平台先后落成。2010年11月，他主持并参与的"六轴7200 kW大功率交流传动电力机车的研发及应用"重点项目荣获国家科学技术进步奖一等奖。

2014年4月，一列由4台电力机车牵引、编组320辆、满载3万吨煤炭的试验列车在大秦铁路完成运营试验，使我国成为世界上仅有的几个掌握3万吨铁路重载技术的国家之一。时至今日，我国机车技术已经跨入国际先进行列，机车在我国客运、货运领域持续发挥着举足轻重的作用，满足了我国日益增长的铁路运输需求，创造了巨大的经济效益和社会效益。

肩负使命：献身高铁飞驰的黄金时代

2004年，中国南车、中国北车按照国务院"引进先进技术，联合设计生产，打造中国品牌"的总体要求，在铁道部的组织下，对国外高铁技术平台进行"引进消化吸收再创新"，积累了丰富的技术与经验。为了避免陷入"市场换技术"导致"引进再引进"的怪圈，2008年，铁道部与科技部联合实施《中国高速列车自主创新联合行动计划》，中国高铁进入全面自主创新的黄金时代。

2008年12月，孙永才任中国北车总工程师，全程参与并负责组织研制新一代CRH380高速动车组，这是一项没有任何国内外经验可借鉴的庞大工程。2008年，举世瞩目的京沪高速铁路开工建设，并计划在3年后开通运营。世界首条时速350公里速度等级的高寒高速铁路——哈大高铁也在如火如荼地建设中。CRH380将作为两条线路运营的主力车型，其研制任务关系重大且难关重重。

为推进CRH380动车组的研制，孙永才组织研发团队提出"协同创新"的顶层设计理念，搭建起"两厂三地六同步"协同创新模式，即在总部所在地北京开展概念设计、系统设计，在唐山、长春两个企业所在地开展产品设计、工程设计，统筹设计、试验、工艺、采购、质量、制造等六大系统同步推进，25所重点高校、11所一流科研院所、51家国家级实验室和工程中心，以及上万名工程技术人员组成了国家级研发团队，集中力量攻克核心技术难关。2年多的时间里，孙永才和他的团队穿梭于紧张的研发设计现场、繁忙的生产线、大山腹地的试验线，提思路、解难题、克难关、作部署、配资源……这种异地协同设计平台充分发挥了资源联结作用，动车组研发周期一举缩短40%。

2011年1月9日，CRH380在京沪高铁先导段试运行中创造了时速487.3公里的当时世界铁路运营试验最高速。当时，孙永才在列车上紧盯着各项试验数据的变化，当数据显示运营速度、安全性、舒适性和节能环保等指标满足设定的顶层技术指标要求，试验取得成功时，研发团队互相拥抱祝贺，两名成员哭得泣不成声。2011年6月30日，CRH380顺利投入京沪高铁运营。2012年12月1日，哈大高铁如期开通，CRH380动车组成为世界首列在-40℃环境下以时速300公里等级运营的动车组。实践证明，"协同创新"成为经典的集成创新模式，在"复兴号"研制中同样建立奇功。

创新驱动：铸就新时代"国家名片"

唯改革者进，唯创新者强。党的十八大以来，以习近平同志为核心的党中央着力实施创新驱动发展战略，加快制造大国向制造强国转变。2015年，为落实制造强国战略，加快高端装备"走出去"，南北车实施重组整合成立中国中车，企业全球影响力与日俱增。中国中车成立不久，2015年7月17日，习近平总书记视察了中车长客股份公司，指出高铁动车是中国一张亮丽的名片，体现了中国的装备制造业水平，也是"走出去""一带一路"建设的"抢手货"，希望持续保持领先领跑，带动装备制造业形成比学赶帮超的局面。

为实现领先领跑，2014年，在中国铁路总公司的牵头组织下，中国中车首次以中国标准为主导，按照正向设计思路，以自主化、简统化、互联互通、技术先进为目标，开启了时速350公里中国标准动车组的研发

孙永才　为"复兴号"飞驰在新时代

工作。10月，孙永才被任命为中国北车股份有限公司副总裁兼总工程师，具体负责"复兴号"研发"联合战舰"的组建和统筹工作。

"复兴号"要综合国内各型动车组的优点，建立统一的技术标准体系，意味着长客和四方两个主机厂分别研制的两列动车组要实现互联互通互换、重联运行，并完成牵引、高压、转向架等11个系统96项关键部件的统型，工作量极其繁重。例如，仅在网络控制方面，就有3000多项信息接口，需要一一确认什么时候传递信息、怎么用、什么时候反馈等，涉及很多时序问题，差一点儿都不行。

4年的时间，1400多个日日夜夜，把一天当两天干，孙永才组织研发团队在掌握动车组九大关键技术和十项配套技术的基础上进行优化提升，历经503项仿真计算、5278项地面试验、2362项线路试验，解决了一系列重大技术问题和世界性难题。2017年9月21日，具有完全自主知识产权的"复兴号"动车组在京沪高铁以时速350公里运营，我国成为世界上高铁商业运营速度最快的国家。在2018年5月的两院院士大会上，习近平总书记称赞"复兴号高速列车迈出从追赶到领跑的关键一步"。"复兴号"的成功，充分体现了中国特色社会主义制度"凝聚共识想大事，集中力量办大事，集聚资源成大事"的独特优势。作为"复兴号"研制的主持者，孙永才被党中央、国务院授予"改革先锋"荣誉称号。他领衔的复兴号系列动车组科技创新团队入选中央企业联合创新团队，并荣获"全国创新争先奖"。

2017年9月，孙永才出任中国中车集团有限公司董事、总经理、党委副书记。2018年9月26日，习近平总书记第3次视察中车，强调装备制造业是国之重器，是实体经济的重要组成部分，要把握优势，乘势而为，继续做强做优做大，继续练好"内功"，继续改革创新，永立不败之地、永远掌握主动权。中车认真贯彻落实习近平总书记3次视察的重要指示精神，提出了"双打造一培育"的目标，目的就是打造中车制造和中车党建两张"金名片",培育世界一流示范企业,实现"连接世界、造福人类"的企业使命。如今,中车已经形成了包括高速动车组、机车、客车、货车、城市轨道车辆在内的完整产品谱系,能够满足全球轨道交通不同模式、不同运量、不同环境的运行要求。中车产品已经服务全球六大洲105个国家和地区,向世界展示着中国制造、中国装备、中国方案和中国力量。

不忘初心担使命,逐梦扬帆再起航。向交通强国、制造强国进军的号角已经吹响,在习近平新时代中国特色社会主义思想指引下,轨道交通装备的强国之路会更加宽广、更加坚实,新时代"最美奋斗者"孙永才和他的团队将不愧时代,不负嘱托,不辱使命。

(撰稿:中国国家铁路集团有限公司)

尼玛扎西
用生命播种青稞

尼玛扎西（1966年4月—2020年9月），主要从事青稞遗传与高产高效栽培技术研究。他先后主持实施了40多项国家级和自治区级的重大农牧业科技攻关项目，创立了西藏第一个青稞分子生物学遗传育种实验室，构建了首个青稞全基因图谱。他带领团队选育出20多个青稞新品种，为西藏年粮食总产量突破100万吨作出了重要贡献，并有效推动了西藏青稞产业的发展。

秋天是收获的季节，雅鲁藏布江两岸的青稞又迎来了丰收，尼玛扎西——这位致力于选育高产高质青稞的专家却走了。在雪域高原贫瘠的土地上，他心无旁骛、埋头科研、亲力亲为，培育出青稞的系列优异品种，进行了大面积的推广种植，使青稞产量大幅提高。他心系农民的增收脱贫，不断进行科技创新，延长青稞产业链，发展青稞特色产业，为西藏农牧科技事业奉献了自己的智慧和才能。

初心不改，逐梦理想

尼玛扎西从一个普通的放羊娃到青稞专家，与他的成长环境和经历息息相关，他的成长和成才伴随着艰难、刻苦、奋斗、坚持。他从小就立志从事青稞增产事业，在之后漫长的求学路上一直为实现自己的理想脚踏实地地努力着。

他出生在一个贫寒的牧民家庭，从小吃糌粑长大，在他幼年的记忆里，家乡土地贫瘠，气候恶劣，青稞产量很低，父母辛辛苦苦种一年的青稞却总也不够吃，乡亲们经常远赴异乡换粮。尼玛扎西说："我很小的时候就和妈妈说，希望爸爸和哥哥不用四处去以土陶制品换青稞种子，想让青稞长得好、产量高，又能产粮、又能产草。"尼玛扎西9岁才上学，上学要翻越一座大山到离家很远的村子，来回要走一整天，一两周才能回一次家。但他学习异常刻苦，以第一名的成绩考到离家更远的县中学，在艰苦的学习环境中顺利考取西北农业大学农学系。大学毕业后，尼玛扎西被分配到西藏农业研究所，然后调到青稞研究室。其间，组织安排送他到北京中国农科院研究生院进修英语，一年里他异常刻苦，毫不放松，回到西藏后，仍坚持不懈地学

尼玛扎西　用生命播种青稞

习专业知识和英语。1995年，尼玛扎西考取中国科学院地理所的研究生，相继完成了自己的硕士和博士学业，成为西藏农牧科技界第一位藏族博士。

1992年，尼玛扎西以优异的成绩获得去加拿大进修深造的机会，在加拿大萨省大学农学院进修大麦（青稞）育种。在国外期间，有人建议他申请移民，他说："我们藏族人讲良心，不能干昧良心的事。"因此，在完成进修任务后他毅然回国，他说："所里需要我，家乡人民需要我，祖国需要我，我应该回国。" 当家人看到千里迢迢回国的他带来的一大箱东西，以为是礼物时，却发现全部是种子，回国时他收集了2000多份加拿大农作物的优良品种随身带回西藏以便实验。

尼玛扎西曾说，他的愿望是让青稞增产，农民增收，解决全区农牧民的温饱问题。这个从小的理想成了他一生的执着追求。之后，青稞成了他的人生舞台，长达数十年以自己的信仰和坚持致力于青稞的良种研究和推广，培育出多个青稞新品种，取得了丰硕的研究成果，以科技兴农，解决了西藏人民的"口粮"问题。

知行合一，潜心科研

尼玛扎西在青稞研究中几乎倾注了他一生的心血，在高原从事农业科技研究是困难的，他却从不后悔，在科学研究与科技成果转化、应用推广的道路上不断探索。以解决实际问题为导向，敢于担当，不畏艰难，埋头青稞田里，为科研呕心沥血。

用同事的话说，"想和他交流一些农牧科研问题时，休息时间不用提前打电话，总能在办公室里找到他。"用妻子的话说，"我总打电话催他回来吃饭，从12点开始联系，一直到下午三四点他才回家吃饭。"用下属的话说，"下乡时，院长经常让我们带着笔记本，随时记录调研途中农牧民群众需要解决的问题，然后再尽可能协调解决。"他自己忙于公务，没时间整理申报院士材料时，却说"我还有很多事要去做，个人荣誉的事就先搁一搁吧，今后有的是机会。丰收才是对我最大的褒奖"。

作为一名科研工作者，他耐得住寂寞，吃得了苦，不断学习和积累。藏区是一年一熟的地区，青稞育种需要的时间长，研发的周期长，如具有划时代意义的"藏青2000"经历了长达19年的漫长育种过程，不断进行选育、鉴定和示范工作才取得成功，累积推广至330多万亩。为选育出更加优良的新品种，尼玛扎西每年都要在试验田里和农民一起待上五六个月，在田间地头得到一手资料，每天观察作物的颜色、性状等，对成千上万的育种材料进行对比观察鉴定，积累素材。在紧张的劳动之余，他还带队走乡串户，为摸清西藏青稞品种的家底，收集了数以千计的农家青稞品种。

他说："科研育种工作是既喜悦又惋惜的，往往是今年看上去有点希望，明年一种又不行，在希望和惋惜的交织中度过了一年又一年。"西藏地区气候条件复杂恶劣，为满足当地百姓生产生活的实际需要，对青稞品种提出了特别的要求。从试验田分区、4月播种、出苗查看出苗率、分蘖期收集数据、灌溉施肥，到7月孕穗抽穗、做杂交进行人工授粉都需要认真观察、反复比较，8月收割与团队一起选种，一直到10月脱粒鉴定，整个过程都不能有任何疏忽，甚至到年底或第二年年初还要做种子准备工作，对各项性能指标进行分析。研究过程是艰辛和严谨的，西藏天黑得比较晚，为了研究，除了在实验室里，下班后他总要到试验田看看；他要经常查看青稞主产区的示范推广田，还要查看气候异常明显的偏远山乡，即便赶飞机的间歇也要到机场周边的农田记录青稞长势情况。他经常接待农民，认真记录他们在新品种示范推广中的经验、体会和科技需求。

他先后承担国家、自治区、国际合作等重大重点科技项目几十项，在尼玛扎西的主导下，西部唯一建立在农科院的省部共建国家级重点实验室"青稞牦牛种质资源与遗传改良国家重点实验室"落户西藏，另外还建立了"青稞栽培育种""青稞全产业链"两个创新团队和一个院士工作站。他还带领团队在国际上首次完成了青稞全基因组测序与基因图谱绘制，为青稞功能基因组学研究和分子改良奠定了基础，自此青稞育种进入基因组学时代。生前接受采访时，他还牵挂着农业芯片的研发，他说："良种是我们农业的芯片，把这个芯片做好了，为农业实现高质高效就有了良种的基础。"

他全身心地投入工作，却忘了自己也是关节炎、肺炎、糖尿病、肝病等慢性病缠身的人。"近年来，和院长一起下乡时，从没见过他按时打胰岛素。"自治区农科院德吉曲珍回忆说。甚至手术后修养期间，尼玛扎西依然不忘工作，在成都的病床上和酒店里完成了《西藏农区饲草生产技术研究》《西藏特色农牧业发展与科技支撑体系研究》等著作的编写。对此，他总说："上班时我是院长，下班时我是科研人员，而我更是中国共产党党员，哪一个身份都不容我懈怠。"

时间都去哪儿了？在办公室、实验室、试验田，在下乡的路上，尼玛扎西一直都在科研的路上。他扎根高原，俯身静气，潜心科研，做到了知行合一，践行了自己的人生追求。

科技兴农，惠及农民

围绕农民,围绕增产增收，尼玛扎西想做的事很多。"论文写在大地上，成果留在农户家。"尼玛扎西认为，科技要助推农牧业发展，农牧业发展要带动脱贫，产业化要惠及万家。

西藏是全国唯一的集中连片贫困地区，是全国青稞的主产区。作为西藏人的主粮，青稞占本地粮食作物的70%左右，但由于自然条件恶劣，

科学家精神 奉献篇

农业生产方式落后，直到20世纪90年代，青稞亩产也只有250公斤左右。帮助家乡人民增产增收、脱贫致富是尼玛扎西心中坚守的信念。

他带领创新团队先后选育出了20多个春青稞优质新品种（系），其中鉴定出的"藏青148""藏青690""藏青2000"等青稞新品种曾一度成为西藏适宜地区的主栽品种。西藏高产优质的新品种推广达几百万亩，新增产值显著，惠及雪域高原上百万农民。今天，有人说西藏人民吃的每一口糌粑面，农牧民每一张丰收的笑脸，都有他的科技贡献和付出的汗水。

尼玛扎西时刻关注农民的技术需求。他指导孟卡荣村群众改变了晚播种的历史，将青稞种植时间提前至3月中旬，可以抢在杂草前出苗，更有利于青稞生长。得益于科学的田间管理和规模化耕种，孟卡荣村被定为全区"藏青2000"的二级种子试验田。自2014年起，合作社出售优良青稞种子6.3万斤，优良小麦种子14.7万斤，折合人民币66万余元。2016年，孟卡荣村实现脱贫摘帽，全村青稞产量从曾经的每亩300斤增长到600多斤。

作为青稞育种专家，尼玛扎西深知，良种出圃但无良法配套，良种就无法充分发挥其高产潜力。针对存在的问题，尼玛扎西组建了高产栽培技术研究团队，致力于研制适应不同生态区域青稞新品种的配套栽培技术规程与模式。同时，研制并发布了《青稞高产栽培技术规程》《无公害农产品春青稞生产技术规程》等13个地方标准。带领团队研制并转化了青稞增产增效关键技术、高海拔边境地区青稞种植关键技术等各类关键技术20余项。

除了技术研发外，他在各方面都会不遗余力地帮助农牧民解决难题。他说，"我的人生早已注定，父老乡亲期待的眼神，就是我奋斗的方向"。2013年是"藏青2000"大面积示范推广的第一年，也是最关键的一年。临近播种，他在北京开会，会议一结束就急匆匆飞回拉萨，第二天天还没亮，就坐车赶到了白朗县。他不顾高原反应，在田间给农民讲解如何播种、如何施肥，从这块田讲到另一块田，很多农民都围上来询问技术细节，他不厌其烦地回答。阿里地区普兰县科迦村党支部书记欧珠清楚地记得，尼玛扎西来村里调研，他提出村里缺少便携式播种机，"本来只是随口提了一句，没想到院长记在心上，回拉萨后立即协调解决了10台便携式播种机，连同青稞良种一起送来，解决了我们春耕春播中的难题"。

他说："以前主要是增产，现在老百姓要增收，就得延长产业链。"根据国内外对青稞研究的趋势，尼玛扎西和同事首次对西藏青稞的营养品质进行了系统研究，先后对13份育成品种进行了葡萄糖含量和蛋白质等的测定，证明西藏青稞籽粒中含有较高的葡萄糖，大胆提出了青稞高 β 葡聚糖含量品种选育、黏性青稞育种、青稞保健食品开发等项目和建议。他的目光开始瞄准青稞系列产品开发，以加快农民增收步伐。

尼玛扎西将青稞产业链与创新链进行了深度融合，围绕创新链布局青稞产业链，逐步形成西藏区域青稞产业全链条的发展模式。围绕青稞产业链部署创新链，他把科技人员组织起来，形成有序的从事资源鉴定、育种、栽培、示范推广、产品加工的5个创新团队，在这个创新链中，每个阶段创新需求不同，尼玛扎西重视最基础的育种研究工作，认为这是其他创新环节的核心，也是提高青稞产品产量和质量的根本，培育出具有不同保健功能的青稞品种，是对打造高原特色农产品品牌所作出的一份突出贡献，进而才能切实地帮助农民增收脱贫。

他鼓励和支持企业涉足青稞加工领域，不断给予技术辅导。在他的帮助指导下，目前西藏已有50多家规模以上的青稞加工企业，通过"科技＋企业＋农户"的模式开展精准扶贫，取得了很好的成效。他说："青稞加工正从传统食品加工为主向现代多样化食饮品加工方向迅速发展，逐步成为一大特色产业，青稞产业链的延长将大大造福高原农民。"

西藏春光食品有限公司负责人张跃雁曾说："他育成'藏青2000'，帮青稞加工企业解决以前青稞籽粒黑的问题，帮助联系食品加工方面的专家，率队到企业调研，利用物理技术解决延长青稞制品保质期的问题。公司从2004年成立初的青稞制品产量不到500吨，到现在的2万吨，离不开尼玛扎西院长的帮助。"拉萨市、日喀则市、林芝市等农牧部门，春光食品、奇正集团等企业，无一不感谢他生前的帮助指导。

"个人的荣誉、金钱、权力都比不上西藏各族人民的幸福，我要把自己的梦继续做下去，不断选育出被农民说好的青稞优良品种，带领团队创造新的育种奇迹，造福西藏各族人民。"尼玛扎西是这样说的，也是这样做的。他几十年如一日，不忘初心，在青稞育种研究及推广上不畏艰难、砥砺前行。在雪域高原上坚持不懈地潜心科学研究，充满了责任感和使命感，他作为一个科学家的奉献精神和毕生坚守的科技报国精神如同他选育的青稞种子一样，已播种在后人的心中。

（撰稿：刘元元）

参考文献

[1] 黎明. 50年峥嵘岁月：西藏农科院副院长尼玛扎西亲历西藏农牧科技50年变化[J]. 中国农村科技，2009（7）：66-67.

[2] 宋春悦. 尼玛扎西：让我既喜悦又惋惜的青稞育种工作[J]. 中国科技奖励，2014（11）：55-57.

[3] 魏黎耕. 山沟里走出的"小秀才"：藏族理学博士尼玛扎西[J]. 中国西藏，2002（1）：32-33.

[4] 尕玛多吉. "青稞之父"尼玛扎西：每一粒青稞都凝结着他的心血[N]. 光明日报，2020-11-03（04）.